아동권리와 복지

아동권리와 복지

Child rights and welfare

이경준 · 손은경 · 김동례 · 신지혜 · 김미정 공저

동 문 사

머리말

연일 대중매체를 통해서 드러나는 아동관련 각종 사건 및 사고소식들을 접하면서 참으로 다양한 감정이 앞을 다툽니다. 슬픔과 분노, 안타까움과 불안, 그리고 때론 심한 무기력증까지… 아동을 생각하면 떠오르는 기쁨, 밝음, 순진함, 행복, 미래 같은 감정이나 기대의 표현들은 물론 여전히 유효하지만, 사회적 현실은 분명 문제를 가지고 있음을 부인할 수 없습니다. 우리가 이른바 '어른들이' 나름대로 노력하면서 구축해온 사회구조와 안전망은 정작 누구를, 무엇을 위한 것이었을까 새삼 다시 묻게 됩니다.

어떤 경중을 따질 사안도 아니지만, 그런데도 우리가 마주하고 있는 사회문제들 가운데 아동에 관련한 문제들은 특히 인권관점에서 더욱 특별히 다루어져야 합니다. 인권은 어떤 능력이나 자격을 의미하지 않으며, 그 자체로 존엄성을 인정받아야 하는 것입니다. 아동들에게도 마찬가지입니다. 자기보호를 어른들에게 위임해야 하는 '운명적' 시기에 있는 아동들의 입장에서 존엄과 안녕을 보장하고 보장받는 것, 그 바탕에서 자율과 발달학습을 통한 자기성장과 사회화에 기여할 수 있는 것, 그 결과로 '성숙한' 어른이 되는 것, 이것이 바로 아동권리의 본질이자 그 내용인 것입니다. 따라서 아동인권과 권리문제는 곧 아동복지의 기본원리로서 아동과 부모와 사회 및 국가의 권리와 책임, 보편성과 선별성, 통합성, 전문성 등에 고루 적용될 수 있어야 하며, 이를 통해서 아동의 자기권리에 대한 인식과 복지증진이 함께 발전해야 할 것입니다.

이와 같은 의미에서 본 교재는 아동권리와 복지의 기초를 다지고, 권리기반 아동복지 및 교육의 전문성 향상을 위한 총 17개의 지식 및 실천영역들로 구성되어 있습니다.

우선 기초지식의 섭렵과 주요 흐름을 파악하기 위한 기초지식분야로서 01. 아동권리의 기본적 이해, 02. 아동권리의 발달과 정책, 03. 아동복지의 기본적 이해, 04. 아동복지 발달과 정책 등을 다루었습니다.

이어서 기초지식분야와 전문실천분야들을 연결하기 위한 학습영역으로서 아동복지정책과 법률, 행정 등을 다룬 05. 아동권리와 복지를 위한 실천을 다루었습니다. 이를 기반으로 아동권리와 복지의 각 영역, 즉 아동보육, 장애아동, 학대아동, 한부모가정아동, 조손가정아동, 다문화가정아동, 새터민가정, 방과후아동, 빈곤아동, 시설보호아동, 가정위탁아동, 입양아동 등 총 12개의 장(06.~17.)을 구성하였습니다.

이와 함께 본 교재를 이용하면서 일방적 지식축적과 그에 따른 부담감이나 지루함을 경계하고 학습의 효과성 증대에 이바지하고자 각 장의 내용을 예견할 수 있는 학습목표와 함께 마지막 순서에 '토론 및 워크숍'을 추가하였습니다.

여기에는 기초학습 내용에 대한 개인별, 집단별 피드백을 통한 자기학습이 가능하도록 다양한 출처의 보충자료(개인 및 집단토론 주제, 기사스크랩, 영화 등)를 활용하였습니다.

본 교재를 통해서 아동보육 및 사회복지를 전공하는 많은 학생이 아동권리와 복지에 대한 지식과 정보를 바탕으로 앞으로 더 많은 관심과 실천역량을 길러주길 기대합니다. 저자들의 부족한 역량에도 될 수 있으면 해당영역에 대한 현실과 앞으로의 과제에 대해서 함께 고민해보고자 했던 진심을 잘 이해해주길 함께 기대합니다.

이 교재의 출판을 위해 격무 속에서도 세심하게 챙겨주셨던 유성민 부장님과 편집부 선생님, 한결같은 마음으로 지원을 아끼지 않으시는 동문사 사장님께 감사의 마음을 전합니다.

마지막으로 많은 한계와 열악함 속에서도 아동보육 및 복지현장에서 아동의 권리와 복지에 밤낮없이 한마음으로 힘쓰시는 모든 선생님들께 존경을 표합니다.

서로를 응원합니다.
2017. 9. 저자 일동

차 례

차 례

차 례

Child
Rights
and
Welfare

제 1 장

아동권리의 기본적 이해

- 1. 오리엔테이션: 아동인권과 권리의 보편성
- 2. 아동권리의 개념
- 3. 아동권리의 특성
- 4. UN 아동의 권리에 관한 국제협약

〈학습목표〉

① 아동권리의 개념을 파악하고, 그의 학문적 배경을 살펴보아요.

② 아동권리의 개념과 특성을 바탕으로 권리의 필요성을 설명할 수 있어요.

1. 오리엔테이션: 아동인권과 권리의 보편성

'인권'이란 무엇인가? 인권은 '인간으로서 당연히 가지는 권리'를 말한다. 인권은 인간존엄과 자유, 평등, 독립 등등에 대한 권한을 행하는 출발점으로써 표현 그대로 '인간'이라는 존재 그 자체로부터의 권리를 말한다. 따라서 인권은 어떤 능력이나 자격을 의미하지 않으며, 그 자체로 존엄성을 인정받아야 한다.

또한, 인권은 삶의 어떤 특정분야에 국한한 제한적 의미가 아니라, 누구에게든 삶의 전반에서 기본적으로 인식되고 지켜져야 하는 보편적 의미를 지니며, 이것은 곧 우리 시대의 '아동'이라는 인간존재에 대해서도 똑같이 적용된다.

물론, 성인들로부터 자신의 권리행사에 대한 부족한 능력이나 미성숙으로 자기 권리의 저해를 경험하기도 하지만, 그런데도 인권이란 엄연히 그 어떤 능숙함과 상관없는 '인간다운' 권리를 의미하기에 성인들은 그들의 인권 또한 부정하거나 약화할 수 없다. 즉, 아동의 인권은 그 자체로 인지되어야 하며, 거기에서 그 어떤 잣대로도 이들의 인권범위를 타의로 정하거나 논할 수 없다는 것이다. 따라서 어떻게 그들의 인권이 '보다 더 인간답게' 실현될 수 있어야 하는가에 대해 고민해야 하며, 어떤 특수한 상황에서도 인권의 주체로서 아동으로서의 특수성을 인정받는, 즉 양육이나 보호를 받을 권리의 주체라는 것을 간과해선 안 된다.

이를 위해서는 법적 보장도 중요하겠지만, 그 이전에 사회적 관행과 성인세대의 인식변화가 선행되지 않는다면 아동의 권리신장은 기대하기 어려울 것이다. 전반적 아동권리의 의의와 관련하여 사회적으로 자주 거론되는 몇 가지 비판점과 그에 대한 반론을 논해보면 다음과 같다(이기범, 1997)

- 아동에게는 어른의 사랑이면 충분하지 무슨 권리냐?
- 아동의 권리가 인정되면 오히려 사회갈등의 골이 늘어나고 깊어진다?
- 권리의 체계는 국가권력이 국민과 아동의 일상생활에 개입하는 정도를 늘리게 되어 아동과 국민의 자유와 자율성을 침해한다?

위와 같은 아동권리에 대한 비판에 대해 우선, 사랑이 반드시 권리를 보장해주지는 못한다는 것을 어른들을 알아야 한다. 어른들의 방식에 의한 일방적 사랑으로 아동들을 아껴주고 보살펴주는 것이 오히려 그들의 권리를 침해하거나 약화시키는 것일 수도 있음을 의미한다. 따라서 사랑과 권리는 상호보완관계로서 권리에 의해 취약한 아동이 이익을 보장받고 평등하고 자율적인 존재로서의 존엄성과 가치를 존중받을 수 있다.

아동권리의 인정과 사회갈등 심화에 대해서는, 오히려 지금까지 무시되었거나 인식하지 못했던 아동들이 갖는 갈등과 어려움을 권리보장을 통해 조정함으로써 긴장을 해소하고 복지증진에 이바지할 수 있을 것을 것이다.

또한, 국가권력의 개입증가와 자율성 침해의 우려에 대해서는, 사회적 권력이 상대적으로 적은 아동의 경우에 국가의 권리인정과 보장은 더욱 중요할 수 있으며, 이때 국가는 당사자가 직접 확보하기 어려운 권리와 복지의 제공을 통해 스스로의 인권과 존엄에 이바지하도록 원조할 수 있게 된다. 아울러, 이러한 아동의 인권과 권리의 문제는 곧 아동복지의 기본원칙으로서 아동과 부모와 사회 및 국가의 권리와 책임, 보편성과 선별성, 통합성, 전문성 등에 고루 적용될 수 있으며, 이를 통해서 아동의 자기 권리에 대한 인식과 복지증진이 함께 발전해야 할 것이다.

2. 아동권리의 개념

인간은 태어나면서부터 인간으로서의 가치를 존중받아야 할 권리의 주체다. 인간의 권리란 모든 사람에게 보편적으로 부여되는 천부적인 자연법이다. 인간의 존엄성은 생존과 자유에 있어서 인간 스스로 주체가 된다는 것을 의미한다. 인간의 권리는 생득적이고 절대적인 권리라고 할 수 있다(김정래, 1999).

'권리'라는 용어는 종종 '인권' 이라는 용어와 혼용되고 있다. 인권은 인간이면 누구나 가지는 권리로 인간의 존엄성을 지키고 생존을 보장받기 위한 권리이다. 인권이라는 용어는 약자에 대한 보호 및 침해 등과 관련되어 있으며, 저항적, 실제적 의미가 강하다. 상대적으로 권리는 성별, 인종, 지위 등에 차별받지 않는 보편성이 강조되고 있으며, 보다 포괄적이다. 하지만 두 용어는 혼용적으로 사용되고 있으며, 특히 보호의 대상이자 권리의 주체인 아동의 경우에 크게 구분되지 않고 사용된다고 할 수 있다(고인숙·류현수, 2017).

그러나 사실상 인간의 권리가 제도화되기 시작한 것은 근대 이후부터이다. 그 이전까지 인간은, 특히 아동, 장애인, 노약자, 걸인 등 사회적으로 특정한 불리함 속에 노출되기 쉬웠던 많은 대상자에 대해서는 그 원인과 결과의 구조적 상관성과 합리적 처우보다는 개인의 도덕적 해이나 사회적 부적응 등에 의한 차별과 무시, 일방적 동정과 시혜의 관점에서 그들의 인간성과 천부적 권리는 유린당하기 십상이었다.

더욱이 아동은 발달과정 중에 있기 때문에 바람직한 전인적 발달을 위해 더욱 안전하게 보호받고 양육되어야 하며, 그 자체가 그들의 천부적 권리였음에도 발달기적 특성 자체로 미성숙함이나 의존성 등으로 그저 성인의 소유물이나 미숙한 존재로 여겨져 권리를 무시당하거나 인정받지 못하는 것이 당연시되었다(고인숙·류현수, 2017 참조). 이는 곧 인간으로서의 아동권리가 충분히 인식되지 못하고 존엄을 인정받지 못한 채 일방적인 보호와 관리의 대상이었음을 의미한다.

아동권리는 인간으로서 인정되는 일반적 권리와 아동으로서 인정되는 아동 고유의 권리로 구성된다(백우정, 1993). 즉, 아동권리는 아동이 인간으로서 누려야 할 기본 권리를 총칭하는 것으로, 성인의 권리와 같으면서도, 아동의 특성을 고려하여 반영된 개념적 차이가 있다(김정래, 2002).

아동의 권리 중 첫 번째는 보호받을 권리로, 아동의 기본적인 욕구나 필요를 충족시켜야 할 성인의 의무를 강조한 개념이다. 두 번째는 보장하는 권리로서 아동 자신의 선택과 자율성을 강조하는 개념이다. 이는 인간이면 누구나 가지는 권리로서 자율적 존재인 영유아 역시 가져야 하는 권리이다(김진숙, 2009).

따라서 아동권리란 인간으로서 누려야 할 기본적 권리를 총칭하며, 아동의 특성을 고려한 기본적인 욕구와 필요를 충족시켜주고, 아동 자신의 선택과 자율성을 존중하는 권리이다. 이에 따라 아동에게 발달단계에 적합한 환경과 기회를 제공, 아동을 인격체로서 존중하며, 자신의 권리와 타인의 권리를 존중하도록 해야 한다(김은영, 2017).

또한, 발달기적 특성을 보인 아동은 주변성인의 아동권리에 대한 인식이나 가치관에 따라 권리존중의 수준이 결정된다. 즉, 아동에게 자율성과 인격적 독립성,

자기결정권을 부여하여 아동이 권리의 주체자로서 권리를 누리는 환경에서 성장하느냐, 반대로 그저 통제적, 의존적 존재로 여겨 아동의 권리를 존중하지 못하는 환경에 놓이느냐는 주변성인의 아동권리에 대한 인식이나 가치관, 태도에 달려있다고 할 수 있다.

종합적으로 아동 권리는 성인권리와 마찬가지로 천부적으로 주어지는 것이며, 보편적인 것이다. 미성숙한 아동은 성인의 보호와 양육이 필요하므로 자유권이나 자기결정권 등에 있어 일정 부분 제한을 받아 아동권리에 대한 성인의 태도나 가치관이 더욱 중요한 것이다. 따라서 아동권리의 존중은 아동에게 바람직한 가정적, 교육적 환경을 제공하고, 아동을 인격체로써 존중하며, 아동이 자신의 권리와 타인의 권리의 중요성을 깨달을 수 있는 실생활적 경험을 갖게 하는 것이다(고인숙·류현수, 2017).

3. 아동권리의 특성

권리의 속성은 John Locke를 중심으로 한 근대 민주주의 사상인 '인간의 존엄성'에서 비롯되었다. 여기서 인간의 존엄성이란 인간이 생존과 기본적 자유에 있어서 중심적 주체가 된다는 것을 의미한다(김진순, 2009).

아동의 권리는 본질적으로 성인의 인권과 다를 것이 없으나, 아동의 인권이 가지는 특수성이나, 그러한 특수성으로 사회적 대우가 고려되어야 한다. 아동은 보호와 양육의 대상이며, 최소한 침해적 요소는 국가가 보장해 주어야 할 의무가 있다. 독립적인 개인으로 사회의 주체적 일원으로 활동하기에 미성숙한 인격체이므로 그러한 미성숙을 이유로 아동은 성인이 가지는 권리의 일부가 유보되기도 하며, 한편 올바른 성장이 보장되도록 사회적으로 배려와 지원을 받을 권리를 추가로 갖게 된다(김종세, 2008).

성인과 아동을 비교해보면, 성인은 신체적, 심리적, 사회적으로 아동보다 절대적 우위에 놓여있다. 이 때문에 아동이 성인과 동등한 권리를 갖는다는 점이 성인들에게 받아들여지기 어려울 수 있다. 그러나 권리는 지위와 배경을 막론하고,

모든 사람에게 보편적으로 부여되는 자연법적이고 천부적인 것이다. 따라서 아동의 권리도 특정한 상황과 환경에 상관없이 존중되어야 한다.

또한, 아동기는 자아개념 및 자아존중감이 형성되는 시기다. 가정이나 학교 체계에서 권리를 제대로 존중받지 못한 아동은 낮은 자존감을 느끼게 되고, 대인관계에서 어려움을 겪게 된다(Kim, 2011, 정순례·김은정, 2015). 이처럼 아동은 발달과정에서 많은 제한이나 한계를 경험할 수밖에 없고, 그만큼 성인보다 특수한 발달과정 아래에 놓이게 되기 때문에 그에 의한 미성숙함과 의존적 특성을 고려하여 아동의 발달선상에 부합되는 보호권과 발달권이 부가적으로 보장되어야 한다(이순형, 2001 참조).

이렇게 아동권리는 보편적 권리와 아동고유의 권리, 두 가지로 구분할 수 있다. 아동고유의 권리가 지켜지기 위해 아동은 성인에게 보호와 양육을 받게 된다. 진정한 아동의 권리가 지켜지기 위해서는 기존의 성인관점에서 벗어나 아동관점으로 돌아서야 한다. 아동권리에서 가장 중요한 관점은 아동의 방식을 성인들이 인정하고 존중해 주는 것이다.

성인의 역할은 아동이 주체적으로 삶을 이끌어 나갈 수 있도록 지도하고, 아동과 관련된 모든 의사결정에 있어서 아동이 의사결정권자의 역할을 갖도록 해주는 것이다. 또한, 아동의 사회적 가치를 인정해주고, 선언적 차원의 권리에서 벗어나 아동들이 실제로 청구하는 권리에 촉각을 세워 보장해줄 수 있어야 한다(노병일, 2010).

역사적으로 아동의 지위는 크게 세 번의 변화를 겪으며 발전해왔다(정태수, 2011; 정미라, 1993; 안동현, 1997; 김진숙, 2009; 이노홍, 2013).

첫째, 일반적으로 사회적 약자 또는 소수로 언급되는 아동의 권리는 17~18세기에 이르러서야 유럽의 계몽사상 등을 중심으로 아동의 보호와 예찬의 변화를 겪었다.

둘째, 제1차 세계대전 후 여성과 아동의 인신매매금지를 위한 국제협약(1921), 아동권리에 관한 제네바 선언(1924), 노예폐지협약(1926) 등과 같은 아동보호에 관한 각종 협약 등 아동의 권리선언은 선언의 구속력 부재로 아동권리보장에는 큰 영향을 미치지 못하였다.

셋째 1989년 UN총회에서 채택한 아동의 권리에 관한 국제협약에 대하여 국제법적 효력을 갖는 실질적인 아동권리 보장을 규정하였고(정태수, 1991), 1990년 '아동을 위한 세계 정상회담'에서 구체적인 달성 목표를 세우는 단계까지 이르게 되었다.

이러한 변화는 아동이 단지 작은 성인 혹은 미성숙자로 보호받아야 한다는 소극적인 의미에서 한 인간으로 존엄을 지키며 적극적으로 그들의 삶을 위해 권리가 존중되어야 한다는 중대한 변화를 가져왔다.

4. UN 아동의 권리에 관한 국제협약

1) 배경과 목적

아동의 권리보장에 대한 중요성과 아동 중심의 새로운 관점들이 대두되면서 국제사회적으로 아동의 권리에 대한 규범의 필요성이 제기되었다. 그리하여 각국의 실천활동들은 1959년 아동권리선언으로 결실을 보았으며, 40년 후인 1989년에는 국제연합의 총회에서 아동의 권리에 관한 국제협약(이하 '아동권리협약')이 만장일치로 채택되었다. 현재 아동권리협약은 우리나라를 포함하여 전 세계적으로 가장 많은 국가가 비준한 국제법이 되었다. 아동권리협약이 공표된 근본적인 이유는 아동에게도 성인과 같은 권리를 준다는 것을 전 세계 모든 이들에게 알리기 위함이다(안사라, 2012).

우리나라는 1991년 11월에 아동권리협약을 수용함으로써 협약이 지향하는 아동권리를 보장하는 국제적 흐름에 동참했다. 이는 곧 아동권리협약 당사국으로서 아동이 '어떠한 형태의 차별이나 처벌을 받지 않도록' 필요한 조처를 하고, 아동과 관련된 행정-입법기관은 물론, 민간기관의 활동에 대해서도 '아동의 이익을 최우선으로 고려하도록' 적극적으로 장려하겠다는 약속이다.

유엔아동권리협약에서 나타난 주요 특징으로는 우선, 아동의 모든 권리와 접근은 아동의 완전하고 조화로운 인격발달과 인간의 존엄성을 실현하는 데 필요한 조치들을 하도록 규정하고 있다는 것이다. 또한, 이러한 권리들은 서로 지지하면서 연관된 것으로 권리 사이의 어떠한 위계도 갖지 않는다는 특징을 가진다(한지숙·홍은주, 1998; 김정래, 2002 참조). 또한, 아동권리는 아동 자신이 주체가 되어 자신에게 최선의 것을 찾고 누릴 수 있는 것으로, 이는 타인이 규정되거나 수혜를 입는 것이 아닌, 천부적으로 아동 자신에게 주어진 삶을 실현하는 데 기본 조건이 되는 것이다.

따라서 아동권리협약은 아동을 생존·보호·발달을 위한 적극적인 주체로 보고, 아동이 본래 지닌 특성 자체만으로 권리를 정당하게 보장받아야 함과 동시에 아동 자신이 자연스럽게 그것들을 행사할 수 있는 권리를 가졌음을 천명한 것이다(이혜원, 2006 참조).

2) UN 아동권리협약에 나타난 4대 권리와 원칙

(1) 아동권리협약의 4대 권리

유엔아동권리협약은 국제적 구속력을 지녔을 뿐만 아니라, 아동을 '권리주체의 존재'로 인식하고 있다는 점에서 큰 의미가 있다(김진숙, 2009). 그에 따라서 아동권리협약은 규정을 통해 아동의 권리를 생존의 권리, 발달의 권리, 보호의 권리, 참여의 권리로 범주화하여 제시하고, 이에 관한 각 기준의 개념은 다음과 같다(이재연 외, 2013; 김인숙, 2001; 김정래, 1999b; 이양희, 1999; ISCA, 1997; UNICEF, 1989; UNICEF 세계교육부, 1995).

① 생존의 권리(Right to Life): 아동이 삶을 살아가고 유지하는데 필요한 기본 조건을 다루고 있다. 적절한 생활수준을 누릴 권리, 의료서비스를 받을 권리를 말한다. 즉, 생존권으로서 영양, 음식, 건강관리, 의료혜택, 위생, 안정 등을 포함한다.

② 발달의 권리(Right to Development): 아동이 건강하고 행복하게 성장하고 발달하는데 필요한 권리를 말한다. 동시에 아동이 가진 잠재능력을 최대한 발휘하도록 하는데 필요한 기본조건을 다루고 있다. 교육을 받을 권리, 여가를 즐길 권리, 전통적으로 문화생활을 할 권리, 정보를 누릴 권리, 생각과 양심, 종교의 자유를 누릴 권리, 성장발달의 권리 등을 포함한다.

③ 보호의 권리(Right of Protection): 모든 형태의 학대와 방임, 폭력으로부

터 아동이 안전하게 보호받을 수 있는 권리를 의미한다. 특히, 중점으로 다루고 있는 내용은 난민아동에 대한 특별보호 및 고문, 부당한 형사처분, 가족과의 인위적인 분리 등으로부터 보호받을 권리이다. 따라서 아동이 차별과 위험으로부터 보호받고 안전하게 성장하는데 필요한 권리로서 차별, 학대, 방임, 폭력, 성폭력, 전쟁, 긴급상황 등에서의 보호를 포함한다.

④ **참여의 권리**(Right to Participation): 아동이 자신의 의사를 표현할 자유와 자기 생활에 영향을 주는 일에 대하여 말할 수 있는 권리이다. 즉, 책임감 있는 어른이 되기 위해 아동 자신의 능력에 부응하여 적절한 사회활동에 참여할 기회를 가질 권리를 의미한다. 이를 통해서 아동이 자신의 삶에 영향을 주는 인적, 물리적 환경에 대해 의견을 제시하고 존중받을 수 있어야 하며, 표현, 양심, 종교, 의견제시, 집회, 사생활보호, 정보습득 등의 자유와 권리 등을 포함한다.

(2) 아동권리협약의 주요 원칙

아동권리협약의 주요원칙은 무차별원칙, 아동이익 최우선의 원칙, 생명존중과 발달원칙, 의사존중 및 참여의 원칙으로 제시되고 있는데 구체적으로 다음과 같다.

① **무차별 원칙**(Non-Discrimination): 무차별 원칙은 제2조에서 명시한 것으로 모든 아동은 인종, 피부색, 성별, 언어, 종교, 정치적 견해 등으로 차별받아서는 아니 됨을 규정하고 있다.

② **아동 이익 최우선 원칙**(Devotion to best interstices of the Child): 아동이익 최우선원칙은 제3조에 명시한 것으로 아동에 영향을 끼칠 수 있는 모든 것을 결정할 때는 아동의 이익을 최우선으로 한다고 생각하고 고려해야 함을 핵심으로 한다.

③ **생명존중 및 발달원칙**(Life, Survival and Development): 생명존중 및 발달원칙은 모든 아동이 고유의 생명권을 가지고 있음을 인정하고, 가능한 아동의 생존과 발달을 보장하여야 함을 강조한다.

④ **의사존중 및 참여의 원칙**(Respect for the views of the child and participation): 의사존중 및 참여의 원칙은 아동은 자신에게 영향을 미치는 상황이나 문제에 대하여 자신의 견해를 자유스럽게 표현할 수 있고, 존

중받아야 함을 핵심으로 하며, 자신의 능력에 맞게 적절한 사회활동에 참여할 수 있어야 함을 강조한다.

3) 주요 내용과 의의

아동권리협약은 아동의 최선의 이익 보장을 위해 법적 구속력을 갖춘 최초의 국제법이다. 아동권리협약은 18세 미만을 아동으로 규정하고 있으며, 아동을 권리 주체자로 인정하고, 연령 및 발달단계에 맞는 적극적 권리보장을 내용으로 하고 있다.

전문과 3부 54개 조로 구성되어있다. 협약의 제1부는 제1조부터 제42조까지로 아동이 누려야 할 권리와 당사국의 아동보호 의무규정에 대해 다루고 있다. 제2부는 제42조부터 제45조까지로 아동권리위원회의 설치와 권한 및 당사국의 협력을 규정하고 있으며, 제3부는 제46조부터 제54조까지로 협약의 효력 및 관리에 관한 규정이다.

아동권리협약은 아동의 권리보장을 단순한 사회적, 개념적, 도덕적 차원이 아니라 법적 구속력으로 강제하였으며, 아동은 보호의 대상인 동시에 독립된 인격을 가진 권리의 주체자로 인식한 것에 의의가 있다.

유엔아동권리협약은 아동 삶의 질 보호를 위해 아동에 대한 지원을 확대시켜야 한다는 기존의 주장에서 발전하여 아동의 자율성을 인정하는 것이 중요하다는 방향으로 변화하였다(Freeman, 1992). 여기서 자율성 존중은 아동 스스로 적절한 삶과 교육의 선택을 결정하는 능력이 있음을 의미한다(김진숙, 2009). 아동권리를 주장하는 가장 중요한 이유는 아동의 이익을 최우선으로 보장해 주어야 하기 때문이다. 아동의 이익이란 단순한 욕구의 충족이나 고통의 회피만이 아니라 아동의 관심, 계획, 목표 그리고 특정한 마음과 존재의 상태를 성취할 수 있는 능력을 의미한다(Wolfson, 1992). 이러한 권리에 의한 이익보장은 아동의 인성과 인격형성을 위하여 꼭 필요하다(이기범, 1997). 따라서 아동권리는 인간이라면 누구나 가지는 권리로서 그 주체인 아동이 갖는 권리를 말한다.

UN International Convention on the Rights of the Child(1989)

Human rights apply to all age groups; children have the same general human rights as adults. In 1989, however, world leaders decided that children needed a special convention just for them because people under 18 years old often need special care and protection that adults do not. The leaders also wanted to make sure that the world recognized that children have human rights too. The Convention on the Rights of the Child (CRC) is the first legally binding international instrument to incorporate the full range of human rights-including civil, cultural, economic, political and social rights.

The Convention on the Rights of the Child sets out the rights that must be realized for children to develop their full potential, free from hunger and want, neglect and abuse. It reflects a new vision of the child. Children are neither the property of their parents nor are they helpless objects of charity. They are human beings and are the subject of their own rights. The Convention offers a vision of the child as an individual and as a member of a family and community, with rights and responsibilities appropriate to his or her age and stage of development. By recognizing children's rights in this way, the Convention firmly sets the focus on the whole child.

The Convention and its acceptance by so many countries has heightened recognition of the fundamental human dignity of all children and the urgency of ensuring their well-being and development. The Convention makes clear the idea that a basic quality of life should be the right of all children, rather than a privilege enjoyed by a few.

출처: https://www.unicef.org/crc/index_protecting.html.

Group Discussion

성명: ______________

○ TOPIC: 아동권리에 관한 사회적 인식의 현주소에 대해 검토해보고, 이를 변화, 향상시키기 위한 방안에 대해 토의해봅시다.

– …

– …

– …

– …

– …

– …

– …

– …

– …

– …

– …

– …

– …

– …

– …

MOVIE

성명: ______________

- Title: ____
- Keywords: ____
- Impression: _______________________________________

Keywords

성명: ___________

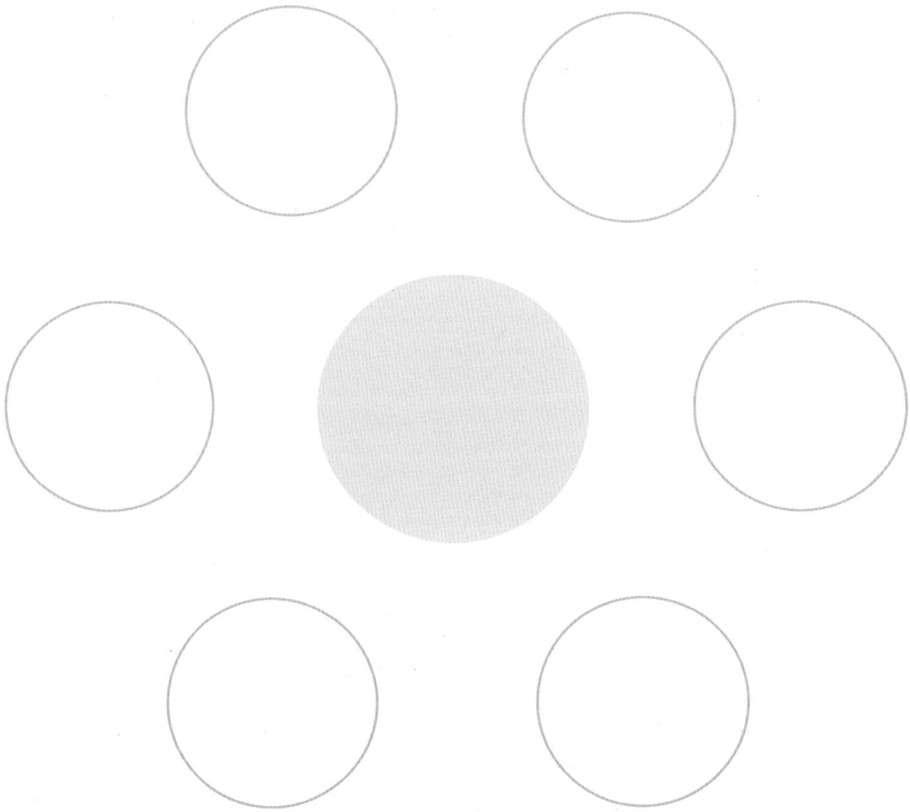

제2장

아동권리 발달과 정책

- 1. 선진국의 아동권리 발달
- 2. 선진국들의 아동권리에 대한 정책적 접근
- 3. 선진국 사례를 통한 시사점

〈학습목표〉

① 아동권리 보장을 위한 선진국의 정책적 지원들에 대해서 살펴보아요.

② 아동권리에 관한 우리나라와 선진국의 지원내용들을 비교분석해보아요.

1. 선진국의 아동권리 발달

나라마다 독특한 역사적 배경이나 정치적, 사회적 내지는 국민 정서적 차원의 다양한 환경요인이 작용하기 때문에 어떠한 문제적 현상이나 관련주제에 관하여 하나의 일관적인 흐름을 파악하기란 쉽지 않다.

아동권리에 관련한 문제들 역시 같은 맥락에서 세계 각국의 현상을 바탕으로 오로지 하나의 형식이나 일정한 수준으로 정리해서 말할 수는 없다. 그런데도 일반적인 차원에서 복지국가 반열에 있는 나라들에서 아동권리의 이념과 정책현실이 어떻게 발달하고 진행됐는지를 알아보는 것은 미래의 아동권리 발달에도 시사하는 바가 적지 않다. 따라서 이 장에서는 영국, 미국, 스웨덴, 일본 및 한국의 아동권리 발달측면을 간략히 조망하고 주요 의의를 찾아보고자 한다(이경준 외(2017); 고인숙·류현수, 2017; 이재영, 2016; 배윤주, 2014; 최윤영, 2013; 최보연, 2009; 성영혜·김연진, 2008).

1) 영국

영국은 전 세계에서 가장 먼저 아동보호원칙을 법으로 규정한 나라로 1601년에 처음 구빈법을 제정하여 빈곤아동을 보호하였다. 또한, 최초로 아동수당(Child Benefit)을 지급하고 있는 국가이다. 이것은 경제적 수준이나 기여여부에 관계없이 모든 아동에게 주어지는 소득보장제도로서, 1991년부터 첫째 자녀에게 보다 높은 비율의 혜택이 주어지며 한부모일 경우에는 급여액이 추가된다. 2003년부터는 자녀를 양육하는 가정의 조세부담을 줄여주기 위해 아동조세공제(Child Tax Credit)를 실시하고 있다(배윤주, 2014).

역사적으로 지금까지의 변화와 그 배경을 좀 더 살펴보자면, 1601년 구빈법의 제정으로 아동보호의 원칙이 세워졌으나, 산업혁명으로 노동자들이 속출하게 되자 빈곤가정아동들과 결손가정아동들이 많아지게 되었다. 따라서 구빈법의 개정(1834)이 뒤따르게 되었으며, 개정법에 따라 9세 이하 아동의 노동을 금하고 13세 이하 소년의 노동시간을 주 48시간 이내로 제한시키는 등 어린 노동자를 착취로부터 보호하였다. 이와 같은 입법조치는 곧 미국과 유럽에 전파되어 이들의 복지를 보장하는 데 공헌하였다.

영국에서 아동에 대한 배려는 처음에는 고아, 부랑아, 유기아의 도제견습, 작업장으로의 입소로부터 시작하여 특히 19세기 후반부터 20세기에 걸쳐 노동아동의 보호, 공중위생으로부터의 보호, 의무교육 시행, 아동수용시설의 증가형태로 나타나서 20세기 전반의 근대적인 아동보호사업으로 전개되었다. 그에 따라서 현대 영국의 아동복지는 가정붕괴의 방지와 아동의 가정적인 분위기 속에서의 보호라고 하는 기본선에 의해 추진되고 있다(성영혜·김연진, 2008).

2) 미국

미국의 인권제도는 유럽보다 늦기는 했지만, 1959년 미주인권위원회(Inter-American on Human Rights)가 설치되고, 미주인권협약이 1978년 발효되면서 상당한 변화를 가져오기 시작하였다. 이는 1948년 미주인권선언과 1969년 미주인권협약에 기초하고 있다. 본래 미주인권선언은 자유권과 평등권을 모두 포함한 선언이었으나, 구속력은 가지지 못하였기 때문에 실제로 인권보장의 구속력 있는 제도의 시작은 1970년에 인권위원회가 미주기구의 공식기관이 된 때부터라 할 수 있다.

미국에서 아동권리에 관한 규정들은 모든 아동은 미성년이라는 조건에 따라 자신의 가족, 사회 및 국가에 요구되는 보호조치를 받을 권리를 가지며, 평등한 보호를 받을 권리를 가진다고 명시하고 있다. 그리고 모든 아동은 출신에 관계없이 미성년자로서 그의 가정, 사회 및 국가의 보호를 요구할 권리, 모든 아동은 부모의 보호와 책임 아래에서 성장할 권리를 가지지만, 예외적으로 법원에서 인정된 상황을 제외하고는 어린 나이의 아동은 어머니로부터 분리되어서는 아니 되며, 모든 아동은 적어도 초등교육단계에서는 무상의 의무교육을 받고, 상급교육과정에서 교육을 계속 받을 권리를 가진다는 것을 규정하고 있다(최보연, 2009).

미국은 원래 UN아동권리협약의 기안에 참여하여 실질적으로 협약의 거의 모든 조항을 만드는 데 영향을 끼쳤다고 볼 수 있다. 그런데 정작 전 세계 나라 중 소말리아와 함께 UN아동권리협약을 가입하지 않은 나라이기도 하다.

그 배경으로는 첫째, 각 주가 독특하고 다양한 법제를 가지고 있어, 이러한 각 주의 법적인 다양성으로 UN아동권리협약을 비준하려는 노력에 걸림돌이 되는 것이다.

둘째, 미국에서는 UN아동권리협약은 국내법을 통해서 집행되어야 한다고 보고, 협약의 효력이 발생하기 전에 법률적인 측면에서 완전히 정비되고 시행되어야 하므로 비준을 곤란하게 하는 것이다.

셋째, 미국의 헌법에는 '아동'이라는 용어를 사용하고 있지 않고 UN아동권리협약상 권리가 미국에서는 권리 자체로 인정되지 못하는 것이 있기 때문에, 대법원이 주어진 헌법을 가지고 아동의 권리를 추론하는 것을 통해 아동의 권리주체성 인정여부를 확인할 수 있다.

이에 대해 고찰하면, 1900년대 초까지 미국은 부모로서 성인이 헌법상 보장된 사생활 보호권의 일부로서 자녀양육권을 가진다는 것이 헌법적으로 인정되고, 아동은 단지 부모의 자녀양육권의 대상이자 객체로 여겨졌다. 1923년 연방대법원은 Meyer v. Nebraska에서 아동의 권한은 부모의 권한에 따라 한계가 설정된다고 함으로써 어린이의 권리를 부모의 권리에서 파생·의존하는 것으로 보았다. 그러다가 1960년대를 지나면서 점차 권리의 주체로서 아동을 헌법적 차원에서 한 인간으로 인정하는 모습을 보여준다. 즉, 아동의 헌법적 권리, 즉 부모에게 귀속된 종속적 권리, 부모가 대신 행사되는 권리가 아니고, 독립적인 아동의 헌법적 권리를 인정하기 시작한 것이다(최윤영, 2013 참조).

3) 스웨덴

스웨덴은 아동양육지원에서부터 장애아동와 일반아동의 통합교육에 이르기까지 아동의 권리가 가장 잘 보장되는 아동정책을 시행하는 국가이다. 스웨덴 아동복지정책의 기본목표는 아동의 권리를 증진하는 것인데, 아동과 청소년들이 발달과 보호뿐만 아니라 참여와 영향력을 미칠 기회를 가질 수 있도록 하는 것이다. 즉, 아동을 권리의 주체로서 인정하고, 그에 따른 다양한 국가정책을 수행하고자 한다고 볼 수 있다.

스웨덴은 아동권리보호와 관련된 정책의 특징으로 Ombudsman 기구가 있다.

The Children's Ombudsman은 아동권리 모니터링 기구로 UN아동권리협약의 내용이 제대로 수행되고 있는지 감시한다.

2013년 보건사회부의 아동·노인 장관(Minister for Children and the Elderly)은 2013년 아동권리보장정책을 시행하는 데 있어 7가지 우선 정책목표를 제시하고 있다(최윤영, 2013).

① 아동권리에 관한 전략 홍보
② 아동권리정책을 위한 모니터링 시스템(The Max18 follow-up system) 구축
③ 18세 미만 아동에 대한 보편적 양육 지원
④ 빈곤아동 지원
⑤ 아동에 대한 신체적·정신적 학대방지 및 약물남용이나 정신질환 위험 가정에서 자라는 아동들을 위한 대책수립
⑥ 스웨덴 법체계에서의 UN아동권리협약의 장단점 연구
⑦ 아동의 성적 착취와 인신매매에 대한 새로운 정책수립을 달성함으로써 아동의 권리신장

4) 일본

일본에서 아동권리 문제는 1980년대부터 본격화되어 아동의 권리가 무엇인지, 어떤 권리가 보장되거나 제한되는지에 대한 이론을 정립하는 단계를 거쳤다. 하지만 일본은 '합의사회(consensus society)'라서 법 개정이 느려 현실과의 괴리가 큰 편이며, 주요 법 개정은 대부분 외국의 압력으로 이루어졌다고 평가된다. 또한, 일본은 아동권리는 어른이 지킨다는 의식이 강하고, 일본에서의 행정은 물론 학계도 관료주의적 성향에 빠져 있어 아동권리를 종합적으로 연구하는 기반은 모자란 것으로 볼 수 있다. 그에 따라서 아동의 권리보다는 책임을 강조하여 사회의 일원으로서 아동의 책임, 어른들의 엄격한 자세를 필요로 하는 조례들도 제정이 되고, 아동의 권리와 의무는 상대적이라는 발상이 절대시 되어 의무를 다하지 못하는 아동들에게 권리를 보장해서는 안 된다는 생각이 강조되는 경향이 있었다.

그러나 여러 국제적 선언이나 협약의 채택에 따라서 일본의 아동복지법 및 아

동복지관련법령들을 정비할 필요성이 제기되었고, 아동이 자주적 권리주체임을 법상 명확히 함으로써 아동권리의 내실화를 위한 유기적이고 종합적인 법정책의 도입을 요구받고 있다. 또한, 현실적 차원에서 학교 내 체벌, 이지메를 비롯한 아동에 대한 인권침해문제에 대한 대책을 마련하는 등 아동의 권리보장을 위한 논의들이 활발하게 진행되고 있다.

UN 아동권리위원회는 일본 정부가 2004년과 2008년 아동복지법 개정을 통해서 지방정부의 요보호아동에 대한 조치에 대한 지방위원회 수립 임무규정, 2005년 6월 개정형법에서 인신매매를 범죄에 추가한 것 등을 아동권리신장에 긍정적인 움직임으로 보았다. 다만, 아동복지법상 난민아동, 미등록이주아동을 대상아동으로 포함하고 있지 않은 것, 아동의 최선의 이익 원칙을 반영하는 규정을 두지 않은 것 등을 개선하도록 촉구한 바 있다(최윤영, 2013 참조).

5) 한국

우리나라 헌법 제10조는 인간의 존엄성과 행복을 추구할 권리를 보장하고 있으나, 본격적으로 아동권리를 명시한 것은 '어린이헌장'이 최초라 할 수 있다. 1957년 제정된 어린이헌장은 1988년 제66회 어린이날을 맞이하여 시대적 변화에 맞게 개정되어 전문과 11개 조로 공포되었다.

어린이헌장은 아동의 존엄성 존중, 가정에서의 보호, 영양, 교육, 문화, 놀이에 관한 아동권리, 학대와 노동으로부터 보호받을 권리, 장애아동이 보호받을 권리 등을 포함하고 있다. 그러나 실질적이라기보다는 선언적 의미가 강하다(고인숙, 류현수, 2017).

대한민국 어린이헌장의 전문은 9개의 조문으로 구성되어 있으며, 내용은 다음과 같다.

어린이 헌장

어린이는 나라와 겨레의 앞날을 이어나갈 새 사람이므로 그들의 몸과 마음을 귀하게 여겨 옳고 아름답고 씩씩하게 자라도록 힘써야 한다.

1. 어린이는 인간으로서 존중하여야 하며, 사회의 한사람으로서 올바르게 키워야 한다.
2. 어린이는 튼튼하게 낳아 가정과 사회에서 참된 애정으로 교육하여야 한다.
3. 어린이에게는 마음껏 놀고 공부할 수 있는 시설과 환경을 마련해주어야 한다.
4. 어린이는 공부나 일이 몸과 마음에 짐이 되지 않아야 한다.
5. 어린이는 위험한 때 맨 먼저 구출하여야 한다.
6. 어린이는 어떠한 경우에라도 악용의 대상이 되어서는 아니 된다.
7. 굶주린 어린이는 먹여야 한다. 병든 어린이는 치료해주어야 하고, 신체와 정신에 결함이 있는 어린이는 도와주어야 한다. 불량아는 교화하여야 하고, 고아와 부랑아는 구호하여야 한다.
8. 어린이는 자연과 예술을 사랑하고, 과학을 탐구하며, 도의를 존중하도록 이끌어야 한다.
9. 어린이는 좋은 국민으로서 인류의 자유와 평화와 문화발전에 공헌할 수 있도록 키워야 한다.

이 헌장의 제7조 조문은 '굶주린 어린이', '병든 어린이', '불량아', '부랑아'라는 단어를 사용하여 특히 복지사업으로 선회한 소년운동의 특징을 그대로 보여주고 있다.

1970년 어린이 건전육성을 위해 어린이회관이 개관되고, 1973년 어린이대공원이 개원하였으며, 어린이날이 1975년에 국가공휴일로 지정되는 등 사회적으로 아동의 권리가 운동의 차원을 넘어 복지차원으로 확대되었다. 그렇다고 아동의 권리가 보편권리로 일상화된 것은 아직 아니었다(이재영, 2016).

아동권리에 대해 법제화된 것은 1961년 '아동복리법'이 시행되면서부터고, 이를 기초로 1981년 '아동복지법'이 시행되면서부터다. 현재 아동복지법은 제1조 목적에서 '아동이 건강하게 출생하여 행복하고 안전하게 자랄 수 있도록 아동의 복지를 보장하는 것을 목적으로 한다.'고 명시하고 있다. 또한, 제3조 제3항은 '아동에 관한 모든 활동에 있어서 아동의 이익이 최우선으로 고려되어야 한다.'를 기본개념으로 명시하고 있다.

1981년 아동복리법이 아동복지법으로 개편되면서 아동복지의 일반화를 위해

정계를 비롯해 1989년 아동학대예방협회, 1991년 아동복지학회, 1996년 한국모자보건학회와 한국아동권리학회 등 학계의 조직이 다양화되면서 아동권리에 대한 사회적 관심이 증대되기 시작하였다(이재영, 2016).

우리나라 아동권리는 UN의 아동권리협약 가입으로 국제적 동향에 발맞추려 노력하고 있지만, 충분히 아동권리협약의 내용을 준수한다고 하기에는 미흡한 면들이 많다. 우리나라의 경우 유교적 전통적 가치관 때문에 아동의 권리보장은 발전속도가 늦은 편으로, 아동권리에 대한 국가적, 사회적, 가정적 노력이 더욱 요구된다(고인숙·류현수, 2017).

2. 선진국들의 아동권리에 대한 정책적 접근

아동권리사상은 20세기에 들어와 확립되었으며, 아동은 수동적인 보호의 대상에서 능동적인 권리의 주체라는 사상으로 발전하게 되었다. 이는 자선이나 박애에 의한 소극적인 보호에서 권리와 책임에 의한 적극적인 복지가 요청된 것이다.

아동복지정책은 정부가 아동복지사업을 추진하기 위한 방침을 설정하는 것이며, 아동복지사업이나 제반문제에 대한 의사결정에 활용되는 정부의 지침, 법규, 행동계획 등을 의미한다. 즉, 아동복지정책이란 '아동복지를 위한 행동노선과 계획'이라 할 수 있으며, 아동복지사업을 수행하는 데 필요한 지침과 방향을 설정하거나 계획하는 것이라고 할 수 있다(도미향, 2006). 그러므로 아동복지정책은 아동의 보호와 가족의 유지를 우선으로 하는 목표가 설정되어야 하며, 정책은 아동이나 가족의 욕구가 무엇인가에 기초해 결정이 이루어져야 한다(최순옥 외, 2013).

1) 영국

영국의 청소년비행과 범죄에 관련된 아동 및 청소년법(The Child and Young Person Act, 1993, 1963 & 1986)은 아동들의 범죄예방과 처벌 그리고 형법상의 책임을 아동들에게 묻기보다는 비행법적 절차를 가지려는 의도로 제정되었다. 이로써 아동을 단지 복지의 대상으로만 보는 것이 아니라 범죄의 유혹으로부터 보호하려는 노력을 담고 있다.

이 외에 1862년에 제정된 영아생명보호법(Inter Life Protection Act, 1862-1897), 아동 학대방지 및 보호법(Prevention of Cruelty and Protection of Children Act, 1869), 미성년자를 위한 친권자 법(Guardianship of Minors Act, 1971), 아동보호법(Child Care Act, 1980) 그리고 아동유괴방지법(Child Abduction Act, 1985)이 있다(김수진, 2005, 양영임·우남희, 2005).

2) 미국

미국에서는 아동정책이 보건복지부(DHHS: U.S. Department of Health and Human Services) 산하 아동가족청(Administration for Children and Family)과 아동청소년가족청(Administration on Children and Youth and Families)에서 주로 이루어진다.

미국의 아동정책은 아동의 생존과 보호적 측면에 중점을 두고 이루어지고 있다는 것이 특징이다. 이런 상황이 보육, 자녀양육지원측면에서 어떻게 정책적으로 실행되고 있는지, 아동학대 관련 정책에는 어떤 특성이 있는지 살펴볼 필요가 있다.

(1) 보육정책

미국의 보육정책은 보수가 적은 직업을 가진 편모가족이나 이민가족 등 가정 내에서 제대로 보호받지 못하는 빈민가족의 자녀를 위해 전일제 보육의 형태로 제공되면서 발달하였다. 19세기와 20세기 초반 보육과 유아교육은 서로 분리되어 발전되어 왔는데, 교육은 주로 유치원과 유아원에서, 보호는 탁아소에서 담당하였다(곽온, 2004; 박정오, 2003). 이렇게 이원화로 분리되는 과정에서 유치원은 학교제도에 편입되어 안정된 성장을 했지만, 탁아소는 개인적인 일로 간주되어 낙후되는 현상을 보이게 되었다.

클린턴 정부에 이어 부시 정부에서도 교육부 담당 하에 이루어지고 있는 21세기 지역사회학습센터(21st Century Community Learning Center: CCLC)는 취학 아동을 위한 보육정책이다. 21세기 지역사회학습센터는 연방정부 예산에서 충당되는데, 이런 정부차원에서의 방과후 프로그램은 현재 한국의 학원 중심 방과 후 교육에 시사하는 점이 크다고 볼 수 있다(양영임·우남희, 2005).

(2) 자녀양육지원정책

빈곤가정아동의 생존권리를 보장하는 아동정책의 대표물로서 빈곤 가족을 위한 임시보조(Temporary Assistance to Needy Families: TANF) 프로그램을 들 수 있다. 이는 1996년 사회복지개혁으로 제정된 개인책임 및 취업기회 조정법안(PRWORA: Personal Responsibility and Work Opportunity Reconciliation Act)에 따른 영향으로 요보호아동가족 보조(Aid to Families with Dependent Children: AFDC) 프로그램이 폐지되면서 만들어진 것이다.

클린턴 대통령이 취임한 직후 가정과 직장양립을 지원한다는 측면에서 가족 및 의료 휴가법(Family and Medical Leave Law)이 제정되면서 육아휴직제도가 1993년 8월 5일부터 시행되고 있다. 잘 정비된 육아휴직제도는 여성의 경제활동을 활성화하는 데 중요한 역할을 하며, 출산과 자녀양육에 대한 긍정적인 입장을 갖는 데도 크게 영향을 미친다는 점에서 무엇보다 중요하다(양영임·우남희, 2005).

(3) 아동학대 관련정책

미국의 '아동학대 예방, 입양, 가족 서비스 법'에 따르면 학대를 신체학대, 방임, 성 학대, 정서적 학대로 구분하고 있다. 1974년에는 미국 최초로 국가적 차원의 아동학대 관련법률인 '아동학대 예방 및 치료에 관한 법률(Child Abuse Prevention and Treatment Act: CAPTA)'이 제정되었고, 1996년 개정되어 지금에 이르고 있다. 이 법에 따라 정책과 모델 프로그램 및 서비스 개발의 효과적인 조정을 위해 '국립 아동학대 및 방임센터(National Center on Child Abuse and Neglect: NCCAN)'가 설립되었다(강민성, 2003; 장희승, 2002).

NCCAN의 주요기능은, 첫째, 신고된 사건을 신속하게 처리 및 관리하는 신고체계를 구축, 둘째, 아동을 포함하여 학대와 관련된 모든 조직 및 기관에 대한 법률적인 대표성을 표방, 셋째, 24시간 긴급전화서비스, 상담 등을 포함한 통합적인 서비스 시행 및 지원, 넷째, 공공기관과 민간기관 간의 신속하고 효과적인 상호연계 구축, 다섯째, 학대로 의심되는 모든 사례를 검토하기 위한 다분야 간 공조체계 구축, 여섯째, 아동학대 발견 및 신고와 관련하여 중요한 역할을 하는 법률, 의료, 정신 보건 전문가 및 학교 교원 교육, 일곱째, 지역사회 내에 존재하는 조직 및 기관 간의 조정담당 등이다(민덕준, 2001).

이 외에 아동보호제도(Child Protection Service CPS)는 현재 미국의 아동학대와 방임문제를 다루는 가장 중요한 공공 프로그램으로 자리 잡고 있다. 또한, 신고의무자를 지정하여 아동과 접촉이 있는 모든 분야의 전문가들, 즉 교사, 보육사, 보모, 사회복지사, 의사, 간호사, 심리학자, 상담가 등은 아동학대를 발견했을 때 이를 의무적으로 신고하도록 규정하고 있다. 신고의무자 제도는 미국의 독특한 제도로써 아동 관련 전문인들의 아동학대에 관한 전문지식과 인식의 확대 그리고 무엇보다도 아동학대를 신속하게 처리하는 데 커다란 공헌을 한다고 볼 수 있다(양영임·우남희, 2005).

3) 스웨덴

스웨덴은 아동양육지원에서부터 장애아동과 일반아동의 통합교육까지 아동의 권리가 가장 잘 보장되는 아동정책을 시행하는 국가다. 체계적이고 질적으로 높은 스웨덴의 아동정책은 여성정책과 가족정책이 추구하는 목적을 공유하고 있다는 것이 특징이다. 저소득층가정의 아동이나 특수아동만을 대상으로 하는 것이 아닌, 스웨덴 아동 전체의 권리보호와 육성으로까지 범위가 확대되어 있다. 그 결과, 스웨덴은 7세 미만의 아동을 둔 여성의 노동참가율이 80% 이상으로 유럽에서 가장 높은 여성 노동참가율을 나타내고 있으며, 평균 1.5명의 출생률로 다른 유럽국가들보다 역시 높은 수준을 유지해 왔다(The Swedish Institute, 2003).

스웨덴의 아동권리보호와 관련된 정책의 특징으로 Ombudsman 기구를 들 수 있다. The Children's Ombudsman은 아동권리 모니터링 기구로써 UN이 규정한 "아동권리에 관한 국제협약" 내용이 제대로 수행이 되고 있는지 감시한다. 1993년에 아동 옴부즈맨 법을 제정하고, Ombudsman을 정부가 임명하였는데, 2001년에 사무국을 행정, 정보, 법 관련, 조사연구부서로 기구를 세분화하였다(서문희, 2003; 이재연, 2005).

(1) 보육정책

스웨덴의 아동보육제도는 산업화 이후 빈민아동과 기아문제를 해결하기 위한 대책으로서 보육제도로부터 스웨덴 전체 아동들의 보호와 교육에 대한 사회적 책임을 수행하기 위한 공적 제도로까지 단계적으로 발전하였다.

스웨덴의 보육형태는 크게 네 가지 형태로 나눌 수 있다(배윤주, 2014).

① 유아학교(preschool, főrskola): 유아학교는 1세에서 6세까지의 아동을 대상으로 부모가 취업 또는 학업중인 경우 이 기관에 맡겨지고, 기관 보육시설(daycare centers, daghem)과 시간제 유아집단(part time groups, deltidsgrupper)으로 나뉜다.

② 개방 유아학교(open preschool, őoonafőrskola): 개방 유아학교는 가정보육의 보충적 역할을 하고 있는데, 가정에서 자녀를 돌보는 부모들을 위한 형태의 학교이다.

③ 레저 타임센터(leisure time centre, fritidshem): 레저 타임센터는 방과 전·후 보육서비스를 제공하기 위한 기관으로서 6~12세 아동들을 대상으로 한다. 연중무휴로 열리고, 시설에 등록하지 않은 아동들도 가끔 이용할 수 있는 간이 레저활동(drop-in leisure time activity) 보육시설도 포함되어 있다.

④ 가정보육시설(family day care home, familjedaghem): 가정보육시설은 1~12세 아동들을 대상으로 하며, 이 시설은 가정탁아모(childminder)를 지방자치단체가 고용한 형태의 시설이다.

(2) 양육지원정책

사회복지국가로 오랜 역사를 가진 스웨덴은 아동양육지원 측면에서도 다양한 형태의 제도와 급여를 시행하고 있다. 이와 관련된 급여형태로 임신수당, 출산수당, 출산휴가, 부모휴가급여가 있고, 이 급여는 전액 의료보험체계에서 일괄적으로 지급된다.

또한, 스웨덴 정부는 부모휴가제의 정착과 발전을 위하여 휴가기간과 지급액을 지속해 늘려왔고, 1986년과 1989년에는 아버지들의 적극적 참여를 유도하는 캠페인을 대대적으로 전개해 왔는데, 그 예로 'Dad's days'가 있다. 이와 같은 캠페인이 성공적으로 이루어짐으로써 그 실효성을 입증하고 있다(배윤주, 2014).

(3) 아동학대 관련 정책

스웨덴에서는 가정 내에서 아동학대 및 방임에 대한 강력한 제재법을 두고 있다. 부모나 후견인으로부터 어떤 형태의 체벌이나 정신적 벌이 허용되지 않으며, 아동에게 신체적 손상이나 고통을 가하였을 경우 최고 2년의 구금형과 벌금형이 따르게 된다.

또한, 부모교육을 아동학대를 예방하는 최선의 방안으로 생각하여 각 주거지역의 유아학교를 개방하여 어린 자녀를 가진 부모들을 대상으로 다양한 예방교육을 시행하고 있다. 아동학대를 예방하는 차원에서 부모들의 정신건강 유지가 중요하므로 부모들은 '가정특별상담국'을 통해 이혼, 별거 등 가정문제해결을 위한 도움을 받고 있다(배윤주, 2014).

4) 일본

다른 산업화된 서구의 선진국들과 마찬가지로 일본도 고령화 사회로의 전환이 하나의 심각한 사회문제로 대두되고 있다. 일본정부는 1989년에 출산율이 1.57로 나타나자 저조한 출산율의 심각성을 지각하고, 그에 따른 위기에 대응하기 위해 '엔젤플랜'(1994년~1999년)을 발표하고 다양한 시책을 추진하였다. 그러나 1999년 출산율은 1.34까지 떨어졌다. 이에 일본은 '신엔젤플랜'(1999년~2004년)을 발표하였고, 2003년 3월에는 이를 다시 보강하여 '소자녀 대책 플러스 원'이라는 이름으로 '차세대 육성지원에 관한 당면 시책방침'을 확정하였다(정미라·오미희, 2004).

신엔젤플랜은 아동의 기본적 권리를 보호·육성하는 아동정책에 초석을 만들어 주는 사업이다. 그러나 엔젤플랜에는 법적인 근거가 제시되어 있지 않고 법적인 강제이행조항이 없다는 점에서 효과가 분명히 드러나지 않았다는 평가를 받는다. 이러한 점에 대한 대책으로 일본에서 소자녀화 문제를 해결하기 위해 2003년 7월 '소자녀화 대책 기본법(7월 23일 성립, 9월 1일 시행)'과 '차세대육성대책추진법'(7월 16일 실행, 법률 제120호)이 제정되어 현재에 이르고 있다(배윤주, 2014).

(1) 보육정책

일본은 1945년 이후 교육법에 유치원을 문부성 담당 아래에 두었고, 아동복지법에 보육소를 후생성 아래에 두었다. 후생성은 보육소를 3세 미만의 영아를 위한 시설로 규정하였으나, 3세 이상의 유아들을 교육하는 유치원과 구분하였다. 이 두 가지체제는 1950년대와 1960년대를 거쳐 현재의 이분화된 형태에 이르고 있고, 보육소는 노동여성과 빈민자를 위한 복지정책으로, 유치원은 초등학교 준비를 위한 교육기관으로 공식화되었다.

아동복지법에 따라 설립된 보육시설 및 특별보육대책에 따라 정부의 지원과 지도, 감독을 받는 보육시설은 다음과 같다.

① 영아 보육소, 연장 보육소: 취업모의 지역의 다양성과 통근시간의 연장 등으로 인한 보육시간을 연장하여 오전 7시부터 오후 7시까지 보육한다.

② 야간 보육소, 소규모 보육소, 벽지 보육소: 자연적, 문화적, 지리적 이유 때문에 일상적인 보육소가 설치되기 어려운 곳에 국가나 지방자치단체가 특별 지원하여 보육을 제공한다.

③ 계절 보육소: 농번기나 지역산업의 여건상 특정 계절에 일시적 보육이 필요한 경우 60일 이내의 일시적 보육을 시행한다.

④ 학동 보육소(学童保育所): 초등학교 방과후 아동관이나 학교 빈 교실, 마을회관 등을 활용하여 평일 하교 후에 저녁 5~6시까지 학동 보육을 시행한다.

⑤ 이외에 장애아 보육소, 사업장내 보육소 등이 있다(신덕순, 1998; 양옥순 외 1998; 카메타니 카즈후미, 2005).

(2) 양육지원정책

플러스원의 주요사업 중 하나로 기업 내 육아지원위원회를 설치하고, 자녀 양육기간 중 노동자의 수입감소로 미래 연금액에 불이익이 일지 않도록 자기연급 제도의 개정도 검토될 예정이다. 이와 같은 대책은 기업의 측면에서도 중요한데, 그 이유는 근로자가 육아휴업을 쉽게 활용하게 함으로써 안심하고 자녀를 키울 수 있는 직장을 만드는 한편 육아휴업을 많이 제공하는 기업에 국가가 장려금을 지급하기 때문이다(배윤주, 2014).

(3) 아동학대 관련 정책

아동의 건전한 육성과 복지증진을 기본정신으로 하는 일본의 종합적인 법률은 '아동복지법'인데, 그 안에 아동학대 관련법이 포함되어 있다.

또한, 이 외에도 민법상의 보호로써, 친권상실의 선고(제834조), 관리권 상실의 선고(제835조), 실권선고의 취소(제856조), 친권·권리의 권의 사임 및 회복(제837조) 등이 있다. 일본에서 아동학대에 대한 법적 장치는 지나치게 큰 범주만 규정해 놓은 형식화에 치중되어 있고, 실제 아동학대의 치료, 예방, 보호를 위한 구체적이고 세심한 부분은 정확히 명시, 규정되어 있지 않다(배윤주, 2014).

3. 선진국 사례를 통한 시사점

지금까지 다루어진 나라들은 산업화된 선진국이라는 공통점을 가지고 있지만, 나라별 지니고 있는 사회, 문화, 인구학적 배경에 따라 아동정책에서도 차이가 있다는 것을 알 수 있다. 여성정책과 가족정책과도 밀접하게 연결된 아동정책은 나라별로 다양한 양상을 띠지만, 아동권리 보호, 육성이라는 기본 틀에는 나라마다 차이가 없이 공통적인 특성도 지니고 있다.

각 나라의 아동정책의 특성과 차이는 무엇인지, 한국의 아동정책에 주는 시사점이 무엇인지 정리하면 다음과 같다(양영임·우남희, 2005).

첫째, 한국과 마찬가지로 고령화 사회의 문제는 대부분의 선진산업국가들이 국면하고 있는 시급한 문제로써 보육정책과 자녀양육지원정책은 출산장려정책과 맞물려 이루어지고 있다는 것을 볼 수 있었다. 한국에서도 탁아와 교육이 통합된 질적으로 높은 수준의 유아보육기관의 확충과 영·유아 보육비에 대한 개인적 부담을 줄이기 위한 국가적 지원이 절실히 필요한 상황이다.

둘째, 보육정책에 있어서 선진국들 모두 영유아 보육에만 치중하는 것이 아닌, 취학아동의 방과후교육에도 국가적 지원을 통해 다양한 프로그램을 제공하고 있다. 이는 학원 교육이 대부분의 방과후교육을 차지하고 있는 한국 실정에 비추어 볼 때 사교육비 지출을 줄이고, 저소득층 자녀의 교육향상 등을 고려해

보아야 한다.

셋째, 자녀양육지원정책은 경제적, 재정적 구조에 따라 국가별로 조금씩 다른 양상을 띠고 있음을 알 수 있다. 현재 한국정부에서 시행되고 있는 자녀양육지원정책은 소정의 재정적 지원에 의한 특정집단에 제한되어 있다. 저출산 방지를 위해 자녀양육지원정책 기조에서 여러 제도를 마련해가고 있지만, 아동이 건강하고 안정하게 자랄 수 있는 환경이 마련되지 않는 한, 또 무엇보다도 부모들의 생계가 보장되는 직장의 안정성이 없는 한 저출산문제는 쉽게 해결되지 않을 것이다.

넷째, 선진국의 아동학대 방지정책은 가족, 학교단위로 한 예방교육에 주로 중점을 둔다는 것이다. 또한, 구체적이고 명확한 법적 조치와 아동과 관련된 학교, 유치원, 상담소, 병원 등 여러 기관과 그 곳에 종사하는 전문인들이 밀접하게 상호연계되어 일할 때 제대로 아동학대 방지와 그에 대한 개입이 이루어짐을 알 수 있었다. 특히, 신속한 아동학대 사건처리와 중재를 위해 미국의 신고의무자제도는 한국에서도 도입해볼 만하다.

Article

Name: ______________

- Title: ____
- Keywords: ____________________________________

- 해결방안:
  -
  -
  -
  -
  -
  -
  -
  -

Group Discussion

성명: ______________

○ TOPIC: 복지 선진국가들의 아동정책들을 검토해보고, 우리나라에 접목 가능한 방안들에 대해 토의해봅시다.

– …

– …

– …

– …

– …

– …

– …

– …

– …

– …

– …

– …

– …

– …

MOVIE

성명: ____________

- Title: ______________________________
- Keywords: ______________________________
- Impression: ______________________________

Keywords

성명: ___________

제3장

아동복지의 기본적 이해

- 1. 아동복지의 개념과 의미
- 2. 아동복지의 체계와 기능
- 3. 아동복지의 성격과 의의
- 4. 아동복지의 요소와 원칙
- 5. 아동권리에 비추어 본 아동복지의 방향

〈학습목표〉

① 아동복지의 체계와 기능, 요소와 원칙을 설명해 보아요.

② 아동권리의 정책방향과 아동복지의 방향에 대해 설명할 수 있어요.

1. 아동복지의 개념과 의미

아동은 유아, 어린이, 청소년 등의 개념과 조금씩 다르면서 비슷하게 혼용되기도 하고, 시대와 사회의 변천 및 학자들의 관점에 따라 다양하게 인식되기도 한다. 발달심리학에서는 연령에 따라 신생아, 영아, 유아, 아동, 청소년 등으로 세분화하고 포함하고 있으며, 사춘기와 청년기에 도달하기 전까지를 말한다. 그러나 엄격히 말하면 초등학교 시절, 즉 6세~12세경 사이를 말하는 것이 원칙이다.

아동복지분야에서는 아동을 주로 연령으로 구분하되, 관련법에 따라 주안점을 두는 부분이 다르기 때문에 다음과 같이 조금 다르게 명시하고 있다.

- 아동복지법: 18세 미만의 자를 아동이라 한다.
- 민　　법: 만 20세 미만의 자를 미성년이라 한다.
- 소 년 법: 12~20세 미만의 자를 소년이라 한다.
- 근로기준법: 13세 미만인 자를 소년으로 규정하며, 13세 미만인 자를 보호대상으로 한다.

아동복지는 아동과 복지의 합성어로서 Welfare라는 단어는 well(잘, 훌륭히, 충분히)이라는 부사와 fare(살아가다, 지내다)라는 동사의 합성어로 '편안히 잘 지내는 것'을 의미한다. 그러므로 아동복지란 아동을 대상으로 한 주관적인 행복한 삶의 상태뿐 아니라 그러한 상태로 향한 실천적인 행동까지도 포함하는 적극적이고 능동적인 개념임을 알 수 있다. 이러한 정의를 통합하여 아동복지를 간단히 정의하면 '모든 아동을 대상으로 행복하고 인간다운 생활을 할 수 있도록 다양한 방법으로 예방, 치료하는 총체적인 체계'이다.

아동복지는 모든 아동을 위험으로부터 보호하여 안전하게 생활하고 육체적으로나 정신적으로 건강하게 살아가도록 하여 가족과 사회의 일원으로 성장 및 발달할 수 있도록 지원하는 방안이다. 또한, 이를 위해 지역사회나 사회복지서비스 분야의 공사단체와 기관들이 협력하여 아동의 복지에 필요한 사업을 계획하여 실행하는 조직적인 활동을 포함한다. 아동의 전반적인 복리는 물론 아동의 복리증진 기여를 위한 정책과 이념 및 사업이 모두 아동복지에 들어갈 수 있는 것이다.

따라서 아동복지란 아동을 위한 이념적 목표인 아동의 복지증진과 그것을 향한 실천적 활동을 개념으로 사용되며, 아울러 아동을 위한 프로그램이나 서비스의 실천적 활동까지를 포함하는 개념으로서의 의미가 있다.

아동복지의 개념은 학자와 관점에 따라 다르게 정의될 수 있다(문선화 외, 2012; 김미숙·양심영, 2010; 김수진, 2008; 한국사회복지협의회, 1995; 대구대학교 사회복지 연구소 편, 1986).

1) Kadushin & Martin(1988)

아동복지는 가족의 기능을 보충하는 잔여적 의미를 가지며, 부모가 아동양육을 수행할 수 없거나 지역사회가 아동 및 가족이 요구하는 보호와 자원을 제공할 수 없을 때 특정기관에서 아동에게 제공하는 서비스이다.

2) Friedlander & Apte(1980)

아동복지는 사회적, 경제적 활동으로서의 기능을 가지며, 아동복지는 단지 빈곤, 방치, 유기, 질병, 결함 등을 지닌 아동 또는 환경에 적응하지 못하는 비행아동들에만 관심을 두는 것이 아니라 모든 아동이 신체적, 정서적, 지적 발달에 있어서 안전하며 행복할 수 있도록 공공과 민간기관에서 실시하는 사회적, 경제적, 보건적인 제반 활동들을 말한다.

3) Costin(1985)

아동복지란 가족생활을 강화하기 위한 사회복지의 한 분야로서 아동과 그 가정의 복리증진을 위한 것이다.

4) Laird & Hartman(1985)

아동복지는 아동이 충분히 만족할 삶을 누릴 수 있도록 양육조건과 환경을 제공하는 것이다.

5) Meyer(1985)

아동복지란 지속적인 사회체계의 하나로 아동의 복지를 증진하기 위한 사회제도이며, 하나의 전문직으로서 사회사업의 한 분야이다.

6) 미국사회복지사전(Encyclopedia of social work)(2003)

아동복지란 아동들이 행복하게 살며, 그들의 생활에서 잠재력을 최대한 발휘할 수 있는 건강하고 건전한 개인들로 성장 또는 발달할 수 있도록 광범위한 행동이나 활동을 말한다.

7) 사회복지사전(1995)

아동복지는 일반적으로 특수한 장애를 가진 아동은 물론, 모든 아동이 가족 및 사회의 일원으로서 육체적으로나 정신적으로 건전하게 성장 또는 발달할 수 있도록 지역사회나 사회복지서비스분야에 있는 공공기관이나 민간단체들이 협력하여 아동복지에 필요한 사업을 계획하며 실행에 옮기는 조직적인 활동이다.

8) 우리나라 아동복지법 제3조 제2항

> "아동복지란 아동이 행복한 삶을 누릴 수 있는 기본적인 여건을 조성하고 조화롭게 성장, 발달하기 위한 경제적, 사회적, 정서적 지원을 말한다."

이처럼 여러 학자의 다양한 정의를 통해서 볼 때, 아동복지는 특별한 문제나 욕구가 있는 아동을 포함한 모든 아동이 가족 및 사회의 일원으로서 건강하고 건전하게 성장할 수 있도록 개인, 민간, 지역사회와 국가가 상호 협력하여 아동의 권리를 실질적으로 보장하는 제반의 활동으로 정의할 수 있다(이재연 외, 2013; 최윤영, 2013 참조).

2. 아동복지의 체계와 기능

아동복지는 가족이 정상적인 아동보호와 사회화 기능을 수행할 수 없을 때 국가와 그 사회제도가 후원하고 승인하고 직접 실천하는 구체적이고 명백한 정책과 서비스의 체계이다. 또한, 아동복지는 공식화된 조직체계의 일부로서, 비영리 민간기관 주도로 또는 정부의 관료적 기구를 통해 제공되는 한 활동체계라 할 수 있다.

실천분야로서의 아동복지는 전문가를 활용하고 운영요원이 있으며, 정책결정을 위한 기구가 수립되어 있으며, 합리적 역할 배분과 전문분화가 이루어진 영역이다. 여기에서 아동복지는 구체적인 기능을 뜻하기도 한다. 즉, 아동복지의 전통적인 기능은 입양, 위탁보호, 시설보호, 아동학대 예방서비스라고 할 수 있다. 이외에 기능으로서 탁아, 가정관리인 서비스, 재가보호(Service to their homes), 기타서비스가 있으며, 전통적인 것 외의 기능들은 다른 실천분야에서도 빈번히 관여하므로 독자적인 서비스라고 볼 수 없다.

아동복지 개념의 핵심은 아동양육의 책임을 수행하는 데 장애가 있는 가족의 기능을 대리하고 보충하는 데 있다. 아동복지서비스의 기능이 작동되고 있을 경우 보호가 필요한 아동이 그의 본래의 환경에서 계속 보호를 받게 되는 것이고, 가능하다면 최선을 다하여 그의 가정으로 복원하도록 돕는 것이다. 또한, 그렇게 할 수 있도록 그가 성장하여 온 지역사회의 능력을 함양하는 것이다(김현용 외, 1997). 이처럼 아동복지라는 용어는 가족제도의 기능을 보충하는 잔여적 의미의 개념, 하나의 독립된 사회제도로서의 개념, 활동분야서비스로서의 개념들을 각각 내포하고 있음을 알 수 있다.

3. 아동복지의 성격과 의의

'아동복지편람'에 기술된 아동복지의 정의를 통한 주요 기능과 성격을 살펴보면 다음과 같다.

1) 사회제도로서의 아동복지

사회제도란 사회구성원들의 기본적인 욕구를 충족시키며 여러 가지 활동을 가능하게 하는 관습화되고 공식화된 방법과 절차를 의미한다. 그리고 하나의 제도로서의 사회복지가 수행하는 기능은 사회구성원 간에 서로 도와주는 상호부조(mutual support)의 기능이다.

이러한 사회제도적인 측면에서 아동복지를 정의하면, "아동복지란 사회구성원으로서 아동의 기본적인 욕구를 충족시키고 건전한 성장과 발달을 도모하기 위하여 여러 가지 활동을 가능케 하는 공적인 방법과 절차"라고 할 수 있다. 여기에서 공식적인 방법과 절차란 아동복지와 관련된 법령, 공사의 조직, 사회사업 전문직과 같이 제도화된 실천방법 등을 의미하는 것으로 볼 수 있다.

2) 사회체계로서의 아동복지

생태체계이론에 의하면, 인간의 생활환경은 다양한 체계로서 구성되어 있으며, 사회복지의 실천대상이 되는 인간조직도 다양한 수준의 체계로 구성된다. 그리고 사회복지도 하나의 체계로서 간주되며, 그 하위체계로서 아동복지가 존재한다. 이러한 체계는 정치, 경제, 사회, 문화, 자연환경의 인접체계와 끊임없이 상호작용하며 변화해가는 실체이다. 아동복지는 이러한 속성을 지니는 사회체계의 한 하위체계인 것이다.

3) 프로그램과 서비스 분야로서의 아동복지

아동복지는 아동을 실천대상으로 하는 프로그램 또는 서비스 분야이다. 서비스의 성격을 기준으로 분류하면, 아동복지서비스에는 소득보장, 탁아보호, 입양, 가정위탁, 시설보호, 재가복지 서비스 등이 포함된다. 아동복지자원의 원천은 공공과 민간의 자원과 인력에 따라 수행된다.

4. 아동복지의 요소와 원칙

아동의 건강하고 행복한 삶을 보장하기 위해서는 부모와 가정, 지역사회, 국가를 포함한 각 주체가 아동의 삶에 관심을 가지고 아동의 최선의 이익을 위해 노력해야 한다. 아동의 웰빙 실현을 위해 고려해야 할 기본요소에 대해서는 다양한 견해들이 제시되어 왔다(고인숙·류현수, 2017; 한미현 외, 2012; 곽효문, 2000).

1) 아동복지의 요소

아동의 권리나 욕구가 보장되고 충족되기 위해서는 대체로 안정된 경제생활, 경제적 안정, 영양·보건·의료보호, 교육, 노동, 종교, 오락, 특수보호 등의 요소들이 전제되어야 한다. 그리하여 이러한 모든 분야에서 아동의 기본적 욕구가 충족될 때 비로소 아동복지의 기반이 확립될 수 있다.

아동복지의 기본요소는 다음과 같다.

(1) 안정된 가정생활

아동은 부모나 가정을 1차적인 매개체로 하여 그 사회의 기본적인 생활습관이나 행동의 기준과 가치판단의 척도를 습득하면서 점차 사회적 인간으로서 성장해 나가는 것이다.

경제발전과 사회체계의 구조적 변화에 따라 전통적 가족구조가 변모하여 새로운 부부중심의 핵가족구조가 나타났고, 이는 가정의 유대관계를 약하게 하여 아동들에게 정서적 긴장이나 갈등을 고조케 하고 있다.

또한, 발달의 기초가 형성되는 영유아 시기 안정된 가정환경 속에서 부모의 따뜻한 사랑과 보호를 받으며 양육되어야 한다. 영유아기에 부모와의 상호작용의 질은 인간발달의 기초로서 전 생애발달에 지속적인 영향을 미치기 때문이다. 따라서 부득이한 사유를 제외하고는 가정에서 이탈시켜서는 안 되며, 가능한 아동이 안정된 가정환경 속에서 부모의 양육을 받으며 성장할 수 있도록 부모의 역량을 강화하는 서비스를 지원할 필요가 있다.

특히, 부모가 무능력하거나 무책임할 경우에 또는 부모가 다 같이 맞벌이를 할 경우, 아동들은 가정에서 소외되거나 과보호적 상태에서 이혼, 신체적·정신적 질환이나 방임, 유기, 학대 등의 경우에는 가정을 대리할 수 있는 대리 보호적 서비스가 고려되어야 한다. 동시에 이 과정에서 부모의 역량을 강화하는 서비스를 지원할 필요가 있다.

(2) 적절한 가족의 수입과 주거

가정의 경제적 여건은 부모뿐 아니라 아동의 삶에 직접적인 영향을 미친다. 아동의 건전한 성장발달을 위해서는 안정된 가정생활에 필수적인 최저한의 물질적 욕구인 의식주의 문제가 해결되어야 한다. 인간이 유아기부터 충분한 영양을 공급받지 못할 때는 신체발육뿐만 아니라 정서적 성장에도 장애를 입게 되며, 인격발달에도 좋지 못한 영향을 미치게 된다.

계층 간 소득격차가 더욱 심해짐에 따라 아동빈곤율도 더욱 심화되고 있는 것으로 나타나, 취약계층 아동에 대한 안전망 구축이 더욱 중요한 과제로 부상되고 있다. 따라서 1차적으로 충분한 경제부조제도가 보완되어 빈곤의 악순환을 제거할 때 아동복지의 모든 프로그램이 효율화될 것이다.

(3) 영양·보건·의료보호

아동의 영양·보건·의료보호는 아동의 건전한 성장과 발달이 기본이다. 모유수유와 예방 접종률, 아동의 영양·건강상태 등은 아동웰빙의 주요지표로서 아동의 건강한 성장과 발달에 큰 영향을 미치는 요소이다. 따라서 아동에게는 보건·의료서비스를 받을 권리가 보장되어야 하며, 질병치료와 건강을 위한 충분한 방안이 마련되어야 한다. 국가는 아동의 질병과 영양실조를 퇴치하고 모성을 보호하는 제반 조치를 취해야 할 책임이 있다.

그러나 현실에서는 아직도 저소득계층의 아동들은 적절한 영양의 혜택을 받지 못하고 있는 데 반하여, 중류층 이상의 아동들은 영양과다로 비만아의 현상을 나타내고 있으며, 저소득 계층은 보호와 의료를 자력으로 받지 못하는 가족이 상당하며, 더욱이 소도시, 농어촌의 경우는 많은 어려움을 겪고 있다. 따라서 보건의료시설이나 인력의 확충 등 공중보건과 위생관리, 생활환경개선에 대한 정책적 수단이 마련되어야 할 것이다.

(4) 교육기회

모든 국민은 균등하게 교육을 받을 권리가 있다. 모든 아동에게 교육의 기회를 부여해 주는 것이 국가의 의무이며 책임이다. 또한, 아동복지차원에서는 빈곤아동, 특수장애아동, 벽지아동, 장기결석아동 등 교육의 기회를 상실할 우려가 있는 아동이나 근로청소년에 대하여는 학교나 사회의 긴밀한 유대 아래 특별 프로그램이나 서비스를 설정하여 모든 아동에게 교육의 기회를 보장해 주어야 할 것이다.

아동 개개인의 소질과 적성을 중시하고 최대한 잠재력을 키우는 교육, 계층 간의 교육격차를 해소하여 사회적 화합에 기여하는 교육에 대한 요구가 높다.

(5) 근로

모든 아동이 연소근로와 유해근로에서 보호되어야 함은 아동복지의 기본전제이다. 우리나라 근로기준법 상에는 15세 미만인 자는 근로자로 고용하지 못하여 18세 미만인 자는 도덕상 또는 보건상 해로운 환경 또는 위험한 사업에 고용하지 못한다고 규정되어 있음에도 많은 근로청소년들이 이러한 환경에서 장기적 근로, 저임금, 비위생적인 작업환경, 집단수용적인 기숙사 생활, 영양실조 등으로 많은 어려움을 겪고 있다.

이처럼 과도한 연소근로는 신체의 발달을 저해하여 건강을 위태롭게 할 뿐만 아니라 지능발달과 인격발달에도 나쁜 영향을 미치게 된다. 따라서 이들을 위해서는 직업훈련과 알선의 기능강화, 여가활동의 기회를 제공하여야 하며, 공단지역의 학교운영, 산업카운슬링제도의 확립 등의 복지대책이 강구되어야 할 것이다.

(6) 여가와 오락 활동

아동에게는 교육받을 권리가 보장되어야 함과 동시에 휴식과 여가를 즐기고 자신의 연령에 적합한 놀이와 오락활동에 참여할 수 있는 권리가 보장되어야 한다. 모든 아동은 놀이를 통해서 신체적·정신적 관심을 추구할 기회와 자기충족감을 누리게 된다.

아동은 놀이를 통해 주변환경을 경험하고 탐색함으로써 자신을 둘러싼 세계를 이해해 나간다. 놀이를 통해 기초적인 개념을 형성하고 새로운 기술을 습득하며, 다양한 정서 표출의 기회를 얻게 되면서 건강한 발달이 이루어지는 것이다. 이러한 놀이의 중요성에도 과도한 학업부담과 방과후에 아동이 이용할 수 있는 놀이환경의 부족으로 아동의 '놀 권리'가 존중되지 못하고 있는 현실이다.

오락활동이 아동의 건전한 성장발달에 크게 기여하지만, 한편으로는 불량화나 비행으로 연결되는 경우가 있으므로 아동을 위한 건전한 여가생활이나 오락프로그램을 적극적으로 개발하여야 할 뿐만 아니라 시설과 지도자를 위한 대책도 수립해야 할 것이다.

(7) 특수보호

아동들 가운데는 특수한 문제나 요구를 지니고 있어서 특수한 법칙, 사회적 보호를 필요로 하는 아동들이 있다. 신체장애아, 정서장애아, 심신장애아, 지적장애아, 비행아들에게는 특수한 보호와 치료의 기회를 주어야 하며, 그들의 부자유함을 보충해 주어 자신을 가지고 사회에 적응할 수 있도록 필요한 시설서비스를 제공해야 할 것이다.

또한, 사회적 변천과 함께 많은 문제아동, 특히 행동이나 정서장애아동이 증가하고 있는데, 이들을 위해서는 아동상담, 치료시설을 통한 서비스가 절실히 요청된다.

2) 아동복지의 원칙

아동복지 실천에는 기본적인 원칙을 가지고 있으며, 각각의 실천원칙은 독자성을 가지고 있다. 원칙에는 서로 독립된 독자성을 지니고 있으면서 서로 유기적 관련이 있고 적용되어야 더 나은 효과를 기대할 수 있으며, 그 어떠한 원칙이라도 기본적으로는 아동이 지닌 개인차를 고려해서 시행되어야 한다(최순옥 외, 2013; 한미현 외, 2012; 성영혜·김연진, 2008; 주정일·이소희, 2003).

(1) 권리와 책임의 원칙

아동을 위한 원칙적인 육성대책의 방향은 아동의 측면, 부모의 측면, 사회의 측면에서 각각의 권리와 책임을 확립하는 것에 그 기본을 두어야 한다. 이들 중 어느 한 부분이라도 권리의 상실이나 부적응, 지나친 요구 등이 야기될 때, 아동복지는 많은 문제점을 도출하게 되는 것이다.

아동복지는 어느 한 주체에서만 책임을 지는 것이 아니라 각자에게 주어진 사회적 역할의 범위 내에서 독자적 책임을 지는 것과 동시에 상호유기적 관련 하에 서로 책임을 나누어진다.

① 아동의 권리와 책임

20세기에 들어 아동을 보호의 대상에서 권리의 주체로 인식하게 된 것은 아동에 대한 관점의 변화와 함께 아동복지서비스에도 큰 영향을 미치게 되었다.

아동은 부모의 의사와는 관계없이 독자적인 권리와 관심을 가지고 태어난다. 아동은 생존과 발달을 위해 의식주를 제공받고 안정된 생활을 누리며, 학대와 착취로부터 보호되고, 교육받을 권리와 함께 놀이 활동에 참여하고 자신의 견해를 표현할 권리를 지닌다.

또한, 권리에 이어 책임도 강조되고 있는데, 비록 아동이라 할지라도 단순히 성인만의 보호만을 필요로 하는 의존적·수동적인 존재가 아니라, 독립된 개체로서 자신의 삶을 능동적으로 받아들이고 행동해야 한다는 점을 의미한다.

동시에 부모나 사회가 규정한 질서를 지키고 자녀로서 부모의 양육과 보호에 따르는 책임도 있다. 그렇다고 해서 권리에 앞서 책임이 우선이라는 것을 의미하지는 않는다. 왜냐하면, 아동은 아직 미성숙한 존재이며, 기본적인 생리적 욕구를 충족시키기 위해서는 성인의 도움이 필요하므로 권리에 앞서 책임이 우선되어서는 안 되며, 아동의 권리와 책임이 조화를 이루고 인정받아야 하는 것이다.

② 부모의 권리의 책임

급격한 사회변화와 함께 전통적으로 가정 내에서 수행되어 온 많은 기능이 사회화되었음에도, 아동의 보호육성을 위한 일차적인 권리와 책임은 부모가 지니게 된다. 부모는 자녀를 보호하고 양육하며, 자녀의 친권자로서 자녀의 삶에 영향을 미치는 중요한 사항들에 대한 의사결정권을 가질 뿐 아니라 한 사회의 구성원으로서 올바르게 성장하도록 지원할 의무와 책임을 진다. 부모는 아동의 성장발전에 지대한 영향을 미칠 뿐만 아니라 이와 같은 중요한 역할을 수행할 수 없을 때는 자녀들에게 많은 갈등과 부적절감을 불러일으켜 그들이 비행으로 나아가게 하는 결과를 초래한다.

부모는 아동의 환경에서 가장 중요한 환경이며, 아동에게 영향을 미치는 중요한 요소라 할 수 있다. 부모가 아동을 안전한 환경으로부터 보호하고, 부모와 아동의 상호작용을 통해 기본적인 습관을 형성시켜 주고, 나아가 교육에 참여하는 것 등의 다양한 것까지가 부모의 책임으로 인식되고 있다. 시대의 흐름과 사회의 변화에 따라 부모의 권리와 책임에 대한 규정이 변화하지만, 부모의 권리와 책임은 아동의 삶에 중요한 요인임에는 분명하다.

③ 사회의 권리와 책임

아동들을 위한 국가의 책임은 부모의 자녀양육에 개입하는 일이다. 아동들이 원가정에서 도저히 적응할 수 없을 때 이들이 위탁가정이나 시설보호를 받도록 한다. 이럴 때 국가는 아동복지정책을 개발하고 대책을 수립할 권리와 책임이 있다. 즉, 제반 법규정을 채택하여 광범위한 실제적 대책을 수립하여 아동복지를 위한 제반 복지시설의 창설과 이를 운영할 수 있는 재정적 근거 등도 마련할 수 있는 모든 책임을 지게 된다.

아동권리협약 제18조에 따라 아동양육에 대한 부모의 책임과 동시에 국가는 부모가 자녀양육 책임을 잘 수행할 수 있도록 적절한 지원을 제공하고, 아동에게 보호시설을 지정해야 하며, 취업부모의 아동을 보호하기 위해 적절한 조치를 취해야 할 의무가 있다. 국가는 의무교육을 통해 아동의 교육권을 보장하고, 아동에게 술과 담배를 파는 행동을 금지하는 등 유해환경으로부터 아동을 보호하며, 부모가 아동을 학대하는 등 부모의 역할에 현저한 문제가 있을 때는 이들 아동을 위탁가정이나 시설보호를 받도록 조치해야 한다.

국가가 가진 권리는 매우 거시적인 측면에서 파악될 수 있다. 예를 들면, 법률이 정한 바에 따라 국민이 납세의 의무를 다하도록 요구할 권리가 그것이다. 왜냐하면, 아동복지를 포함한 모든 복지재정은 거의 조세수입에 따라 충당되기 때문에 국민의 복지에 대한 요구는 또한 납세의 의무를 수행함으로써 실현될 수 있고 정당화될 수 있기 때문이다.

(2) 보편성과 선별성의 원칙

아동복지대책에는 보편성과 선별성이 공평히 적용될 수 있어야 한다. 보편성의 원칙은 일반아동을 위해 적용되며, 선별성의 원칙은 특수한 요구나 문제를 가진 아동에게 적용된다(Encyclopedia of Social Work, 1977).

보편성이란 전체 아동을 대상으로, 성별이나 부모의 사회계층적 지위에 관계없이 동등한 수준에서 예방적 서비스를 목적으로 사회가 책임을 지고 여러 가지 복지조치를 제도적으로 실시하는 것을 말한다. 즉, 계층·민족·인종·장애 유무·부모 유무 등 아동을 구분하는 모든 조건에 상관없이, 모든 아동에게 동등한 급여와 서비스를 제공하는 것을 말한다. 이 원칙은 사회문제란 불완전하고 불공평한 사회체계에서 기인하는 것으로 개인의 결함이나 잘못으로 발생하는 것이 아니라는 기본관념에서 출발하며, 아동수당, 가족수당, 무상의무교육 등이 포함된다.

보편주의는 다양한 국가에서 보편시여제도를 만들어 내게 하였으며, 대표적으로 영국의 아동수당, 국민보건 서비스 등이나 그 외 많은 국가가 시행하고 있는 가족수당, 무상의무교육 등을 들 수 있다. 보편시여제도는 전체 세입에서 충당되는 것으로 이러한 세입은 대부분 누진적 과세구조를 통해서 거두어지는 것이기 때문에 이 시여책의 재분배효과는 상당한 것으로 평가된다.

선별주의는 도와야 하는, 즉 사회가 법적으로 인정하는 요보호 상태에 빠져 있는 자가 도움을 요청하는 때에만 가장 조속한 시일 내에 자립할 수 있게 하는 방향으로 시혜하는 것을 목적으로 한다. 선별적 원칙은 그 기본성격에 있어서 시정적이며, 종별적(categorical)이며, 열등처우의 원칙을 불가피하게 포함하고 있다. 다시 말하면, 선별주의란 욕구가 있는 아동을 대상으로 치료적 서비스를 목적으로 사회가 책임을 지고 문제를 문제별로 분류하여 적절히 대처해 나가는 것이다.

그러나 선별주의는 자칫 낙인효과에 의한 수치감을 초래할 수 있다(장인협·오정수, 2001). 아동복지에 있어서 선별성의 원칙은 빈곤가정의 자녀, 질병이나 장애, 학대 위험 등과 같은 범주화에 기초하여 보호가 필요한 아동에게 먼저 복지

서비스를 제공하는 것을 말한다. 선별성의 원칙에 따라 제공되는 급여나 서비스는 문제의 원인이 자발적이든 비자발적이든 간에 개인적인 결함이 있다는 전제하에 문제를 보완하거나 해소하기 위한 최소한의 보호로서, 일시적·보완적·잔여적 성격이 강하다.

과거 아동복지에서는 협의적이며, 선별주의에 입각한 일부 선정된 특수대상만을 위한 대책에만 급급했다. 선별주의 원칙은 예방보다는 치료적 측면이 강하여 아동복지의 근본적인 문제해결에는 한계가 있다. 현재의 아동복지는 선별주의적 접근은 물론, 더욱 더 거시적이고 기본적인 측면에서 예방과 치료를 모두 고려한 보편주의적 원칙을 중심으로 한 아동복지 접근과 실천을 위해 노력하고 있다. 즉, 보호와 치료를 중심으로 하는 보완적 기능의 한계를 탈피하여 전체 아동과 그의 가족을 대상으로 하는 예방과 개발을 중심으로 보편성을 띤 제도적 기능이 수행될 수 있는 아동복지가 실천되어야 한다.

(3) 개발적 기능의 원칙

아동복지에서 개발적 기능의 원칙이란 사후대책적인 기능이 주가 되는 과거의 복지지향적인 것이 아니라, 적극적이고 예방적이며 의도적 변화를 가져올 수 있는 개발 지향적 아동복지체계를 형성함을 말한다. 개발적 기능의 원칙에는 아동의 사회적 자립과 함께 사회적 기여의 창출이라는 관점이 내포되고 경제적 이익도 관련이 된다. 개발적 기능이라는 것은 목적에서 적극성을 띠고, 접근방법에서 포괄성을 가지며, 대상인구와 각 부문에 관련되어야 하며, 종전까지의 순수한 치료적 혹은 미시적 수준에서 지역사회적, 국가적, 거시적 수준까지의 제 복지기능의 관여를 의미한다고 할 수 있다. 따라서 더욱 적극적으로, 전체적으로 또는 다부문적인 접근시도를 통해서 사회문제를 일으키는 사회구조나 사회변화에 바람직한 변화를 초래하여 국가적 개발체계와의 보조를 촉진해야 하는 것이다.

개발적 내용을 가진 과제는 '경제적 성장, 필요의 발견, 사회계획, 변화와 발전에 대한 많은 사람의 참여, 지도자의 개발, 기관과 집단 간의 조정과 협조의 향상, 직원의 훈련과 감독에 관여하는 일' 등과 같이 그 구체적인 사항들을 지적할 수 있다.

우리나라의 아동복지사업은 구호적이며 사후 대책적인 기능이 주가 되어온 것이 사실로써, 고아나 기아, 특별보호를 필요로 하는 아동들의 시설보호와 일부 거택보호 등이 지배적이었다. 그러나 이러한 기능만을 가지고는 국가발전이나 경제개발의 역기능현상으로 나타나는 부정적 요소들에 대처할 수 없다. 따라서 앞으로는 보다 적극적이며 예방적이며 의도적으로 변화를 가져올 수 있는 개발적 기능이 아동들을 위해 수행되어야 한다. 오늘날 아동문제가 야기되는 현실은 예방적 대책의 부재현상이나 경제개발 과정에서 야기되는 제 문제에 대하여 적극적인 개발기능의 결여로 비롯된다고 보겠다.

(4) 포괄성의 원칙

포괄성의 원칙이란 아동복지를 달성하기 위해서 경제·교육·보건·주택·노동 등 여러 분야의 포괄적인 대책이 아동관련정책과 서비스에 수반되어야 함을 말한다. 또한, 아동의 발달은 신체, 정서, 인지, 사회 발달 등이 각각 분리되어 발달하는 것이 아니라 상호 밀접하게 관련되어 있으므로 아동의 욕구 또한 포괄적인 관점으로 접근하는 것이 필요하다.

아동복지의 기본전제가 되는 요소인 안정된 가정생활, 경제적 안정, 교육기회, 건강유지, 노동, 오락 활동 및 특수보호 등에 대한 프로그램이나 서비스가 포괄적이고 통합적으로 제공되어야 한다. 부분적인 서비스 제공만으로는 아동욕구 충족과 문제를 완전히 해결할 수는 없을 것이다. 그러므로 아동복지 서비스는 다양한 아동문제에 접근할 수 있는 통합적인 서비스가 요구되며, 어느 분야에서든 상호간에 의뢰, 조정, 보완함으로써 아동의 전인적인 특성을 고려한 접근이 이루어져야 한다.

아동에 관한 제도나 프로그램을 담당하는 정부조직이 아동에 관한 일부 영역만을 소관사항으로 여겨 각기 문제를 개별적으로 처리하거나 다른 곳으로 전가하게 되면 아동의 중요한 욕구가 제대로 다루어지지 않게 되므로 관련부서 간의 유기적 협조체계가 이루어져야 한다. 즉, 아동복지서비스는 아동뿐 아니라 가족의 다양한 욕구까지도 고려한 서비스 제공이 필요하며, 다양한 욕구를 충족시킬 수 있는 다양한 기관과의 연계망을 구축하는 것도 필요하다.

(5) 전문성의 원칙

전문성의 원칙은 아동복지사업이 전문가와 전문기관에서 이루어져야 한다는 원칙이다. 아동의 건전한 발달을 위해서 아동복지사업은 전문인력과 전문기관에 의해 이루어져야 한다. 이는 아동복지사업의 성과를 좌우하는 중요한 원칙적 방향이다. 즉, 아동들의 건전한 성장과 발달을 위해서는 이들을 위한 전문직 인력과 아울러 전문기구가 마련되어야 한다. 아동들의 욕구나 사고 및 행동문제 등에 관한 전문적 지식이나 기술이 없이는 바른 문제해결을 기대하기가 어렵다.

아동복지 서비스의 전문성은 산업화, 도시화, 정보화 사회에 따라 점차 높이 요구되면서, 기존의 양육보조 활동이나 자원봉사적인 역할만으로는 현대사회에 당면한 아동문제를 쉽게 해결하는 데 도움이 될 수 없다. 이에 아동의 욕구를 충족할 수 있는 전문적인 지식과 기술을 지닌 전문인력과 기관이 요구되고 있다.

따라서 아동복지서비스를 효율적으로 전개하기 위해서는 아동 및 인간발달을 이해하고 있는 전문적인 지식과 능력이 요구되며, 아동 관련프로그램을 직접 기획하고 실천할 수 있는 능력을 갖춘 전문가가 필요하다. 또한 기존 전문가에 의한 체계적인 교육과 훈련을 통해서 다양한 아동복지 서비스 분야의 전문가를 양성하고 활용해야 한다. 뿐만 아니라, 아동관련 전문가들이 아동관련 전문기관에서 아동에게 다양한 서비스를 제공하는 것이 아동복지 서비스가 효율적으로 전달되는 것이다.

3. 아동권리에 비추어 본 아동복지의 방향

1) 아동권리에 비추어 본 한국의 아동복지의 실태와 문제점

우리나라 아동은 급격한 사회변화의 소용돌이 속에서 다양한 위기에 직면해 있다. 한편으로는 여성의 사회진출, 교육수준 상승, 개인주의 팽배 등으로 인해서 이혼율이 증가하여 아동을 양육하는 주체가 되는 가족이 해체되고, 다른 한편으로는 공교육의 붕괴와 성적 제일주의 현상으로 아동에 대한 인성교육이 약화되어 사회문제가 발생하고 있다(김미숙·양심영, 2007).

아동이 아동답지 못하게 성장되고, 공부로 시달리고 방치되는 속에서 우리 사회의 장래는 밝을 수 없다. 지금까지 우리나라의 아동복지정책은 요보호아동을 대상으로 한 아동복지서비스가 주류를 이루어 왔다. 그러나 한국아동이 전반적인 위험상태에 있는 상황에서 아동복지정책은 더는 특정한 계층에만 머무르는 잔여적 성격에서 머무를 수 없다. 지금이라도 아동복지정책의 패러다임을 바꾸어 일반아동을 보호대상에서 포함하여 아동이 정상화되도록 해야 한다(김미숙·양심영, 2007).

유엔 아동권리위원회의 권고사항을 포함하여 한국 아동권리의 실태와 문제점을 주요사안 중심으로 살펴본다(김승권, 2007).

(1) 아동권리모니터링을 위한 체계구축

첫째, 아동정책조정위원회와 아동정책실무위원회를 2004년부터 설치·운영 중이며, 아동정책의 구상과 추진에 노력하고 있으나, 아동권리 모니터링을 수행하기에는 한계가 노출되고 있다.

우리나라는 아동권리협약 이행점검기구로써 아동복지법 제4조의 2에 따라 아동정책조정위원회를 2004년에 설치하여 운영 중이며, 아동정책실무위원회도 운영하고 있다. 그렇지만 위원회의 특성과 구조상 아동권리에 대한 모니터링 기능의 실질적 수행은 곤란한 실정이며, 아동정책을 수립하고 관계부처의 의견을 조정하며, 그 정책의 이행을 감독하고 평가하는 임무를 수행해야 하지만 한계를 노출하고 있다는 것이다.

둘째, 아동권리모니터링을 위한 상설기구로써 협약비준 이후 약 15년 만에 '아동권리모니터링센터'를 설치·운영하는 성과를 거두었으나, 운영의 초기단계이고 시범실시단계에 있어 내실화를 위한 적극적인 지원과 많은 전문가의 참여가 요구된다. 아동정책조정위원회를 설치하여 운영하고 있으나, 위원회 구조상 모니터링 기능의 실질적 수행은 어려웠다. 따라서 한국 정부는 2006년 10월부터 아동권리모니터링을 위한 독립기구(아동권리모니터링센터)를 상설기구로써 시범설치·운영하고 있다. 아동권리모니터링센터는 운영인력이 부족하고, 참여하고 있는 각계 전문가를 위한 재정지원이 충분하지 못하여 제 임무는 수행하기에는 부족한 점이 많이 있다. 특히, 참여전문가들은 각자 직장이 있어 적극적인 활동을 기대하기에는 매우 한계가 있으므로 내실 있는 활동을 위한 실질적인 지원이 필요하다.

(2) 유엔 아동권리위원회의 '유보조항 철회'에 대한 추진실태와 문제점

우리나라 민법에서는 '부모의 자녀면접교섭권'만 보장하고 있어 협약 비준당시 협약상의 '분리된 아동의 부모면접교섭권'은 유보하였다. 하지만 유엔아동권리위원회는 아동과 부모 모두에게 상호면접권을 보장할 수 있도록 민법을 속히 개정할 것을 권고하였다. 실제로 피학대아동과 위탁아동 등 적극적인 사회적 보호가 필요한 경우에도 '부모면접교섭권'으로 인하여 아동의 권리가 최선이 되지 못하는 경우가 한국사회에서 많이 발생되고 있음이 문제점으로 지적되고 있다.

(3) 한국의 아동권리정책의 실태와 문제점

첫째, 아동권리에 대한 중앙정부의 책임성과 관심은 증대되고 있으나, 지방자치단체는 여전히 요보호아동 중심의 아동정책에 관심을 두고 있어 전체아동의 권리증진에 한계를 노출시키고 있다.

지방자치단체의 정책수행능력이 미흡하고 아동권리에 대한 인식부족으로 현재 추진 중인 한국의 아동권리정책은 중앙정부가 중심이 되어서 운영되고 있다. 물론, 과거와는 달리 많은 중앙정부의 정책이 지방에 이양되고, 지방정부의 역할이 향상되고, 독자적인 사업전개가 가능해지고 있지만, 여전히 재정 자립도 등 많은 부분에서 중앙정부의 도움을 절실히 필요하다. 따라서 아동권리 정책은 중앙정부와 지방자치단체가 협력하여 추진해 나가야 효과를 증대시킬 수 있으며, 이를 위한 협력체계 구축이 요구된다.

둘째, 아동권리에 관한 국가인권위원회의 독립적인 모니터링 기능이 없으며, 아동권리 전문인력이 부재하여 국가인권차원에서의 접근이 강화되어야 할 필요가 있다. 국가 인권위원회의 위원에는 아동과 관련한 전문가가 포함되어 있지 않으며, 아동의 권리에 관한 소위원회의 설치도 되어 있지 않다. 아동의 권리보장과 관련해서는 인권상담센터의 활동이나 인권교육에 관한 위원회의 활동에서 찾아볼 수 있다. 하지만 인권상담센터의 활동은 아동상담과 관련한 전문성이 부족한 실정이다.

셋째, 국가차원의 객관적으로 합의되고 타당성이 있으며, 측정 가능한 '아동권리지표'의 개발과 이에 근거한 정기적인 모니터링이 필요하다. 그러나 지표개발이 민간차원에서 1회, 국가차원에서 2회가 이루어졌으나, 아동권리수준의 측정과 수준의 향상 정도파악과 정책대안 마련 등 후속작업이 이루어지지 않고 있어 실질적으로 아동권리수준을 제고하는 데 한계가 있다.

2) 아동권리에 비추어 본 한국의 아동복지의 방향

아동은 우리 사회의 미래이므로 아동의 위기는 곧 사회의 위기라고 할 수 있다. 위기에 처한 아동에 대한 대책마련은 매우 시급하고 중대한 사안이다. 이에 몇 가지 대응방안을 제시하면 다음과 같다(김미숙·양심영, 2007).

(1) 지역사회 중심의 재가복지 강화

우리나라 아동복지는 요보호 아동을 대상으로 한 생활시설중심의 서비스에 중점을 두어 왔으나, 앞으로 지역사회를 거점으로 하여 재가아동서비스를 강화하여야 한다. 오늘날 아동복지의 대상은 모든 아동이며, 아동은 책임을 다하는 부모와 안정된 가정 속에서 성장하는 것이 가장 바람직하다. 따라서 국가와 사회는 아동양육의 기본단위인 가정이 기능을 원활히 수행할 수 있도록 지원하며, 아동이 가정을 이탈하지 않도록 예방하거나 불가피하게 가정이 없을 때는 지역사회 중심의 대안적 형태의 가정을 만들어 주어야 한다. 또한, 아동이 출생가정이나 대리가정에서 생활하면서 서비스를 이용할 수 있기 위해서는 지역사회 단위에서 가족과 아동에게 여러 가지 서비스를 제공할 수 있는 시스템이 확립되어야 한다.

이를 위해서는 아동관련 전담인력이 배치되어야 하는데, 특히 아동상담 및 정신장애 치료전문가의 배치가 필요하다. 아울러, 이용비용에 대한 지원을 통해서 아동 및 가족들이 저렴한 가격으로 서비스를 이용할 수 있도록 하는 정부의 지원이 필요하다.

(2) 아동복지의 효과적인 전달체계 구축

아동복지전달체계의 조직과 기능이 개선되어 효과성이 확보되어야 한다. 아동복지전달체계는 공적서비스체계와 민간서비스체계로 나눌 수 있다. 현재 아동복지정책을 수립하고 실행하는 주무부서는 분산되어 있어서 인력과 예산이 과도하게 들고, 정책의 일관성이 부족한 면이 있다.

따라서 정부부처간의 연계기능을 향상하거나 업무를 통합할 필요가 있으며, 공적전달체계와 민간전달체계 간의 역할 분담이 적절히 이루어져야 하며, 서로 간에 협력관계 속에서 발전해야 한다.

(3) 빈곤가정 지원

빈곤아동에 대한 지원은 아동이 속한 가정에 대한 지원이다. 아동빈곤율을 낮추기 위해서는 노동시장 정책과 가족정책이 동시에 제공되고, 아동을 위한 보편적인 수당이 필요하며, 대상을 한정한 급여의 경우는 급여액이 충분해야 한다. 아울러 아동을 위한 보육서비스, 육아휴직 등과 같은 현물서비스의 발달도 중요하다.

(4) 학교사회복지사업의 강화 및 공교육 재정립

폭력, 왕따 등의 아동 문제는 학교환경과 밀접하다. 학교는 아동에게 중요하면서도 친숙한 사회적 환경이다. 현대사회에서 학교는 학생들의 지적능력을 증진시키는 역할 이외에도 심리, 사회적 기능을 향상시키기 위한 생활지도와 학생복지에도 관심을 갖고, 학생들의 총체적인 삶의 질을 향상시킬 수 있는 사회적 책임을 갖고 있다.

보다 근본적으로는 성적위주의 사회 풍토가 바뀌고, 공교육의 기능과 역할이 재정립되어야 한다. 과도한 교육열이 건전한 방향으로 바뀌고, 사교육에 의존하여 인성교육과 정서교육이 제대로 되고 있지 못한 상황에서 공교육이 제 기능을 발휘할 수 있는 여건이 마련되어 아동과 청소년들이 정상적으로 자라나서 우리 사회를 이끌어갈 주역이 될 수 있도록 해야 할 것이다.

(5) 아동정신건강 체계 확충

인터넷중독아동, 방임아동, 왕따아동, 정서장애아동 등은 정신적인 어려움을 겪게 되므로 아동정신건강에 대한 사회적인 관심과 지원이 필요하다. 정부에서는 아동의 정신건강 상태를 심각하게 받아들여야 하고, 이를 일부 아동의 이상 심리로 간주해서는 안 될 것이다. 공격성과 폭력성 등이 보편화된 아동문화의 일부임을 인식하여 아동들이 아동다워질 수 있는 문화를 조성하기 위해서 아동정신 관련 분야에 대한 체계적인 개입과 재정적 지원 및 정책 방안이 마련되어야 한다.

종합적으로 볼 때, 저출산 시대에 한국아동은 모든 측면에서 위기의 상황에 직면해 있다. 이러한 어려움은 빈곤한 아동에만 국한되는 것이 아니라 모든 아동에 해당된다. 따라서 아동을 둘러싼 사회적인 위험들을 전면적으로 제거하지 않으면 안 되는 시점에 있다. 각종 위험으로 손상된 아동들이 성장한 사회는 건강할 수 없고, 사회적 비용도 많이 들기 때문이다. 가장 우선적으로 공교육이 제 역할을 할 수 있어야 하고, 사회가 아동을 각종 위험으로부터 보호할 수 있도록 제도적인 장치를 구비해야 할 것이다. 마지막으로, 분야별 아동전문가들이 많이 양산되어 유기적으로 아동문제를 풀어나가야 할 것이다.

Article

Name: ____________

○ Title: ________________________________

○ Keywords: ____________________________

○ 해결방안:

-
-
-
-
-
-
-
-

Group Discussion

성명: ____________

○ TOPIC: 아동복지의 필요성을 이해하고, 아동권리와 복지의 상관성에 대해서 토의해봅시다.

–…

–…

–…

–…

–…

–…

–…

–…

–…

–…

–…

–…

–…

–…

–…

MOVIE

성명: ____________

○ Title: ______________________________

○ Keywords: ______________________________

○ Impression: ______________________________

Keywords

성명: ____________

Child
Rights
and
Welfare

제4장

아동복지 발달과 정책

- 1. 아동복지 정책
- 2. 아동복지 관련법
- 3. 아동복지 행정
- 4. 토론 및 워크숍

〈학습목표〉

① 아동 복지정책의 개념과 유형에 대해 설명해 보아요

② 우리나라의 아동복지정책의 시대적 변화를 이해하고 앞으로의 아동복지정책의 방향성을 예측할 수 있어요.

③ 아동복지 관련법의 종류와 특징에 대해 설명할 수 있어요.

④ 아동복지의 행정전달체계를 통해 서비스 전달체계를 살펴보아요.

1. 아동복지 정책

1) 아동복지 정책의 개념

사회복지사전에 의하면 "정책이란 추상적으로 어떤 특정 목적을 달성하기 위한 방침"을 말한다. 최근에는 계획과 같은 의미로 사용되는 경우가 있다. 사회복지정책은 두 가지 측면, 즉 사회복지정책을 사회복지를 행하기 위해 국가와 지방공공단체, 민간단체, 기관의 사회복지에 대한 행동계획으로 이해하는 측면과 사회복지정책을 사회복지의 목적을 이루기 위해 국가와 지방공공단체가 계획하는 방법과 절차를 의미하는 사회복지에 대한 정부 또는 공공의 정책으로 이해하는 측면이다. 사회복지정책에 대한 정의는 학자마다 견해가 다르고, 사회복지의 개념과 정책에 대해 합의된 정의는 없다. 따라서 사회복지정책이란 특정한 사회적 욕구를 해결하기 위한 정부나 공공기관의 계획과 행동으로 볼 수 있다(김만두·한혜경, 1994).

정책과 사회복지정책보다 더 하위의 영역이 아동복지정책이다. 아동복지정책은 '아동과 그 가족을 위한 국가나 공·사 단체 및 관련기관의 구체적인 행동지침 혹은 행동계획'이라고 할 수 있다. 그러나 아동복지정책을 흔히 정부 또는 공공기관이 시행하는 아동복지방침이나 국가차원의 아동복지서비스 제공을 규정하는 계획과 행동, 민간차원의 정책을 제외한 공공정책을 아동복지정책으로 보는 경우가 많다(한성심·송주미, 2013).

아동복지정책(child's welfare policy)이란 아동의 신체적, 심리적 욕구를 파악하고 충족시키기 위해 마련된 정부의 법적 장치와 서비스 제공을 위해 조직화된 정부의 노력이다. 아동복지정책의 개념을 어느 측면에서 설명하는가에 따라 학자들마다 다르게 정의하고 있다. 공계순 등(2013)은 아동복지정책은 아동과 아동이 속해 있는 가족에게 관련 서비스를 제공하기 위한 종합적인 정책이라고 하였으며 이미자(2013)은 아동복지정책은 아동과 아동을 포함하는 가족을 위한 국가, 공공기관, 민간단체 및 관련기관의 행동계획이라고 정의하였다. 또한, 한성심·송주미(2013)는 아동복지정책은 정부 또는 공공기관이 시행하는 아동복지정책으로 국가차원의 아동복지서비스 제공을 규정하는 계획과 행동으로 민간차원의 정책을 제외한 공공정책을 아동복지정책으로 정의하였다. 성효순(2016)은 보육복지정책을 아동과 아동을 포함하는 가족을 위한 복지정책으로 보고, 아동의 건강한 성장과 발달을 도모하고 아동을 둘러싼 가정이 원래의 역할을 충실히 잘할 수 있도록 지지하고 보완하는 공공의 모든 정책이라고 정의하였다. 앞에서 설명한 학자들의 아동복지정책에 대한 개념을 살펴보면 <표 4-1>과 같다.

〈표 4-1〉 **아동복지정책의 개념**

학자	아동복지정책의 개념
Kamerman, Kahn & Kingston (1985)	아동을 포함하는 가정의 복지 지향, 아동과 가족정책으로 개선
Kadushin & Martin (1988)	아동에게 영향을 주는 정책과 활동
공계순 등(2013)	정부가 아동의 복지를 위해 갖고 있는 원칙, 조직화된 노력
이미자(2013)	아동고 아동을 포함하는 가족을 위한 국가, 공공기관, 민간단체 및 관련기관의 행동계획
한성심·송주미(2013)	국가차원의 아동복지 서비스 제공을 규정하는 계획과 행동
성효순(2016)	아동의 건강한 성장과 발달을 도모하고, 아동을 둘러싼 가정이 원래의 역할을 충실히 잘할 수 있도록 지지하고 보완하는 공공의 모든 정책

출처: 성효순(2016).

2) 아동복지정책의 유형과 범위

아동복지정책의 유형을 장인협(2004)은 세 가지로 나누어 구분하였다. 가족을 유지하기 위한 지원정책, 대체가정 서비스정책, 아동을 보호자로부터 분리하는 아동강제 보호서비스정책이다. 세 가지 유형을 살펴보면 다음과 같다.

첫째, 가족유지 지원정책은 가정에서 아동을 양육할 수 있도록 지원하여 가족의 소득을 보장하고 가족구성원을 지원하는 서비스 정책이다.

둘째, 대체가정 서비스정책은 아동을 일시적으로 보호할 가정을 찾아 서비스를 지원하는 친족 보호 등의 일시적 대체가정 보호정책과 국내입양, 해외입양 등의 영구적인 대체가정 보호정책이다.

셋째, 아동강제 보호서비스정책은 아동학대와 유기에 대한 대응으로 학대를 가하는 부모나 기타 보호자로부터 아동을 분리하여 보호하는 정책이다.

또한, 아동복지정책의 유형을 사회보장 기본법에 의한 구분에 따라 아동과 관련된 사회보험과 아동 관련 공공부조, 아동복지서비스로 분리하여 살펴본 김성경(2013) 등의 연구에서 구분한 유형은 다음과 같다.

첫째, 아동과 관련된 사회보험은 아동이 있는 가정만을 별도의 대상으로 하는 것이 아니며, 보험가입자의 소득보장을 제공하여 그 가정의 아동을 지원하는 것이다. 우리나라 사회보험[1)]은 국민연금, 건강보험, 고용보험, 산업재해보험이 있다.

둘째, 아동관련 공공부조는 '국민기초생활보장법'에 따라 시행되는 아동이 있는 가족을 위한 공적 부조이다. 보호대상이 되는 아동의 범위는 시설 수용·보호되고 있는 아동과 소년소녀 가정 아동, 기초생활수급자의 소득인정액이 최저생계비 이하의 빈곤가정의 아동이다. 국민기초생활보정법상의 급여로는 생계급여, 주거급여, 교육급여, 해산급여, 장제급여, 재활급여, 의료급여가 있으며, 이중에서 아동과 관련된 급여로는 생계급여와 교육급여가 있다.

셋째, 아동을 대상으로 하는 아동복지서비스는 아동복지법, 영유아보육법, 입양촉진 및 절차에 관한 특례법, 모·부자 복지법, 건강가정 기본법에 따라 실시되고 있다.

이러한 법에 의거한 아동복지서비스는 다음과 같다.

첫째, 아동복지법에 따른 아동복지서비스는 가정보호 사업인 입양, 가정위탁보호, 공동생활가정보호, 소년소녀가정 지원사업이 있고, 아동 건전육성사업은 아동학대예방센터, 아동 급식지원, 지역아동센터 지원, 시설보호사업 등이 있다.

둘째, 영유아보육법에 의한 아동복지서비스는 6세 미만의 취학 전 아동을 위한 보육서비스와 12세 미만의 아동을 대상으로 하는 방과후 아동지도사 사업이 있다. 마지막으로, 모·부자 복지법에 의한 아동복지서비스로는 모·부자 복지상담서비스, 모·부자 복지시설보호사업 등이 있다. 아동복지정책의 유형과 체계는 <표 4-2>와 같다.

1) 사회보장기본법에 따르면 '사회보장'이란 출산, 양육, 실업, 노령, 장애, 질병, 빈곤 및 사망 등이 사회적 위협으로부터 모든 국민을 보호하고 국민 삶의 질을 향상시키는데 필요한 소득서비스를 보장하는 사회보험, 공공부조, 사회서비스를 말한다(제3조 제1항).

〈표 4-2〉 아동복지정책의 유형과 체계

유형	체계
사회보험	가족의 소득보장-연금보험, 산재보험, 고용보험
	가족의 건강보장-건강보험과 산재보험
공공부조	가족의 소득보장-생계급여
	가족의 건강보장-의료급여
사회복지서비스	입양, 가정위탁서비스, 소년소녀가정 지원사업, 아동학대예방 센터, 아동급식 지원, 지역아동센터 지원, 보육서비스, 방과후 아동지도사업

출처: 한성심·송주미(2013).

앞에서 살펴본 우리나라의 아동복지정책은 공공부조와 사회보험은 아동을 직접적인 대상으로 하는 것이 아니고, 아동의 가족을 대상으로 지원되고 있으며, 아동복지서비스를 중심으로 아동복지정책이 이루어지고 있음을 알 수 있다.

3) 우리나라 아동복지정책

우리나라 아동복지정책은 크게 두 가지의 측면에서 살펴볼 수 있다. 먼저 대표적인 복지제도인 사회보장제도, 즉 공공부조와 사회보험을 통해 아동복지에 대해 살펴보는 것이고, 다음으로는 아동복지의 다양한 사업을 통해 아동복지에 대해 살펴보는 것이다. 아동복지의 다양한 사업은 입양, 가정위탁, 시설보호, 보육, 학대피해아동보호 등 구체적인 사업별 각각의 관련정책이다(한성심·송주미, 2013; 이미자, 2013). 우리나라 아동 관련사회보장제도를 살펴보면 [그림 4-1]과 같다.

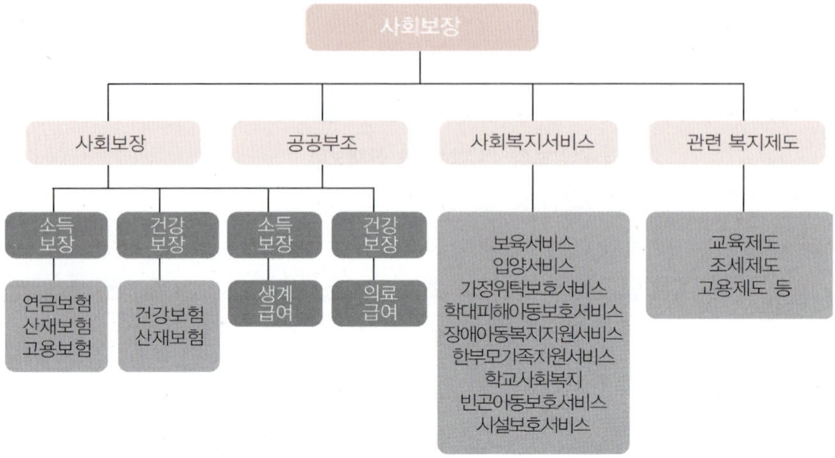

출처: 한성심·송주미(2013).

[그림 4-1] **우리나라 아동 관련사회보장제도**

(1) 아동복지정책의 변화·발전과정

우리나라 아동복지정책의 변천과정은 1946년 군정법령 112조 아동노동법규 제정으로 시작한 아동 관련법령은 1961년 아동복리법 제정을 시작으로 요보호아동 중심의 복지가 이루어졌고, 1981년 아동복지법으로 개정되면서 복지대상이 일반아동으로까지 확대되었으며, 1991년 영유아보육법 제정과 2004년 7월 실종아동 등의 보호 및 지원에 관한 법률 제정으로 발달하고 있다. 지금까지 우리나라 아동복지정책의 변화·발전과정은 그 대상과 수준을 기준으로 사회구호단계, 선별적 아동보호단계, 보편적 아동복지 지향단계, 2000년 이후의 보편적 아동복지 시행단계로 구분하고 있다(이혜원·김성천·오승환·이태수·정익중, 2009; 이재연 외, 2012; 문선화 외, 2012; 송주미, 1998; 표갑수, 1994; 이혜경, 1993; 장인협·오정수, 1994).

먼저, 1945년 해방 이후부터 1961년 아동복리법 제정 이전까지의 시기로 사회구호단계이다. 이 단계에는 해외원조기관이 설립한 수용보호시설 중심의 아동복지사업이 전개되었다. 두 번째로, 1961년 아동복리법 제정 이후부터 1991년 아동복지법 개정 이전까지의 시기로 선별적 아동보호단계이다. 우리나라 최초의 아동 관련법인 아동복리법을 제정하여 아동복지에 대한 국가책임의 원칙을 법제화하였다. 세 번째로, 1981년 아동복지법 개정 이후부터 2000년 아동학대와 관련된 규정들을 중심으로 한 아동복지법 개정 이전까지의 시기로 보편적 아동복지지향 단계이다. 이 시기에는 아동복지법 개정으로 복지 대상아동을 일반아동으로까지 확대하였으며, 가정위탁이나 입양 등으로 변화하는 아동복지의 지향점이 전환되는 시기이다. 또한, 1991년 영유아보육법 제정으로 만 5세 미만의 영유아 보육에 대한 무상보육시기이다. 마지막으로, 2000년 이후부터 지금까지 보편적 아동복지 시행단계이다. 이시기는 아동학대, 안전, 보육 등 다양한 아동복지서비스를 실시함으로써 보편적 아동복지정책을 실시하는 단계라고 볼 수 있다(조용남, 2015). 아동복지정책의 변화·발전단계별 특성을 살펴보면 <표 4-3>과 같다.

〈표 4-3〉 **아동복지정책의 변화·발전단계별 특성**

구분	사회구호단계 (45~50년대)	선별적 아동보호단계 (60~70년대)	보편적 아동복지 지향단계 (80~90년대)	보편적 아동복지 실시단계 (2000년 이후~)
정책이념	응급구호 제공 치중	선별주의에 따른 국가개입 천명	보편주의 도입과 국가책임 강조	보편적 아동권리 이행 중시
정책과제	전쟁고아와 기아, 미아의 수용·보호(기아중심 복지서비스)	사회구호와 요보호아동의 복지증진	요보호아동과 일반아동의 복지증진	보편적 복지와 CRC 이행을 위한 아동복지법 전면개정
주요영역	수용보호시설 중심의 보호 해외입양	시설보호 중심의 대리서비스, 해외입양	시설보호, 해외입양, 가정과 지역사회보호	아동권리, 안전·학대대책 강화, 시설의 다기능화
주요법령 제정	군정법령 아동노동법규 제정(1946)	아동복리법, 사회보장법, 사회복지사업법, 모자보건법, 입양특례법	아동복지법, 유아교육진흥법, 영유아보육법, 청소년육성법, 청소년기본법	아동복지법 개정, 실종아동 등의 보호와 지원에 관한 법

출처: 조용남(2015).

2000년 이후부터는 보편적 아동복지의 시행단계로 이 시기에는 아동복지법 전면개정이 이루어지면서 우리나라 아동복지정책이 다양화되기 시작했다. 아동복지정책의 기조를 알아보기 위해 김대중, 노무현, 이명박, 박근혜 정부 등 각 정부별 아동복지정책에 대해 살펴보면 <표 4-4>와 같다.

〈표 4-4〉 2000년 이후 정부별 아동복지정책 기조

기조정부별 (대통령)	국민의 정부 김대중 (1998~2002)	참여 정부 노무현 (2003~2007)	이명박 정부 이명박 (2008~2012)	박근혜 정부 박근혜 (2013~2017)
정책기조	생산적 복지	참여 복지	능동적 복지	맞춤형 고용·복지
주요영역 및 법령개정	국민기초생활보장제도(2000) 전 국민 국민연금 기반구축(1999) 장애인복지 5개년 계획(1998)	저출산 고령사회 기본법(2005) 보육확대(2004) 차상위계층 지원(2004) 장애인차별금지법(2007)	5세 누리과정, 0~2세 무상보육(2012) 장애인 연금(2010) - 정부조직법 개정으로 아동/청소년 업무 분리	무상보육, 무상교육 실현과 내실화(2013) 사회보장기본법 전부개정 시행(2013)
아동분야 국정과제	제6절. 사회·문화 분과위원회 9. 미래지향적 청소년 육성방안	국정과제 자. 참여복지와 삶의 질 향상 - 비전 2030 '사람이 희망이다'	국정과제 47. 아동과 청소년의 건강한 성장을 뒷받침하겠습니다.	국정과제 66. 안심하고 양육할 수 있는 여건조성 국정과제 87. 아동인권보호 강화 및 건강한 성장발달 지원
아동분야 세부정책 과제	청소년 건전육성방안 마련-청소년 시설 확충, 청소년 수련활동 전문화, 비행청소년 선도활동 등	미래주역인 방과후보육을 방과후아동복지 서비스로 확대 개편하는 등 종합적인 아동 보호체계 구축 - 희망스타트 시작	〈1〉 저소득층 자녀 지원을 위해 희망스타트를 드림스타트로 바꾸고, 국정과제로 선정	〈4〉 돌봄서비스확대 - 국정과제 선정 드림스타트센터 확대, 아동발달지원계좌 확대, 아동인권보호 및 아동안전 강화, 입양아동의 안전·권익 보호

출처: 조용남(2015).

2000년 이후 우리나라 아동복지정책은 보편적 아동복지의 구체적 실천단계에서 다양하게 추진되었다. 사회가 급속하게 변화·발전하고, 국민의 의식 수준이 높아질수록 급속한 복지제도의 도입과 확장을 요구하고 있다(최병호 외, 2014). 이러한 사회적 요구를 바탕으로 아동복지정책이 정치사회적인 측면에 관심을 집중시켜나가 아동들이 역량을 갖춘 건강한 성인으로 성장할 수 있도록 아동의 보호와 양육을 보장하는 예방적 차원의 아동복지정책을 수립·발전시켜 나가야 할 필요가 있다.

(2) 아동복지정책 현황

우리나라 아동복지정책의 대상은 특별한 도움이 필요한 아동[2]과 그렇지 않은 일반아동으로 구분하고 있으며, 특별한 도움이 필요한 아동은 다시 보호대상 아동[3]과 지원대상 아동[4]으로 구분하여 정책을 시행하고 있다. 서비스가 제공되는 장소에 따라서는 아동이 속한 가족의 구조적 결함은 없지만, 가족 내 스트레스나 역기능으로 여러 가지 위험요소를 가지고 있을 경우 서비스를 제공하는 것으로 원가정을 보호하면서 원가정의 가족기능 중 현재 제대로 수행되지 않거나 부족한 부분을 지원하여 원가정의 해체나 붕괴를 예방하는 서비스인 재가서비스(in-home service)가 있다. 또한, 아동이 원가정에서 서비스를 제공받지 못하는 상황일 때, 원가정을 떠나 일정 기간 또는 영구적으로 위탁가정이나 아동시설에서 생활하면서 양육 및 보호를 받는 서비스인 가정 외 서비스(out of home service)로 분류하고 있다(조용남, 2015).

현재 우리나라의 아동복지정책은 주로 보건복지부와 여성가족부, 교육부에서 시행되고 있으며, 보건복지부는 요보호아동과 저소득층 아동 등 특정계층을 중심으로 사업을 수행하고 있고, 여성가족부는 가출청소년, 위기청소년을 제외한 일반아동을 대상으로 한 체험과 활동중심의 사업을 주로 하고 있다. 2015년 아동복지정책유형에 따른 내용 및 전달체계 관련현황은 <표 4-5>와 같다.

〈표 4-5〉 **아동복지정책 현황**

구 분	내 용	전달체계
가정입양지원	보호자가 없거나 보호자로부터 이탈된 아동 등에게 건전한 가정을 영구적으로 제공하여 신체적·정서적·사회적으로 건강하게 성장할 수 있도록 지원	국내입양기관 - 국내외(4개) - 국내(17개
가정위탁보호	보호대상아동의 보호를 위하여 성범죄, 가정폭력, 아동학대, 정신질환 등의 전력이 없으며, 법이 정하는 기준에 적합한 가정에 보호대상 아동을 일정 기간 위탁하는 것	(중앙, 지역)가정위탁 지원센터 운영

2) 특별한 도움을 필요로 하는 아동은 「아동복지법」 제3조(정의)의 정의에 따라 보호대상아동과 지원대상 아동으로 정의할 수 있음.

3) 아동복지법 제3조(정의) 4. "보호대상 아동"이란 보호자가 없거나 보호자로부터 이탈된 아동 또는 보호자가 아동을 학대하는 경우 등 그 보호자가 아동을 양육하기에 적당하지 아니하거나 양육할 능력이 없는 경우의 아동을 말함.

4) 아동복지법 제3조(정의) 5. "지원대상 아동"이란 아동이 조화롭고 건강하게 성장하는 데에 필요한 기초적인 조건이 갖추어지지 아니하여 사회적·경제적·정서적 지원이 필요한 아동을 말함.

구 분	내 용	전달체계
소년소녀가정 지원	국민기초생활수급자(가구) 중 만18세 미만 아동이 실질적으로 가정을 이끌어가고 있는 가정을 지원	가정위탁보호로 전환
공동생활가정(그룹홈)운영	보호가 필요한 아동에게 그룹홈 형태로 가정과 같은 주거여건과 보호를 제공하여 건전한 사회인으로 성장하도록 지원	아동공동생활가정 프로그램 운영
아동급식	빈곤으로 식사를 할 수 없는 아동과 영양부족상태인 저소득층 가정의 아동들에게 급식 지원	아동급식소, 음식점, 도시락 배달
아동복지시설 운영	아동양육시설 및 일시보호시설, 자립지원시설	시·도, 시·군·구
보호아동 자립지원	보호대상아동이 자립할 수 있도록 역량을 강화하여 사회진출을 돕기 위한 지원	시·도, 시·군·구 자립지원전담기관 아동자립지원사업단
디딤 씨앗통장(CDA)	아동발달지원계좌로 저소득층 아동의 사회진출 시 학자금·취업·창업·주거마련 등에 소요되는 초기비용 마련을 위한 자산형성 지원	자치단체, 디딤씨앗지원사업단
드림스타트	취약계층 아동에게 맞춤형 통합서비스 제공을 통해 아동의 건강한 성장과 발달을 도모하고, 공평한 출발기회를 갖도록 함으로써 궁극적으로 빈곤의 대물림 차단	시·군·구 드림스타트 드림스타트 사업지원단
아동복지교사 운영	지역사회 아동복지서비스 제공을 위해 지역사회 복지사를 채용하여 운영	시도, 시군구 드림스타트센터, 지역아동센터
지역아동센터 운영	지역사회 아동의 보호·교육, 건전한 놀이와 오락의 제공, 보호자와 지역사회의 연계 등 아동의 건전육성을 위하여 종합적인 복지서비스 제공	지역아동센터
아동학대 예방	아동학대를 예방하고, 피해아동에 대한 적극적인 보호지원	(중앙, 지역) 아동보호전문기관운영
실종아동·장애인 보호	실종아동 및 장애아동의 보호	실종아동전문기관 장애인 일시보호센터
초등 돌봄 교실	초등학교 저소득층 및 맞벌이가정 자녀를 대상으로 돌봄, 숙제지도, 특기지도 등을 위해 시·도교육청에서 계획·지도아래 학교에서 운영	학교
교육복지우선 지원 사업	교육취약아동 및 청소년을 대상으로 개개인에 맞는 수준과 역량에 맞는 학습능력을 증진하기 위한 각종 교육을 지원, 교육청 지도아래 각 학교에서 운영	학교
방과 후 아카데미운영	기초생활보장수급자, 파산자, 차상위계층 가정의 초등학생 4학년부터 중학교 2학년 아동까지를 대상으로 체험활동, 특기적성교육, 보충학습, 급식을 제공, 지자체의 지도 아래 청소년 수련시설에서 운영	청소년수련시설
아이 돌봄 서비스	전국가구 평균소득 100%이하 가정의 아동을 대상으로 보육, 놀이·간식, 등하교, 동행 등 돌봄서비스 제공하며, 지자체 등의 지도 아래 건강가정지원센터 등 서비스 제공기관에서 운영	서비스 제공기관

출처: 성효순(2016).

2. 아동복지 관련법

아동들은 우리사회의 미래를 이끌어갈 중요한 주체들이며, 여성들의 경제활동 증가로 자녀양육에 대한 사회적 보장 없이 여성들의 사회, 경제적 활동과 아동의 건강한 성장과의 양립은 불가능하기 때문에 아동복지관련법은 인간다운생활을 할 권리를 규명하고 복지국가의 이론을 실현하는 데 있다. 이에 아동복지 관련법을 살펴보는 것은 의미 있다. 아동복지 관련법으로는 아동복지법, 유아교육진흥법, 영유아보육법이 있다.

1) 아동복지법

아동복지 관련법은 아동의 욕구와 요구에 대응한 각종대책을 제공하는 근거가 되며 미래의 우리나라를 이끌어 갈 아동이 건전하게 육성될 수 있도록 아동의 복지증진을 도모하고 필요한 사항을 규정하기 위해 제정된 법이다. 국가는 아동이 한 나라의 국민으로서 누려야 할 여러 가지 권리, 곧 헌법에서 규정하고 있는 평등권, 건강권, 교육권, 사회보장권 등을 그 하위법인 아동복지 관련법들의 제정을 통해 보장한다(이소희 2005). 아동복지제도가 진정한 법관계로서 존재할 때 비로소 국가와 국민사이에 권리와 의무관계가 형성될 수 있다. 아동복지 관련법이 어떠한 취지와 이념을 바탕으로 제정되었는가에 따라 관련법률에서 보장하는 아동권리의 수준은 달라진다. 따라서 아동의 인권이라는 사고방식을 기초로 아동과 관련된 법률체계 전반을 살피고, 나아가서 아동의 인권이라는 측면에서 법적제도의 재구성을 지향함에 있어서 의미를 가진다.

(1) 아동복지법의 개념

아동복지법은 1961년 12월 '아동복리법'으로 제정·공포되었다. 1981년 4월 전문 개정되면서 '아동복지법'으로 개칭했으며, 18세 미만의 아동이 건강하게 출생하여 행복하고 안전하게 자라나도록 그 복지를 보장함을 목적으로 한다. 아동복리법은 8·15광복과 한국전쟁, 4·19 민주화운동, 5·16 군사정변 등의 불안정한 사회적 상황과 관련하여 발생한 요보호상태의 아동을 보호하기 위해 출발하였다.

이후 아동복지법으로 개정되면서 요보호아동 위주의 치료적 대책만으로는 사회적 안정을 기할 수 없다고 보고, 모든 아동의 건전 육성을 위한 방향으로 전환하였다(이소희, 2005).

아동은 자신 또는 부모의 성별과 연령, 종교, 사회적 신분, 재산, 장애유무, 출생지역, 인종 등에 따른 어떠한 종류의 차별도 받지 않고 자라나야 하며, 안정된 가정환경에서 행복하게 자라나야 한다. 또한, 아동에 관한 모든 활동에서 아동의 이익이 최우선적으로 고려되어야 한다.

(2) 아동복지법의 연혁

1961년 제정된 아동복리법은 1981년 아동복지법으로 개칭되었으며, 3회의 일부 개정과 2회의 전문 개정을 거쳐 오늘에 이르렀다. 아동복지법은 1989년 일부 개정되어 아동복지시설의 종류에 탁아시설이 추가되었고, 탁아시설 중 신고만으로 아동을 보육할 수 있는 가정탁아제도를 신설하였다. 그러나 보육수요가 증가되면서 보육수요를 양적·질적으로 충족시키기는 어렵다는 이유로 영유아보육법이 제정되면서 탁아시설이라는 용어를 폐지하고, 보육시설이라는 명칭으로 새롭게 규정되었다. 아동복지법은 영유아보육법과 많은 관련성을 가지고 있다. 그 관련성을 <표 4-6>에서 살펴보고자 한다.

〈표 4-6〉 아동복지법과 영유아보육법과의 관련성

아동복지법			영유아보육법(2004. 1. 개정)		
제4조	책임	① 국가와 지방자치단체는 아동의 건강과 복지증진에 노력하여야 하며, 이를 위한 시책을 시행하여야 한다. ② 아동의 보호자는 아동을 가정 안에서 그의 성장시기에 맞추어 건강하고 안전하게 양육하여야 한다. ③ 모든 국민은 아동의 권익과 안전을 존중하여야 하며, 아동을 건강하게 양육하여야 한다. ④ 국가와 지방자치단체는 장애아동의 권익을 보호하기 위하여 필요한 시책을 강구하여야 한다.	제4조	책임	① 모든 국민은 영유아를 건전하게 보육할 책임을 진다. ② 국가와 지방자치단체는 보호자와 더불어 영유아를 건전하게 보육할 책임을 진다. ③ 시장·군수·구청장은 여유아의 보육을 위한 적정한 보육시설을 확보하여야 한다.

아동복지법			영유아보육법(2004. 1. 개정)		
제12조	보육시설	① 사업주는 근로자의 취업을 지원하기 위하여 수유·탁아 등 육아에 필요한 보육시설(이하 "직장 보육시설"이라 한다)을 설치하고, 이를 노동부 장관에게 신고하여야 한다. ② 제1항의 규정에 의한 직장보육시설을 설치하여야 할 사업주의 범위 등 직장보육시설의 설치 및 운영에 관하여는 영유아보육법에 의한다. [전문 개정 '95.8.4]	제12조	국·공립 보육시설의 설치 등	국가 또는 지방자치단체는 국·공립보육시설을 설치·운영하여야 한다. 이 경우 국·공립보육시설은 제11조의 규정에 의한 보육계획에 따라 도시 저소득 주민 밀집 주거지역 및 농어촌지역 등 취약지역에 우선적으로 설치하여야 한다.
			제13조	국·공립 보육시설 외의 보육시설의 설치	① 국·공립 보육시설 외의 보육시설을 설치·운영하고자 하는 자는 시장·군수·구청장의 인가를 받아야 한다.
			제14조	직장보육시설의 설치 등	① 대통령이 정하는 일정규모 이상의 사업장의 사업주는 직장보육시설을 설치하여야 한다. 다만, 사업장의 사업주가 직장보육시설을 단독으로 설치할 수 없을 때에는 사업주 공동으로 직장보육시설을 설치·운영하거나, 지역의 보육시설과 위탁계약을 체결하여 근로자 자녀의 보육을 지원하거나 근로자에게 보육수당을 지급하여야 한다.
제5조	수급권자의 범위	① 수급권자는 부양 의무자가 없거나, 부양 의무자가 있어도 부양능력이 없거나 부양을 받을 수 없는 자로서 소득인정액이 최저생계비 이하인 자로 한다. ② 제1항의 규정에 의한 수급권자에 해당하지 아니하여도 생활이 어려운 자로서 일정 기간 동안 이 법이 정하는 급여의 전부 또는 일부가 필요하다고 보건복지부 장관이 정하는 자는 수급권자로 본다. ③ 제1항의 부양 의무자가 있어도 부양 능력이 없거나 부양을 받을 수 없는 경우는 대통령령으로 정한다.	제26조	취약보육의 우선 실시 등	① 국가 또는 지방자치단체와 사회복지법인, 그 밖의 비영리법인이 설치한 보육시설과 대통령령이 정하는 보육시설의 장은 영아·장애아 등에 대한 보육을 우선적으로 실시하여야 한다.
			제28조	보육의 우선제공	① 국가 또는 지방자치단체와 사회복지법인은 그 밖의 비영리법인이 설치한 보육시설과 대통령령이 정하는 보육시설의 장은 국민기초생활보장법에 의한 수급자와 여성부령이 정하는 저소득층의 자녀가 우선적으로 보육시설을 이용할 수 있도록 하여야 한다.

출처: 이소희(2005).

2) 유아교육진흥법

(1) 유아교육진흥법의 개념

유아교육진흥법은 유아에게 적합한 교육적 환경을 제공하여 심신의 조화로운 발달이 이루어지도록 교육함과 아울러, 그 보호자의 다양한 교육요구에 부응함을 목적으로 제정되었다. 유아교육진흥법은 1982년 공포되었으며, '유아'란 '만 3세부터 초등학교 취학전까지의 어린이'로 정의하고 있다. 유아와 유사한 개념으로 '영유아'라는 개념도 교육관련 법규에서 나타나고 있는데, 이는 영유아보육법에서 '6세 미만의 취학전 아동'으로 규정하고 있다. 이렇게 볼 때 유아란 3세부터 6세 미만까지이고, 영아란 3세 미만 영유아란 유아와 영아를 포괄하는 개념으로 이해할 수 있다.

(2) 유아교육진흥법의 연혁

유아교육진흥법은 1982년 공포되어 6차례의 일부 개정과 1988년 전문개정을 거쳤다. 유아교육진흥법은 급속한 산업화로 여성의 사회참여, 핵가족화의 변화에 따라 늘어난 보육수요에 대해 기존 어린이집, 농번기탁아소, 새마을협동유아원 체제는 더 이상 효율적인 대처를 할 수 없다고 판단하여 제정되었다. 이에 늘어나는 보육수요의 대처로 양적확충과 질적 개선을 위해 정부가 채택한 주요교육개혁시책의 하나이다. 유아교육진흥법은 교육과 보호를 분리하여 유치원 유아에게는 교육, 탁아시설의 유아에게는 보호위주의 혜택을 반대하고, 모든 유아에게 골고루 교육적 혜택을 주어야한다는 취지가 내포되어 있다.

1998년 9월 17일에 개정된 「유아교육진흥법」은 이미 자취를 감춘 새마을유아원의 근거법이었던 것을 획기적으로 개정한 것으로 만 5세 유아에 대한 무상교육 시간연장제 및 종일제 운영, 국가와 지방자치단체의 유아교육에 대한 책임 등을 주요골자로 하고 있다. 특히, 학부모의 유아교육에 대한 부담완화와 수요자중심의 운영시간 도입 및 사립유치원에 대한 지원 등을 명시했다는 점에서 획기적이다 할 수 있으며, 대통령령으로 1999년 4월 9일 유아교육진흥법 시행령이 제정되었다(김혜련, 2001). 이 법의 제정으로 유아교육발전의 주체로서 커다란 전환점이 되었고, 전국의 새마을유아원을 설립하게 함으로써 양적발전에 획기적 역할을 하였고, 과거 일부상류층의 자녀를 교육하는 다분히 소비적이고 사치한 교육기관으로 치부되던 유아교육이 국가차원의 중요 관심과 정책의 대상이 되었다는 점에서 그 의의가 크다.

3) 영유아보육법

영유아보육의 목적은 아동의 건전한 육성에 두고 있음을 알 수 있다. 영유아보육법 제1조에 의하면, '영유아의 심신을 보호하고 건전하게 교육하여 건강한 사회구성원으로 육성함과 아울러, 보호자의 경제적·사회적 활동이 원활하게 이루어지도록 함으로써 가정복지증진에 이바지 한다'고 명시되어 있음을 통해서도 알 수 있다. 영유아보육법은 영유아의 심신보호와 건전한 교육을 통해서 건강한 사회성원으로 육성함과 아울러, 보호자의 경제적 사회적 활동을 원활하게 함으로써 가정복지증진에 기여함을 목적으로 두고 있다. 이 법이 제정되기 이전 우리나라의 탁아사업은 아동복지법에 근거하고 있었으나, 1980년대 중반 이후 기혼여성의 취업증가와 저소득층 및 농촌의 아동방치문제가 대두되면서 사회적·국가적 차원에서 1991년 제정·공포되었다. 이 법에는 보육을 탁아라는 개념이 아닌 보호와 교육의 개념으로 통합시켰다(이소희, 2005).

(1) 영유아보육법의 개념

영유아보육법(1991. 1. 14. 법률 4328호)은 만0세부터 초등학교 취학 전까지의 영유아보육법에 관한 사항을 규정하고 있는 법이다. 제정 당시 영유아보육법은 보호자가 근로·질병 기타 사정으로 보호하기 어려운 영아 및 유아를 보호·교육하여 건강한 사회성원으로 육성함을 동시에 보호자의 경제적·사회적 활동을 원활하게 함으로써 가정복지증진을 도모하기 위해 제정되었다(김경진, 2011). 영유아보육법은 국가가 영유아의 복지를 보장하고, 직업을 가진 여성이나 부모에게 자녀를 건전하게 육성시키는 데 도움을 주고자 공적인 차원에서 제정된 것이다.

(2) 영유아보육법의 연혁

영유아보육법은 1991년 제정된 이후 제9차에 걸친 개정이 있었다. 영유아 보육법의 연혁과 제정 및 개정의 배경과 사유는 <표 4-7>과 같다.

〈표 4-7〉 **영유아 보육법의 연혁과 제정 및 개정의 배경과 사유**

제정 및 개정	공포 번호	공포 연월일	배경과 사유
1차 제정	법률 제4328호	제정 1991.1.14	영유아의 교육에 관한 별도의 입법을 통하여 보육시설의 조속한 확대 및 체계화로 아동의 건전한 보호·교육 및 보유자의 경제적·사회적 활동의 지원을 통하여 가정복지 증진을 도모하려는 것임.
1차 일부 개정	법률 제5358호	1997.8.22	사회복지사의 전문성을 제고하기 위하여 사회복지사 1급은 국가시험에 합격한 자로 하고, 현행 사회복지시설 설치·운영에 대한 허가제를 신고제로 변경하여 동 시설의 설치·운영을 용이하게 하며, 개인도 동 시설을 설치·운영할 수 있도록 하고, 사회복지법인과 시설 운영의 투명성을 보장할 수 있도록 제도적 장치를 강화하며, 자원봉사활동을 지원할 수 있는 법적 근거를 마련하는 등 기타 미비한 사항을 정비·보완하여 사회복지사업을 활성화하기 위하여 전문 개정하려는 것임.
2차 일부 개정	법률 제5453호	1997.12.13	행정절차법이 1998년 1월 1일부터 시행됨에 따라 행정절차법과 개별 법률에 중복 규정되어 있는 행정절차 관련규정을 삭제하고, 개별 법률의 다양한 의견 청취 유형을 행정절차법에 맞도록 정비하여, 일정한 원칙과 기준에 따라 청문을 시행하는 처분을 명확하게 개별 법률에 규정함으로써 행정절차법 운영의 실효성을 확보하려는 것임.
3차 개정	법률 제5454호	1997.12.13	현행 법률 중에는 정부조직법의 개정에 따라 부처의 명칭이 변경되었음에도 변경되기 전의 부처 명칭을 그대로 사용하고 있거나 어느 한 법률의 개정으로 조문 위치 등이 변경되었음에도 변경되기 전의 조문을 그대로 인용하는 경우 등이 있어 법령을 집행하는 공무원이나 국민이 법규정에 대하여 혼란을 일으키고 법령의 내용을 쉽게 파악하기 곤란한 사례가 발견되고 있는바 법규정에 대한 국민의 오해와 법령 내용파악의 곤란을 해소하고 법령에 대한 국민의 신뢰를 높이기 위하여 관련 법규정을 일괄하여 정비하려는 것임.
4차 일부 개정	법률 제5472호	1997.12.24	영유아보육의 정의를 신설하여 보육의 범위를 명확히 하고 초·중등교육법에 초등학교 취학 직전 1년의 유치원아의 교육을 무상으로 시행하는 방안이 제기됨에 따라 저소득층 중심의 보육유아에 대하여도 무상보육을 시행할 수 있도록 근거를 마련하여 형평을 기하도록 하며, 아울러 보육시설 설치·운영에 국가의 재정지원을 함으로써 가정의 육아 및 보육 비용부담을 완화하고자 함.

제정 및 개정	공포 번호	공포 연월일	배경과 사유
5차 일부 개정	법률 제5845호	1999.2.8	민간보육시설 또는 직장보육시설의 폐지 또는 휴지에 관한 승인제를 신고제로 완화하고, 보육비용의 승인제를 폐지하여 시·도지사가 정하는 범위 안에서 보육비용을 받을 수 있도록 하는 등 일부 규제를 완화하여 영유아의 보육이 활성화되도록 하려는 것임.
6차 일부 개정	법률 제6024호	1999.9.7	저소득 국민, 영세 도시 빈민, 실업자 등을 지원하여 빈곤문제에 대한 사회안전망의 기초를 튼튼히 하는 한편, 빈곤가구별로 자활 지원계획을 수립하고, 그에 맞는 자활급여를 실시함으로써 빈곤의 장기화를 방지하려는 것임.
7차 일부 개정	법률 제6400호	2001.1.29	영유아보유의 충실을 위하여 장학 지도와 보육 프로그램 및 교재·교구의 개발 보급에 필요한 사항에 대하여 교육인적자원부장관과의 협조사항을 첨가.
8차 일부 개정	법률 제7153호	2004.1.29	여성의 사회참여 확대, 가족구조의 변화 등으로 영유아 보육에 대한 수요가 증가함에 따라 보육의 질적 향상을 위하여 보육시설 설치신고제를 인가제로 전환하고, 보육시설의 평가인증제도와 보육교사 자격증 제도를 도입하며, 취약보육 및 저소득층 보육서비스 지원 활성화와 직장보육시설 설치 활성화를 위한 내용, 저소득층 보육료 국가지원과 차등지원제도 도입, 보육시설 설치·운영경비 지원내용이 포함됨으로써, 보육서비스의 질을 향상시키고, 보육서비스를 다양화했으며, 보육의 공적 책임을 강화한 것임.
9차 일부 개정	법률 제7186호	2004.3.11	보건복지부에서 수행하고 있는 영유아보육업무를 보다 효율적으로 수행할 수 있도록 여성부로 이관함(법 제39조 제1항 및 제42조).

출처: 이소희(2005).

3. 아동복지 행정

아동복지 행정이란 아동복지조직과 아동복지 전문인력들이 서비스를 효과적으로 기획·실천·평가하도록 지원해주는 것으로서 아동복지관련법과 아동복지정책에 따라 다양한 조직을 통해 아동복지서비스를 복지대상자에게 효과적으로 제공하는 데 이바지하는 것을 목적으로 한다.

1) 아동복지 조직의 이해

아동복지에 관한 국가의 정책은 국가와 지방자치단체, 민간조직을 통하여 집행되어 대상자에게 급여나 서비스가 제공된다. 아동복지분야의 공공과 민간 조직들이 필요한 사업을 계획하여 실천에 옮기는 체계적인 활동이다. 이러한 활동에는 아동복지를 실현하기 위하여 공공과 민간의 조직에 의한 전달체계의 형성과 효율적인 운영이 이루어져야 한다(오경자, 2015).

「아동복지법」 제4조에 의하면

① 국가와 자방자치단체는 아동의 건강과 복지증진에 노력하여야 하며, 이를 위한 시책을 실행하여야 한다.

② 아동의 보호자는 아동을 가정 안에서 그의 성장시기에 맞추어 건강하고 안전하게 양육하여야 한다.

③ 모든 국민은 아동의 권익과 안전을 존중하여야 하며, 아동을 건강하게 양육하여야 한다. 따라서 아동복지의 실천주체는 국가, 지방자치단체, 민간기관·단체·시설이나 지역주민은 아동권리사상과 상부상조의 정신에 따라 자발적으로 아동들을 보호하는 책임을 지는 주체가 되는 것이다.

(1) 공공 조직

아동복지 공공행정은 보건복지부를 중심으로 시·도, 시·군·구, 읍·면·동의 사회복지 행정체계로 연결된다. 시·도, 시·군·구에는 아동복지심의위원회를 두어 연도별 아동정책 시행계획에 관한 사항, 아동의 보호조치, 퇴소조치, 친권행사의 제한이나 친권상실선고 청구, 후견이의 선임이나 변경 청구, 지원대상아동의 선정과 지원에 관한 사항을 심의한다(아동복지법 제12조).

행정조직으로는 아동보육 및 아동복지 담당부서가 있으며, 읍·면·동에는 사회복지전담공무원이 일선 아동복지행정을 담당한다. 우리나라 아동복지 공공조직은 전담기구가 없어 매우 미약한 상황이지만, 일부 시·도 단위에 공공의 아동복지전담기구로 아동복지센터 또는 아동보호센터가 설치된 경우도 있다(서울특별시아동복지센터, 부산광역시아동보호종합센터; 오경자, 2015 재인용). 왜냐하면, 보육서비스를 포함한 모든 사회복지이념과 재정에 따라 영향을 받으며, 서비스

대상자가 가진 성격을 고려해야 되므로 보육서비스는 행정이나 지원 체계만으로 성립될 수 없는 집행체계이다.

① 보육조직의 중앙정부

중앙정부의 보육업무는 1991년 영유아보육법 제정으로 보건복지부가 담당하였다. 이후 여성가족부로 2004년 동법 전면개정 후 이관되었고, 2008년 정부조직 전면개편으로 다시 보건복지부가 담당하게 되었다. 2004년 전면개정된 「영유아보육법」에는 보육에 대한 각종 정책·사업·보육지도 및 시설평가사항 등을 심의하기 위해 중앙부처에 '중앙보육정책위원회'를 특별시·광역시·도 및 시·군·구에 '지방보육정책위원회'를 두도록 하였다.

중앙정부 보육업무 분담체계는 보건복지부 → 저출산고령 사회정책실 → 보육정책관 → 보육정책과·보육사업기획과·보육기반과로 되어 있다. 보육행정 담당 중앙정부의 부서별 주요 업무내용은 <표 4-8>과 같다.

〈표 4-8〉 **보육행정 담당 중앙정부 부서별 주요 업무내용**

보육담당부서	주요 업무
보육정책과	1. 중앙부처 및 지방자치단체의 영유아정책(유아교육정책은 제외) 지원정책·조정·총괄 2. 연구·조사·평가 및 제도개선 3. 종합계획 수립과 연도별 시행계획 총괄 4. 보육정책위원회 운영 5. 법령 관리·운영 6. 재정의 중장기 투자계획 수립 7. 예산 편성·집행관리 및 정산·결산 8. 보육서비스의 이용권 제도 (보육전자바우처)의 운영 및 관리 9. 보육행정 전산화 10. 지방자치단체 보육공무원 교육 11. 보육개발원의 설립 및 지도·감독 12. 지원정책에 대한 홍보 및 국민의식 개선사업 13. 보육 관련 대외협력 및 교류 활성화 지원 14. 보육통계의 생산 및 관리 15. 어린이집연합회 등 법인·단체 지도·감독 16. 어린이집 평가인증 수립 및 평가인증제도 운영
보육사업기획과	1. 영유아 보육료 지원 2. 양육수당 지원사항 3. 표준보육비용에 관한 사항 4. 영유아 및 부모 지원 보육서비스의 개발 5. 영아·장애아 및 다문화가족 등 취약보육서비스 지원사항 6. 보육료·양육수당 대상자 선정 및 적정관리사항

보육담당부서	주요 업무
보육사업기획과	7. 보육료·양육수당 대상자 소득기준액 결정에 관한 사항 8. 어린이집 교직원 처우개선사항 9. 어린이집 교직원 양성 및 교육훈련 지원 10. 어린이집 종사자 경력 및 자격관리 11. 가정양육 지원사항
보육기반과	1. 국립·공립 어린이집 등 어린이집의 확충 및 지원계획 수립 2. 「영유아보육법」에 따른 어린이집의 설치·인가 기준 수립 및 관리 3. 어린이집의 설치 및 운영지원 4. 어린이집의 기능 보강 등 환경개선 지원 5. 국립·공립 등 어린이집 인건비 운영비 지원 6. 어린이집 지도와 점검 7. 운영위원회 설치 및 운영 8. 보육아동의 건강·영양·안전 관리 9. 표준보육과정 외 보육프로그램의 개발·보급 10. 직장보육시설의 서비스 확충 11. 부모협동시설의 활성화 12. 보육정보센터의 확충과 운영·관리 13. 영유아 이용시설 설치 및 지원

출처: 보건복지부(2016).

② 보육조직으로서의 지방정부

지방정부에서는 중앙정부의 기본적인 보육정책에 호응하면서 각 지방의 특수성을 고려하여 보육복지를 도모하는 업무를 공적으로 수행하게 된다. 각 지방의 특수성을 고려하기 위하여 중앙정부와 같이 각종의 자문 및 심의위원회를 설치하여 협조를 받게 되는데, 업무의 성격은 중앙정부와 비슷하다. 지방정부는 중앙정부의 보육에 대한 기본정책과 계획 및 지침에 따라 서비스를 수행하고 전달하며, 중앙정부의 사업지침 수행 외에도 단체장의 정책의지에 따라 보육사업에 대한 기획과 자체 예산편성의 자율적 보육사업을 시행할 수 있다. 광역자치단체 이하 지방행정부는 어린이집의 설치·휴지·폐지에 관한 업무, 어린이집의 지도·감독, 보육비용의 보조업무, 보육정보센터, 각종 통계자료, 증빙서류 발급, 중앙 부서의 위임업무 등을 수행한다.

[그림 4-2]는 중앙과 지방의 보육서비스 전달체계의 조직도를 나타낸 것이다.

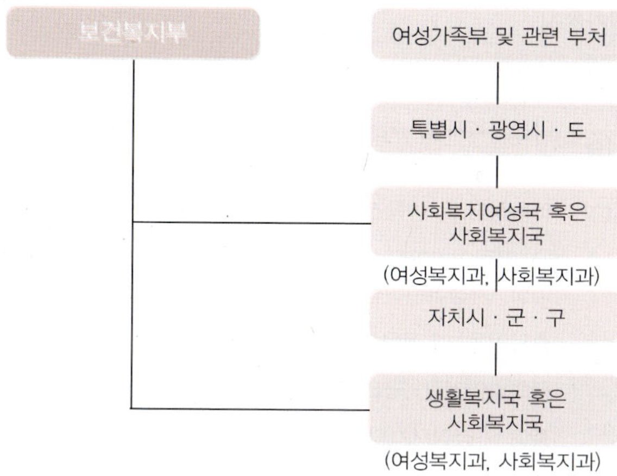

출처: 보건복지부(2016).

[그림 4-2] **중앙과 지방의 보육서비스 전달체계조직도**

(2) 민간조직

아동복지 전달체계의 민간조직으로는 아동복지시설(생활시설, 이용시설), 어린이집, 아동보호전문기관, 입양기관, 가정위탁지원센터, 실종아동전문기관 등이 설치되어 각 영역의 전문 아동서비스를 제공하고 있으며, 지역의 종합사회복지관에서 아동복지서비스를 제공하기도 한다. 공공전달체계와 함께 아동복지법상의 아동복지시설, 즉 아동양육시설, 아동임시보호시설, 아동보호시설, 아동직업훈련시설, 자립지원시설, 아동단기보호시설, 아동상담소, 아동전용시설, 아동복지관 등은 영유아 보호시설, 아동학대예방센터, 입양기관과 함께 직접 아동복지서비스를 전달하는 핵심적인 전달체계이다. 이들은 주로 민간전달체계로서 사회복지법인, 재단법인, 사단법인, 종교단체, 각종 사회단체나 운영주체가 되어 운영되고 있고, 재원의 상당부분을 정부의 지원에 의존하고 있다. 또한, 영유아 보육사업 등은 민간영리기관이나 개인이 유료서비스를 전달하기도 한다. 아동복지 민간조직을 살펴보면 <표 4-9>와 같다.

〈표 4-9〉 아동복지 민간조직

아동복지 민간조직		시설의 종류/내용
아동복지시설	생활시설	아동양육시설, 아동일시보호시설, 아동보호치료시설, 자립지원시설, 공동생활가정
	이용시설	아동상담소, 아동전용시설, 지역아동센터
어린이집		국·공립어린이집, 사회복지법인어린이집, 법인·단체 등 어린이집, 직장어린이집, 가정어린이집, 부모협동어린이집, 민간어린이집
아동보호전문기관		중앙아동보호전문기관, 지방아동보호전문기관(시·도 또는 소규모단위)
입양기관		국외입양기관, 국내입양기관
가정위탁지원센터		중앙 가정위탁지원센터, 지방 가정위탁지원센터(시·도 또는 소규모단위)
실종아동전문기관		실종아동전문기관(어린이재단 위탁운영)

출처: 오정수·정익중(2014).

2) 아동복지의 전달체계

아동복지의 전달체계는 공적·사적, 시대별·국가별로 차이가 있다. 현대사회에서는 복지국가를 지향하므로 공적 전달체계로서의 정부의 역할과 영향력이 점점 강조되고 강화되고 있다.

(1) 아동복지 전달체계의 개념

아동복지 전달체계를 통해 아동복지정책의 집행은 구체적인 서비스로 전환되어 나타나기 때문에 전달체계가 어떻게 설계되고, 작동되느냐에 따라 정책의 효과성이 달라질 수 있다(서재호, 2008). 우리나라의 사회보장기본법에서는 사회복지서비스를 국가나 지방단체 및 민간부문의 도움이 필요한 모든 국민에게 상담, 재활, 직업소개 및 지도 등을 제공하여 정상적인 사회생활이 가능하도록 지원하는 제도를 말한다. 아동복지 전달체계의 개념에 대한 정의는 연구마다 약간의 차이가 있다. 최성재, 남기민(2000)은 복지 전달체계란 복지서비스 공급자 간을 연결시키기 위하여 또는 복지서비스 공급자를 수요자에게 연결시키기 위하여 만들어진 조직이라고 파악하는 견해라고 정의하였다. 이영환(2013)은 전달체계를 클라이언트를 둘러싼 일체의 공적·사적 복지기관의 서비스 전달 체계망 이라고 정의하였다.

또한, 아동복지 전달체계를 운영주체에 따라 공공전달체계와 민간전달체계로 구분하기도 하며, 기능과 구조에 따라 분류하기도 한다. 공공전달체계는 중앙정부와 지방정부가 주체가 되어 수요자에게 연결되는 체계를 뜻하며, 민간전달체계는 복지재단이나 자원봉사단체, 사회복지협의회나 개인이 수요자에게 직접 서비스를 전달하는 것을 뜻한다. 아동복지서비스 전달체계를 기능과 구조에 따라 서비스 전달을 기획하고, 기획, 지원, 관리하는 체계인 행정체계와 서비스 전달자가 수요자에게 상호접촉하면서 서비스를 직접 전달하는 체계인 집행체계로 분류해 볼 수 있다(김영한·강혜규·김보미·김태연, 2008; 김미숙, 2013). 이러한 정의와 사회복지행정 관련학자의 정의를 바탕으로 정리하면, 아동복지 전달체계는 보육서비스의 공급자와 소비자를 연결시키기 위한 조직적 장치를 말하거나, 보육정책을 구체적 서비스로 바꾸어 보육아동 및 가족에게 전달하는 것으로서의 행정조직이라고 볼 수 있다(이소희, 2005). 앞에서 살펴본 아동복지 전달체계의 분류를 살펴보면 <표 4-10>과 같다.

〈표 4-10〉 **아동복지 전달체계의 분류**

아동체계	구분	내용
운영주체	공공전달체계	중앙정부(보건복지부) → 특별시, 광역시·도 → 시·군·구 → 읍·면·동 → 수요자(아동, 가족 등)로 연결되는 체계
	민간전달체계	복지재단, 자원봉사단체, 사회복지협의회, 이용 및 수용시설, 개인 등
기능·구조	행정체계	서비스 전달을 기획, 지원, 관리하는 간접지원기능
	집행체계	전달자가 서비스를 수요자에게 직접 제공하는 기능

출처: 조용남(2015).

(2) 아동복지의 전달체계

아동복지정책의 궁극적 목적은 아동복지의 대상인 아동과 가족의복지권을 보장 하는 효과적이고 효율적인 전달체계를 마련하여 적합한 서비스를 제공해 주는 것이다. 우리나라 아동복지 전달체계는 공공전달체계와 민간전달체계로 구분해 볼 수 있다. 공공전달체계는 중앙정부와 지방정부가 수행하고 있다. 중앙정부의 아동복지정책 전달체계의 최상위부서는 보건복지부이며, 보건복지부에서는 저출산고령사회정책실의 인구아동정책관이 아동복지업무를 총괄하고 있다. 지방정부의 경우 특별시·광역시·도 단위의 여성가족국 혹은 여성가족정책관실 등의 산하에 아동복지업무 담당부서를 두고 있으며, 시·군·구에서는 중앙부처나 시·도에서 시달된 지침을 읍·면·동으로 전달하고, 읍·면·동의 사회복지 전담공무원이 주로 아동복지업무를 담당하고 있다(조용남, 2015). 중앙정부의 아동복지 전달체계는 [그림 4-3]과 같다.

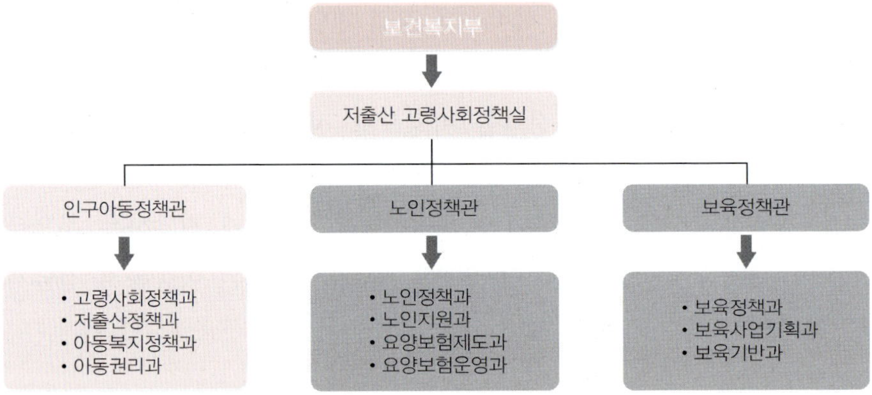

출처: 보건복지부 홈페이지 www.mw.go.kr 참조.

[그림 4-3] **중앙정부의 아동복지 전달체계**

또한, 민간전달체계에서는 아동정책을 직접 수요자에게 전달하는 집행체계는 대부분 민간기관이 담당하고 있다. 이들 민간기관도 중앙 및 지방정부의 지도·감독을 받아 서비스를 전달하는 기관과 정부의 지도·감독을 받지 않고 독자적으로 운영되는 아동단체나 기타 법인체 등이 함께 운영되어 서비스 간 유기적인 연계가 원활하지 않고 있다(이용복, 2006). 우리나라 아동복지 전달체계는 다음 [그림 4-4]와 같다.

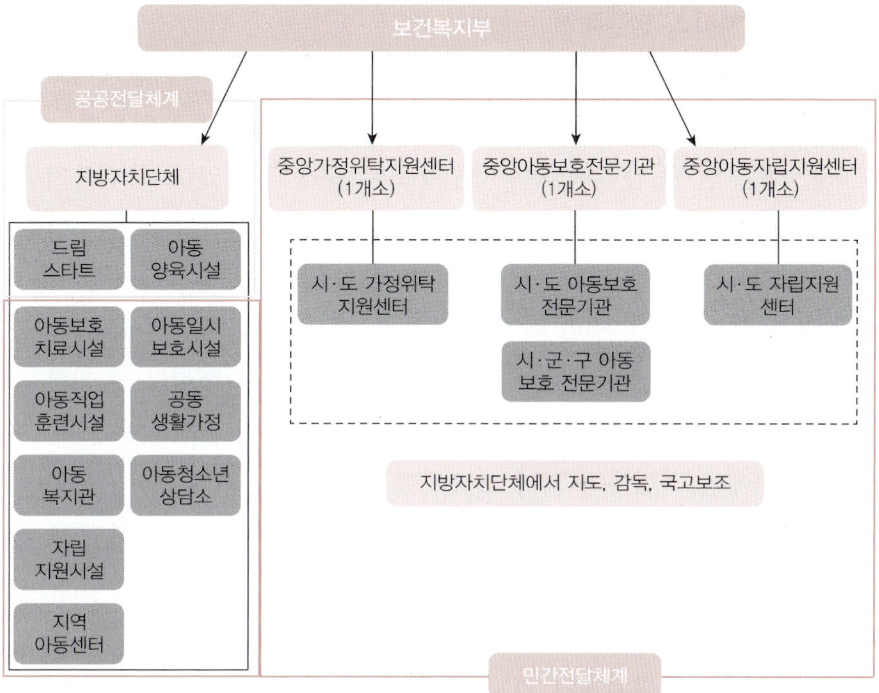

출처: 보건복지부 홈페이지 www.mw.go.kr 참조.

[그림 4-4] **우리나라 아동복지 전달체계**

(3) 아동복지 보육 전달체계의 형태

우리나라 아동복지 보육 전달체계는 행정체계와 집행체계, 지원체계로 구분될 수 있다(김영모, 1999). 우리나라의 보육서비스 전달체계는 [그림 4-5]와 같다.

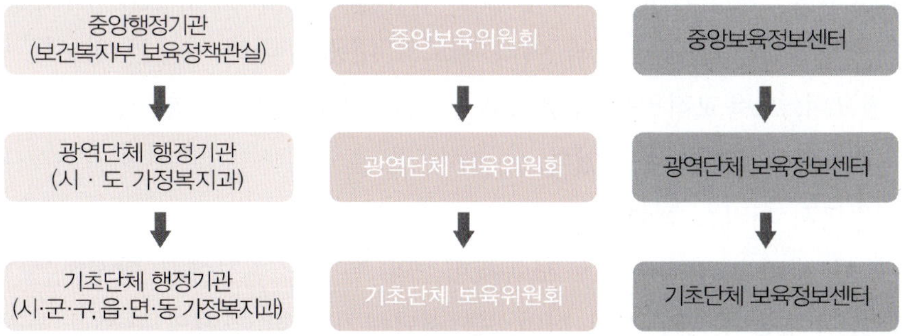

출처: 김연진 외(2010).

[그림 4-5] **보육서비스의 전달체계**

① 아동복지 서비스 행정체계

아동복지 서비스 행정체계는 다른 복지분야의 행정체계와 마찬가지로 행정자치부 행정체계에 준하고 있다. 보건복지부에서 이를 담당하고 있으며, 시·도→시·군·구→읍·면·동의 수직적인 전달구조로 구성되어 있다. 보건복지부는 광역자치단체에 대한 계획을 실행하기 위한 시행령을 시달하고, 사업수행을 위한 자원이 전달되며, 감독이 행해지고, 사업 수행결과를 평가하게 된다. 기초자치단체의 각 단계에서 서비스 전달을 전담하는 부서들은 상급행정부서의 지시, 지원, 감독 하에 지역주민과 전문가들의 자문을 받아 사업을 수행한다. 이러한 수직적 전달체계는 행정적인 편의성은 있으나, 지역사회의 특성이나 이용자의 보육 욕구를 반영하기에는 적합하지 않다. 또한, 행정체계에서 종사자의 전문성이 결여되어 있고, 부서 이동도 잦다. 이러한 이유로 정책의 연속성이 없어 관련 행정부서 간 상호 연계된 업무가 유기적이지 못하여 통합적인 서비스를 제공하는 데 한계가 있다(서문희, 1999; 이소희, 2005).

아동복지 서비스 행정체계의 기능은 영유아 보육을 위한 계획을 수립하고 결정하며 예산을 확보하는 기능을 말하며, 구체적인 지원사업을 지도·감독하는 등의 기능을 하고 있다. 구체적인 내용을 살펴보면, 첫째, 보육업무의 기본계획을 수립하고, 구체적인 보육사업의 틀을 마련한다. 둘째, 지원대상자의 기준을 마련하며, 지원대상자의 지원기준을 결정한다. 셋째, 예산을 편성하고, 배정받아 집행하고, 자치단체에 대한 필요한 지시와 지원을 시행한다.

보건복지부는 보육사업을 효율적으로 운영하기 위해 '아이사랑보육포털' 을 운영하고 있다. 영유아 부모와 보호자를 대상으로 영유아 자녀를 키우는 가족이 정부의 보육 및 양육지원정책과 여러 제도의 내용에 대해 자세한 정보를 얻도록 만들어졌으며, 보육교직원을 대상으로 한 '보육통합정보시스템' 을 개설하여 보육 행정전산화 작업을 하고 있다.

② 아동복지 서비스 집행체계

아동복지 서비스 집행체계는 보육서비스의 목적을 현장에서 달성하는 핵심적인 역할을 수행한다. 전문적인 서비스를 전달하기 위한 조직의 구성과 조직에 적합한 인적·물적 자원을 투입하여 아동복지 서비스사업의 효과를 증진한다. 집행체계는 서비스 전달자와 수혜자, 개인, 가족, 집단, 읍·면·동 기타 소지역사회가 대면적 사회관계를 이루면서 일정한 장소에서 서비스를 전달하는 업무를 실제로 집행하는 체계이다. 전달체계상 집행체계는 행정체계로부터 지시, 규제, 지원 등 감독을 받으면서 보육서비스 사업을 수행한다. 보육서비스를 아동 및 그 가족에게 최일선에서 전달하는 집행체계는 어린이집이다. 어린이집은 설립·운영 주체에 따라 국·공립 어린이집, 법인 어린이집, 민간 어린이집, 직장 어린이집, 가정어린이집, 부모협동 어린이집으로 구분되며, 주요 서비스 수요자의 특성과도 상호 관련성을 가지고 있다. 운영주체에 의한 분류는 공공전달체계 ,민간전달체계, 혼합전달체계로 나눌 수 있다(오현숙, 2006). 공공전달체계는 중앙정부, 지방정부 등 공공기관이 직접 관리·운영하는 체계이며, 민간전달체계는 사회복지법인 등 민간이 관리·운영하는 체계이다. 혼합전달체계는 공공전달체계와 민간전달체계의 혼합체계로서 최근에는 정부가 어린이집을 지어 민간에 위탁시키는 혼합체계의 사례가 점점 늘고 있으며 그 결과 보육서비스의 운영주체가 점점 다양하게 변화되고 공공전달체계와 민간 전달체계를 엄격하게 구분하는 것이 어려워지고 있다.

③ 아동복지 서비스 지원체계

일반적으로 행정체계화 집행체계 사이에서 두 체계를 잘 연결, 조정함으로써 효과적이고 효율적인 보육서비스가 이루어지도록 한다. 질 높은 보육서비스 제공과 보육정책실현을 위한 보육서비스지원체계로 육아정책연구소와 재단법인 한국보육진흥원, 직장보육지원센터, 어린이집안전공제회 및 포털시스템이 있다(신갑숙, 2015). 구체적인 지원기관의 유형을 살펴보면, 첫째, 육아정책연구소는 2005년 국가 경제인문사회연구회 산하기관으로 설치되었다. 육아정책연구는 종합적, 체계적으로 수행하고 보육과 유아교육과의 발전을 위한 합리적 정책방안을 제시해 우리나라가 육아선진국으로 도약하는 데 이바지하는 것을 목적으로 한다. 연구사업을 통해 다양한 보고서 발간 및 국내·외 최근 보육정책과 유아교육 동향을 제공하며, 각 시기마다 나타나는 아동의 성장·발달특성, 양육실태와 요구, 육아지원기관들의 기능 및 효과와 지역사회 육아정책의 영향에 대한 종단적 자료를 국가수준에서 수집하며 제공한다. 둘째, 재단법인 한국보육진흥원은 2009년 효과적인 보육사업 수행을 통해 양질의 보육과 체계적인 보육정책 지원을 통해 영유아의 부모, 교직원 및 수요자의 만족에 기여함을 목적으로 설립된 법인이다. 1995년 설치된 중앙육아종합지원센터와 국가의 주요 보육사업을 위탁받아 운영하고 있으며, 어린이집 평가인증사업, 자격제도 및 자격증 교부사업, 공공형 어린이집사업, 드림스타트, 보육교직원 현직교육을 운영하고 있다. 셋째, 직장보육지원센터는 직장어린이집설치·운영 관련정보를 제공하며, 직장어린이집 운영 내실화를 위해 근로복지공단에서 설치한 기관이다. 직장어린이집을 설치·운영하려는 사업주와 위탁운영자들에게 관련정보를 제공하고, 운영관리자 직무교육, 지원제도, 운영기준 안내 및 운영비 지원업무까지 원스톱 서비스 수행을 하며, 직장보육지원센터를 통하여 전문적이고 체계적인 지원서비스를 제공한다. 넷째, 어린이집안전공제회는 2009년 어린이집 원장을 회원으로 한 상호협동조직체의 비영리법인으로 설립되었다. 보건복지부장관 허가로 영유아보육법에 따라 설치, 근거를 가지고 있으며, 어린이집 상호 협동조직을 통하여 안전사고를 예방하고 안전사고로 인한 생명·신체 또는 재산상의 피해를 입은 영·유아 및 보육교사에 대한 보상한다. 다섯째 보육행정업무 효율성을 위해 보육관련 포털시스템을 구축하여 운영하고 있다. 실무자들을 위한 보육통합정보시스템과 부모, 종사자 등을 위한 포털시스템이 있어 어린이집 검색 및 입소대기신청, 보육료결제 및 상담 등 육아에 대한 많은 정보가 제공 되고 있다.

3) 아동복지서비스 전달체계의 평가

Friedlander & Apte(1980)는 사회복지 전달체계의 평가기준으로 적절성(appropriateness), 포괄성(comprehensiveness), 연속성(continuity), 공평성(equity), 접근가능성(accessibility) 등을 제시하고 있다(오경자, 2014). 구체적인 내용을 살펴보면 다음과 같다.

첫째, 적절성의 원칙이다. 제공되는 서비스의 양과 질, 서비스 제공기간이 수혜자의 욕구충족과 서비스 목표달성에 충분해야 한다. 그러나 현재 우리나라의 경우 사회복지에 투입되는 재정의 부족하므로 사실상 적절성의 원칙을 지키기는 어렵다고 할 수 있다. 따라서 서비스 전달체계를 구축하는 데 있어서 적절성의 원칙이 잘 반영될 수 있도록 서비스에 대한 기획 및 평가의 역할이 중요하다고 할 수 있다(권육상 외, 2007).

둘째, 포괄성의 원칙이다. 사람들의 욕구는 다양할 뿐만 아니라 한 가지 문제는 다른 여러 가지의 문제와도 연관되어 있는 것이 일반적이기 때문에, 다양한 문제를 동시에 또는 순차적으로 해결하기 위하여 다양한 서비스가 필요하다. 인간의 욕구와 문제는 다양하고 복잡하기 때문에 이러한 문제들을 동시에 접근하고 순차적으로 해결하기 위해서는 포괄적인 서비스가 필요하다.

셋째, 연속성의 원칙이다. 수혜자에게 긍정적인 변화가 있을 수 있도록 서비스가 지속적으로 제공되도록 한다는 것이다. 한 개인의 욕구를 해결하는 과정에서 필요한 서비스의 종류와 질이 달라져야 하는 경우가 많은데, 한 개인이 필요로 하는 다른 종류의 서비스와 질적으로 다른 서비스를 지역사회에서 계속 받을 수 있도록 그러한 서비스들이 상호연계 되어야 한다는 것을 의미한다(Gates, 1980).

넷째, 공평성의 원칙이다. 서비스가 필요한 사람들에게 언제 어디서나 쉽게 접근할 수 있는 좋은 품질의 서비스가 지속적으로 제공되어야 한다는 것이다. 소득수준이나 연령, 기타 특별한 이유 등에 따라 서비스를 제한하는 극히 특별한 경우를 제외하고는 성별, 연령, 소득, 지역, 종교, 지위에 관계없이 모든 국민에게 복지서비스를 평등하게 제공해야 한다는 의미이다.

다섯째, 접근 가능성의 원칙이다. 복지서비스는 그것을 필요로 하는 사람이면 누구나 쉽게 받을 수 있어야하기 때문에 수혜자가 접근하기에 용이하여야 한다는 것을 의미하고 있다. 접근 가능성은 사회복지급여 및 서비스에 대한 물리적인 접근뿐만 아니라. 급여 및 서비스의 전달과정에서 수혜자가 느끼는 편의성까지를 포괄하는 개념이다.

4. 토론 및 워크숍

Group Discussion

성명: ____________

○ TOPIC: 사회 환경의 변화에 따라 보육정책이 어떻게 변화해나가고 있는지 아래의 항목에 의거하여 토론해 보시오.

① 선별주의와 보편주의로의 변화
② 가족책임과 국가책임으로 변화
③ 통합적 보육정책에로의 변화

– …

– …

– …

– …

– …

– …

– …

– …

– …

– …

– …

Keywords

성명: ___________

Child
Rights
and
Welfare

제5장

아동권리와 복지를 위한 실천

- 1. 아동권리와 복지 실천 대상
- 2. 아동권리와 복지 실천 및 방법
- 3. 토론 및 워크숍

〈학습목표〉

① 아동권리와 복지 실천의 의의를 살펴보아요.

② 아동의 복지 실천을 위한 방법을 살펴보고 모색해 보아요.

1. 아동권리와 복지 실천 대상

1) 아동의 발달적 특징

아동복지법에는 만 18세 미만의 사람을 아동으로 정의하고 있다. 황해익 외(2017)는 아동의 비슷한 용어로 어린이, 아이 등이 있으며, 유아, 청소년 등도 유사하거나 중복되는 대상을 가리키며, '아이'는 나이가 어린사람을 지칭하는 것으로 용어로서 대개 4, 5세부터 초등학생까지의 아이를 가르친다고 하였다.

아동에 대한 정의는 기준에 따라 개념, 시기 등을 다르게 정의내리고 있다. 우리나라의 아동을 포함하고 있는 주요법률에서 '아동'에 대한 정의와 용어를 황해익 외(2017)가 정리한 내용을 재구성하여 소개하면 <표 5-1>과 같다.

〈표 5-1〉 주요법률에 나타난 '아동'에 관련용어

관련법률(가나다순)	대상용어	설명
아동복지법	아동	18세 미만인 자(입양특례법, 한부모 가족지원법도 동일
한부모 가족지원법	아동	모 또는 부에 의하여 양육되는 18세미만의 자(취학 중일 경우 22세 미만)
국민기초생활 보장법	아동	18세 미만의 자
영유아보육법	영유아	6세 미만의 취학 전 아동
모자보건법	영유아	출생 6년 미만의 자
유아교육법	유아	만 3세부터 초등학교 취학 전까지의 어린이
실종아동 등의 보호 및 지원에 관한 법률	실종아동	실종 당시 18세 미만의 자
근로기준법	연소자	15세 미만의 자(초중등교육법)에 따른 중학교에 재학 중인 18세 미만인 자를 포함.)
청소년 기본법	청소년	9세 이상 24세 이하인 자
청소년 보호법	청소년	19세 미만의 자
소년법	소년	20세 미만의 자
형법	형사미성년자	14세가 되지 아니한 자
민법	미성년자	20세 미만의 자(남: 18세, 여: 16세)

* 한부모가족지원법(법률 제 13216호)에서는 취학 중인 경우에는 22세 미만을 말하되, 병역법에 따른 병역의무를 이행하고 취학 중인 경우에는 병역의무를 이행한 기간을 가산한 연령 미만을 말함.
출처: 국가법령정보센터 법률 '아동'용어 재구성.

인간의 발달은 태내기, 영아기, 유아기, 학령기(아동기), 청소년기, 청년기, 성인가, 노년기로 구분한다. 본장에서는 아동권리와 복지의 실천대상은 아동복지법에 따라 0세 18세까지로 정하고자 한다. 아동은 가족이라는 작은 사회적 형태 속에서 가족의 변화에 현실적으로 대응하면서 성장한다. 아동은 태내기, 영아기, 유아기, 아동기의 발달적 특성을 지닌다.

태내기에서는 모체에서 2주 동안 난체기를 지나 배아기의 2달, 약 8주의 시간이 흐르면 사람의 형태를 갖추면서 배아기를 벗어나 태아기로 접어들게 된다. 8주 이후는 신체의 기관과 소화기관, 근육, 중추신경, 뇌 발달 등 10개월 동안 서서히 균형 잡힌 사람의 형태로 성장하게 된다. 이후 출생 후를 영아기라 부른다.

영아기는 출생 후 모든 신체적 성장이 발달의 기초가 되며, 연령이 증가함에 따라 섬세한 발달이 이루어지며, 보행이 어려워 양육자에 의존한다. 영아기에는 고개 들기, 가슴 들기, 뒤집기, 기기, 앉기, 서기, 걷기 등 일정한 발달의 순서를 거쳐 성장한다. 또한, 주변환경의 자극에 따라 사물에 대한 인지와 정보, 지식도 함께 발달한다.

유아기는 신체의 외형적 발달뿐만 아니라 사회적 기능, 정성적 기능 발달도 함께 성장한다. 유아의 신체발달은 개인차가 있으나, 영양적으로 충분한 제공과 양육은 유아기의 성장에 지대한 영향을 미친다. 또한, 언어적, 정서적, 사회적, 신체적 발달이 급속도록 발달한다. 유아기는 자기중심적인 사고에서 자율적이고 타인에 대한 인식을 할 수 있는 도덕성까지도 발달된다.

만 3~5세의 유아들은 자기 스스로 할 수 있는 활동이 많아지며, 스스로 자신을 통제할 수도 있다.

아동기(학령기, 청소년기)는 유아기보다 성장의 속도는 느리다. 하지만 매우 섬세해지고 신체기관의 정교하게 발달한다. 이 시기는 유치가 빠지고 영구치가 자라며, 아동기는 정서적 형태의 심리적 변화가 시작되는 시기이기도 하다. 그로 인하여 감정에 대한 표현도 다양해지며, 정교해진다. 또한, 또래집단에 대한 의존성이 높아지는 시기이기도 하다.

아동은 각각의 발달단계의 특성을 고려한 기제인 기초성, 적기성, 누적성, 불가역성의 특징은 서로 밀접하게 관련이 있다. 세 살 버릇 여든 간다는 의미를 함축하고 있는 기초성은 인간의 성장발달에 필요한 요소들이 모두 영유아의 시기에 형성될 만큼 중요성을 지니고 있음을 의미한다. 이 시기에 적정한 양질의 영양과 보호는 아동의 기본적 신체발달을 돕는다. 만약 이 시기에 기초적 보호와 양육이 제공되지 못하면, 아동은 신체적 발달의 지체와 영양의 불균형을 초래하게 된다.

누적성은 이러한 기초성을 토대로 한 다음 발달단계에 결핍 없이 지속성을 갖고 성장과 발달을 한다는 것을 의미한다. 영유아기에 형성되는 애착이 그 대표적이 예이다. 안정애착이 형성된 아동은 긍정적 자아개념을 형성하고 일상생활을 잘 생활하는 반면, 불안전애착을 형성한 아동들은 성장기 이후에도 안정적 애착을 형성하지 못하면 가족, 사회에 대한 불신과 비행, 및 불안정한 청소년시기를 보낼 확률이 높을 수 있다.

적기성은 인간의 발달은 그 적절한 시기가 있음을 의미한다. 마지막으로 불가역성은 적정한 시기에 적절한 자극과 반응이 없으면 그 다음의 발달단계에서도 자극에 의해서도 획득이 어렵다는 것을 의미한다. 예를 들면, 영양부족으로 결핍되게 되면 그 다음 단계에서 이를 회복하기가 어렵다는 것을 의미한다.

2) 아동의 권리와 복지의 실천의 의의

우리나라의 가족유형은 대가족에서 핵가족화, 다문화가족, 새터민가족, 최근 많은 증가율을 보이는 1인 가족 등 새로운 가족유형의 생성과 증가는 급변화 하는 사회를 간접적으로 보여준다. 핵가족은 전체 인구의 많은 부분을 차지하지만, 전체 인구의 41%에 달하는 가구가 1인 가족이기 때문이다. 핵가족화의 가족형태라 할지라도 그 구성비에 차이는 있다. 이러한 가족의 변화는 사회적 변화인 도시화, 정보화, 산업화 등의 사회적 구조의 대변화와 맞물려 있다. 또한, 인간의 심리정서적인 가치관의 변화에 따른 기준이 다양해지고 개인의 권리와 인권의 중요성이 강조되면서 가치관에 대한 사고의 변화라 판단된다.

이러한 사회의 기능요소인 가족의 변화는 사회적, 가치관의 변화, 가족구성의 다양성이 존중되고 개인의 욕구가 높아짐에 따른 결과라 할 수 있다.

탈산업화가 되면서 아동의 양육에 대한 변화도 함께 시작되었다. 전통의 자녀양육이 가정 내 부모와 가족에 의해 유지되었다면 현대에는 가족의 기능의 외부화 현상, 가족의 해체 등의 사회 보호기능이 다양해지고 있다.

가족이 해체되거나 정서적, 경제적, 사회적 어려움으로 양육을 책임지기 어려울 경우는 부모와 가족을 도와 영유아가 정상적으로 성장 발달할 수 있도록 돕는 외부로부터 사회적 국가적 노력이 필요하게 되었다(고인숙 외, 2016). 특히, 여성의 사회적 진출의 확대는 자녀양육이란 절대적 가족의 기능의 변화라 할 수 있다. 그 결과, 외부화의 보육의 요구가 다양해지고 보호가 필요한 교육의 요구는 피할 수 없는 사회적 과제가 되었다.

아동보육은 가정복지 증진의 기여와, 민주시민으로 아동을 육성하는 것을 목적으로 둔다. 즉, 질 높은 아동보육의 복지는 여성의 사회참여를 증진하고, 가족의 사회적 기능을 안정화하고, 삶에 질과 생활보장 및 안전보장을 위한 것으로 수요자, 즉 복지대상자 중심의 복지서비스로 아동의 바른 양육과 보호, 교육이 이루어져야 할 것이다.

보건복지부(2015c) 아동의 삶과 미래를 바꾸는 제1차 아동정책 기본계획(15~19)에 따르면 아동이 바라는 것을 <표 5-2>와 같이 제시하였다.

〈표 5-2〉 **아동의 삶과 미래를 바꾸는 기대점(아동이 바라는 것)**

영역	아동의 삶과 미래를 바꾸는 기대점(우리나라 아동이 바라는 것)
교육	• 사교육에 의존하지 않도록 시험과 평가를 없애고, 적성에 맞는 교육을 받을 수 있는 학교 분위기 조성 • 체험활동 중심의 창의적인 교육기회 제공 • 학원보다는 좋은 친구를 사귀고 친구들과 보낼 수 있는 시간을 많이 확보
학교폭력	• 어른 중심의 예방대책이 아닌 아이들이 바라는 대책(친구와 함께 할 수 있는 놀이 개발, 폭력 가해자를 따끔히 혼내는 것)을 더 고민
인권	• 아동인권은 스스로 지킬 수 있도록 법 제정, 선거권 또는 법제정 시 참여권 부여 • 아동인권보호법을 만들어 이를 위반하는 사람을 처벌 • 아동인권의 날 같은 행사를 자주 개최
인권	• 이해하기 어려운 법을 게임, 만화 동영상 등으로 쉽게 제작 • 부모님, 교사 등으로부터 사생활보호(휴대폰 검사, 일기 검사 등)
기타	• 장애아동에 대한 차별과 편견 극복을 위한 캠페인, 인식 개선교육 • 학교폭력과 차별, 왕따를 없애기 위해서 친구 간 칭찬 많이 해주기(칭찬프로젝트) • 기아체험 등을 통한 기아구호활동에 참여하여 봉사활동시간 인정

무엇보다도 중요한 것은 아동은 적절한 보호, 사랑, 교육, 안정을 통해 성장할 수 있으며, 이러한 환경을 제공하는 것은 부모를 비롯한 보호자이다(문선화, 구

차순·박미정·김현옥, 2013)

2. 아동권리와 복지 실천 및 방법

1) 아동권리의 의식 강화와 실천

(1) 아동권리의 인식문제

아동권리에 대한 국제적 협약의 흐름

아동권리선언	1922년 최초의 성문화
아동권리에 관한 제네바 선언	1924년 9월 26일 국제연맹에서 전문과 5개 조로된 선언문 채택
유엔 아동권리선언	1959년 11월 20일 국제연합은 아동의 최선의 이익을 보장하기 위해 채택
세계아동의 해	1979년 유엔이 지정
아동권리에 관한 국제협약	• 1989년 유엔총회에서 만장일치로 채택 • 아동의 생존, 보호, 발달을 포함한 아동의 최선의 이익이 우선적으로 고려되고 아동의 적극적인 관리가 가장 두드러지게 나타난 협약 • 전문 및 54개 조로 구성 • 1990년 9월 2일 세계 20개국 이상의 비준을 받아 국제법의 효력을 갖게 됨 • 1990년 9월 25일 우리나라도 협약에 서명

아동권리는 아동에 의해 아동을 위해 요구되는 것으로 일상생활의 안전, 건강관리 서비스, 보육과 교육에 대한 기본적인 인간권리를 포함할 뿐 아니라 투표권, 노동권, 재산권까지도 포함하고 있다.

현재 가족형태의 변화로 가정 기능이 약화되었으며, 학습부진에 대한 교육소외, 급변하는 산업화와 세계화로 계층 간 빈부격차 심화 등으로 기본적인 권리를 확보하는 데 어려움이 따른다. 결과적으로 취약계층의 어려움인 빈곤아동은 빈곤, 교육기회 상실, 질병 등에 노출되어 있다. 다양하고 급변화하는 사회환경 속에서 아동들은 보호를 받고 사회·정서적으로 건전하고 건강하게 성장할 수 있도록 사회와 국가가 보호해야 한다. 즉, 아동의 권리와 복지는 모든 아동을 대상으로 하며, 아동의 권리가 보호받고 인간답고 행복하게 삶을 영위할 수 있도록 아동복지의 전반적인 정책, 이념, 복지서비스 등을 포함하는 것이다.

아동권리의 보장은 우리나라의 지속적인 미래성장을 위한 투자임에는 분명하다. 무엇보다도 아동권리는 협약에 따르는 권리보장을 위한 법률적, 제도적, 사회의 개념에 뒤따르기 위한 것이 아니라, 아동은 보호의 대상인 동시에 독립체로서의 인격을 가진 권리자임을 인식하는 것에 의의가 있다.

2) 예방적, 보편적 아동복지정책의 강화

보편적 아동복지정책은 기본적 복지서비스가 충족되기 위하여 사회적 욕구(Social Needs), 사회 문제(Social Problems), 사회적 위험(Social Risks)에 대처하기 위한 제도적인 정책적 접근은 아동의 권리와 복지를 증진하기 위한 실천적 접근의 한 가지 방법으로 자리 매김을 할 수 있어야 한다.

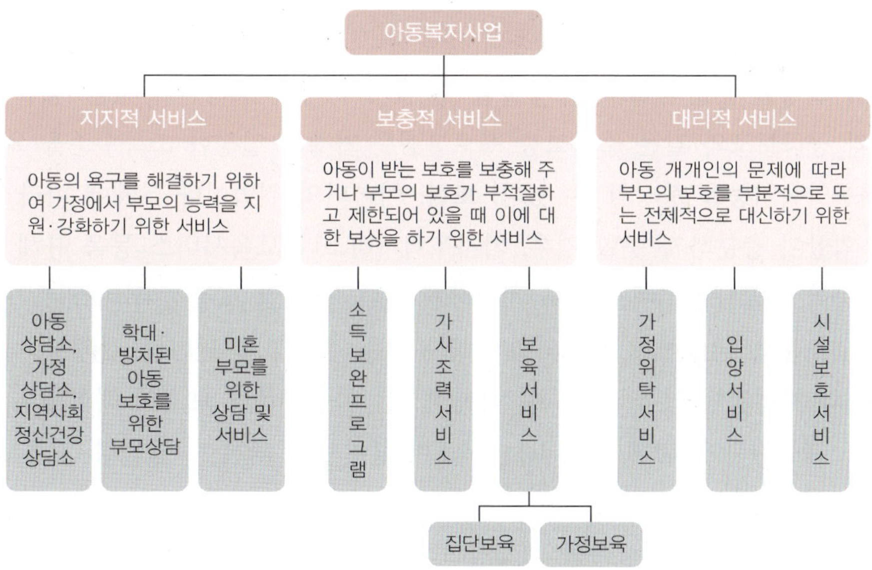

출처: 카투신(1974). 아동복지서비의 분류.

[그림 5-1] **카투신의 아동복지서비스의 분류**

카투신(kadushin, 1974)은 가족기능에 따라 아동복지서비스의 유형을 지지적 서비스, 보충적 서비스, 대리적 서비스로 구분하였으며, 이것을 3S 모델이라고 지칭하였다.

첫째, 지지적 서비스는 아동의 욕구를 해결하기 위하여 가정에서 부모의 능력을 지원 강화하기 위한 서비스로 예로 아동상담소, 가정 상담소, 지역사회 정신건강 상담소등이 있으며, 학대, 방치된 아동보호를 위한 부모상당, 미혼부모를 위한 상담 및 서비스가 있다. 또한, 지지적 서비스는 스트레스나 위기에 처한 가족 및 아동뿐만 아니라 일반가정의 아동을 대상으로 건강한 가족기능유지, 향상을 위한 서비스도 포함하고 있다.

또한, 지지적 서비스는 이미 자녀와 부모로서 가정을 이룬 경우만 대상으로 하는 것이 아니라 미혼 남녀에게 미리 부모교육서비스를 행하여 근본적인 아동복지사업을 하는 것도 포함된다(이은화·이경우·유희정·문미목·조한숙, 2011).

둘째, 보충적 서비스는 아동이 받는 보호를 보충해 주거나 부모의 보호가 부적절하고 제한되어 있을 때 이에 대한 보상을 하기 위한 서비스로 보육서비스(집단보육, 가정보육), 가사 조력서비스, 소득 보안프로그램 등이 있다.

가정의 충분한 경제소득은 아동의 양육과 보호에 중요한 역할을 담당하는데, 부모가 일정한 수준의 소득을 창출할 수 없거나 가족 소득원이 없을 경우 사회보험과 공공보조와 같은 소득보충 프로그램은 가정의 일정한 소득수준을 유지하여 아동양육기능을 향상할 수 있다. 또한, 어머니의 취업이나 부재에 따라 어머니의 역할이 충분하지 못할 경우, 가사조력서비스나 보육서비스 등을 통해 가정의 기능이 원활하게 수행되도록 지원하게 된다. 이처럼 보충적 서비스는 가족체계의 일부분을 담당하여 부모역할의 일부분을 수행하게 된다는 점에서 지지적 서비스와 차이점이 있다. 즉, 보충적 서비스는 아동양육과 보호의 책임을 부모와 서비스 제공기관이 함께 수행하는 구조이다(이재연·박은미·황옥경·김형모·이은주·강현아, 2015).

셋째, 대리적 서비스는 아동 개개인의 문제에 따라 부모의 보호를 부분적으로 또는 전체적으로 대신하기 위한 서비스이다. 가정위탁서비스, 입양서비스, 시설보호서비스로 구분된다.

넓은 의미의 아동복지와 예방적 아동복지를 위해서는 현재 시설위주의 아동복지 서비스에서 사회의 변동추이에 따라 재가복지서비스 중심으로, 나아가서는 시설의 사회화 및 지역사회 보호중심으로 나가야 한다(박희숙 외, 2014). 우리나라의 『아동복지법』에서 아동복지는 '아동이 행복한 삶은 누릴 수 있는 기본적인 여건을 조성하고 조화롭게 성장, 발달할 수 있도록 하기 위한 경제적, 사회적 정서적 지원을 말한다'라고 정의 되어 있다. 즉, 아동들이 행복한 삶을 누리기 위한 예방적 차원의 복지가 현재의 아동복지의 변화이며, 보편적 아동복지로 다양성이 존중되고, 아동권리와 복지가 보장되도록 정책적 확대와 강화가 요구된다.

3) 보육서비스의 획기적 확대

보건복지부(2013)은 국가의 보육지원대상 확대에 집중하여 보육을 위한 2013년에 제2차 중장기 보육계획('13~'17)을 발표하였다. 아이는 행복하고 부모는 안심할 수 있는 세상을 비전으로 하여 아이의 건강한 성장, 발달, 국가 책인 실현, 참여와 신뢰증진을 3대 전략으로 6대 추진과제로 첫째, 부모의 보육, 양육부담 경감, 둘째, 수요자 맞춤형 보육·양육지원, 셋째, 보육의 공공성 확대와 품질관리 강화 넷째, 양질의 안심보육여건 조성, 다섯째, 신뢰가 있고 투명한 보육생태계 구축, 여섯째, 보육서비스 재정 및 전달체계 개선을 6대 추진과제로 제시하였다. 보건복지부(2013)의 제2차 중장기 보육기본계획은 [그림 5-2]와 같다.

〈비전〉

아이는 행복하고 부모는 안심할 수 있는 세상

〈3대 정부의 보육정책 전략 마련〉

- 모든 영유아의 건강한 성장발달을 위한 최적의 맞춤형 보육·양육정책 추진
- 국가책임제 실현
- 참여와 신뢰의 보육생태계 조성

〈6대 추진과제 및 세부내용〉

1. 부모의 보육·양육부담 경감
   - 0~5세 보육료·양육수당 전 계층 지원
   - 보육료 지원단가 적정화 및 부모 추가비용 단계적 축소

〈6대 추진 과제 및 세부 내용〉
2. 수요자 맞춤형 보육·양육 지원
• 아동과 가족 특성별 맞춤형 지원(육아종합지원센터 전국 확충 등) • 장애아·다문화아동 맞춤형 지원
3. 공공성 확대와 품질관리 강화
• 국공립어린이집 확충 및 직장어린이집 설치 확대 등 • 서비스 질 관리 강화 및 진입·퇴출 등 연계
4. 양질의 안심보육 여건 조성
• 보육인력의 역량 지원 강화 및 처우 개선 • 영유아의 발달에 적합한 질 높은 보육프로그램 제공 • 아이가 안전한 보육환경 기반 마련(아동학대 근절 등)
5. 신뢰가 있고 투명한 보육생태계 구축
• 참여·정보공개·신뢰 등 민관 협력 기반 조성 • 효율적·체계적인 보육 3.0 관리시스템 구축(지도 · 점검 통합관리시스템 마련 및 보육 빅데이터에 기반한 맞춤형 정책 수립, 상시 모니터링 강화 등)
6. 보육서비스 재정 및 전달체계 개선
• 체감도 높은 보육 · 양육지원 전달체계 강화 • 국고보조율 인상 및 '15년부터 보육료 전액 지방교육재정교부금으로 이관 • 바람직한 한국형 유아교육-보육 통합추진방안 검토

출처: 보건복지부(2013). 제2차 중장기 보육기본계획.

[그림 5-2] 중장기 보육기본계획

2014년 엄문영 외의 교육복지 투자실태 및 효율과 방안연구에 따르면, 교육복지의 종합계획으로 국민 기초교육수준의 보장과 교육부적응 해소, 교육여건 불평등 해소, 복지친화적 교육환경 조성으로 내용으로 구체적인 내용은 다음과 같다.

첫째, 국민기초 교육수준 보장의 주요내용으로는 특수교육 강화, 유아교육의 기회 확대, 저소득층 교육비 지원, 저학력 성인의 교육기회 확충, 장애인 및 저소득층의 고등교육기회 확대, 외국인 근로자 자녀 교육기회 확대이다.

둘째, 교육부적응 해소로는 학업 중단자 예방 및 대책, 귀국학생 교육지원, 북한 이탈청소년대책이 있다.

셋째, 교육여건 불평등해소로는 교육복지 투자우선지역 지원사업 개선 및 확대, 농어촌지역 교육여건 개선, 저소득층 정보화 격차 해소, e-러닝을 통한 보충학습 기회 제공, e-러닝 지원시스템 구축, 방과후 교육활동 활성화이다.

넷째, 복지친화적 교육환경 조성으로는 밝고 건강한 학교 만들기, 학생건강증진, 안전하고 건강한 교육환경 조성이다.

위의 교육복지 종합계획은 2004~2008년까지 교육복지의 환경을 구축하기 위한 정책으로, 2003~2009까지 정책들이 양적 팽창의 시기였다. 이 계획은 2010년 교육복지 투자우선지역 지원사업이라는 명칭에서 2011년 교육복지 우선지원으로 명칭이 변경되었으며, 이 사업은 교육인적자원부(2005)에 따르면 저소득층 영유아 및 학생의 교육문화적 결손예방과 치유를 통한 학력증진, 이들의 건강한 신체 및 정서발달과 다양한 문화적 욕구 충족, 교육, 문화, 복지수준 제고를 위한 가정–학교–지역사회 차원의 지원망 구축을 목표로 한다.

이후 2015년 우리나라는 보육서비스의 획기적 제도로 제1차 아동정책 기본계획('15~'19)을 수립 발표하였다. 이는 감소하는 아동의 인구, 다양한 가족의 형태 변화, 사회보호 서비스가 필요한 아동의 증가 등의 원인을 해소하기 위한 정책으로 아동의 행복증진과 아동 최우선의 원칙 실현 기반 조성을 위해 미래를 준비하는 삶, 건강한 삶, 안전한 삶, 함께하는 삶을 추진영역으로 삼고, 아동의 권리 실현 기반 조성, 가정의 양육역량 강화, 아동 친화적 지역사회 조성, 민간과 협력 강화, 아동정책 지원인프라 강화의 실행 기반 마련을 주요내용으로 다루고 있다. 2015년 관계부처통합의 제1차 아동정책 기본계획에 따르면 <표 5-3>과 같다.

〈표 5-3〉 **아동관련 종합대책 현황**

분야		주요대책
종합계획	아동	• UN 아동권리협약 국가보고서 • 청소년육성기본계획(청소년기본법) • 건강가정기본계획(건강가정기본법)
	일반	• 사회보장기본계획(사회보장기본법) • 저출산 고령사회 기본계획(저출산고령사회기본법)
보육, 교육	아동	• 보육종합대책(영유아보육법) • 유아교육발전기본계획(유아교육법) • 인성교육종합계획(인성교육진흥법) • 학교체육활성화 추진계획(학교체육진흥법) • 학교폭력예방 및 대책 기본계획(학교폭력예방대책법)

분야		주요대책
문화	일반	• 문화예술교종합계획(문화예술교육지원법) • 독서문화진흥기본계획(독서문화진흥법) • 산림교육기본계획(산림교육의 활성화에 관한 법률)
건강 식품	아동	• 어린이식생활안전관리종합계획(어린이식생활안전관리특별법) • 학생건강증진기본계획(학교보건법, 학교급식법)
	일반	• 국민건강증진종합계획(국민건강증진법) • 건강검진종합계획(건강검진기본법) • 결핵관리종합계획(결핵예방방법) • 자살예방기본계획(자살예방 및 생명 존중법) • 식품안전종합대책(국민영양관리법) • 식생활교육기본계획(식생활교육지원법)
안전	아동	• 어린이안전종합대책(재난 및 안전관리기본법) • 어린이환경보건종합계획(환경보건법) • 아동학대예방 및 피해아동조기발견, 보호 종합대책(아동복지법) • 어린이제품안전기본계획(어린이제품안전 특별법) • 청소년보호종합대책(청소년보호법) • 학교안전사고예방계획(학교안전사고 예방 및 보상에 관한 법률) • 어린이통학차량안전강화종합대책(재난 및 안전관리기본법)
안전	일반	• 국가안전관리기본계획(재난 및 안전관리기본법) • 교통안전기본계획(교통안전법)
권리	아동	학교 밖 청소년 지원계획(학교 밖 청소년 지원에 관한 법률)
	일반	• 외국인정책기본계획(재한외국인처우기본법) • 국기인원정책기본계획(국가인권위원회법)

출처: 관계부처통합(2015). 제1차 아동정책 기본계획. p.16.

우리나라는 다양한 보육서비스로 가정과 양육지원 복지를 제공하고 있으며, 2017년 현재 보육지원 복지서비스는 <표 5-4>와 같다.

〈표 5-4〉 **보육지원 복지서비스**

보육지원 복지서비스	내용
가정 양육수당 지원	• 개념: 유아교육기관을 이용하지 않는 영유아를 대상으로 부모의 양육부담 경감을 위한 제도임. • 지원: 소득수준에 무관, 취학 전 만 84개월 미만의 영유아 • 차등지원: 영유아의 월령, 거주지역, 장애여부
만 0~5세 보육료 지원서비스	• 개념: 어린이집을 이용하는 영유아를 대상으로 부모의 양육부담 경감을 위한 제도임. • 지원: 12시간 종일지원보육 7시간 맞춤형지원보육

보육지원 복지서비스	내용
만 0~5세 보육료 지원서비스	– 종일제보육: 장애아 가족, 한부모, 조부모, 다문화, 저소득층, 입원 간병의 사유 등에 한에서 제공받음. – 맞춤형보육: 긴급보육바우처를 사용할 수 있는 월 15시간 이내 추가 보육서비스가 있음.
유아학비 지원서비스	• 개념: 만 3~5세 모든 유아들을 대상으로 기본교육과정과 방과후과정에 필요한 일정비용을 지원받을 수 있다. • 지원: 바우처 방식으로 지원받음.
방과후 보육료 지원	• 개념: 방과후보육료를 지원하여 양육부담을 줄이기 위한 사회적 제도임. • 대상: 차상위 이하의 빈곤가정아동, 장애아동을 지원
시간 연장형 보육료 지원	• 개념: 만 5세 이하, 영유아, 만 12세 이하의 다문화보육료 및 장애아보육료를 지원받는 아동이나 법정 저소득층 가정의 자녀가 어린이집 운영시간을 초과하여 이용하는 제도. • 지원: 운영기준시간: 7:30~19:30을 초과하여 매월 60시간까지 보육료를 지원받음. – 야간으로 지정된 어린이집을 이용시 야간보육료 지원받음. – 24시간으로 지정된 어린이집을 이용시 이용시간 내에서 보육료지원 받음.
초등 돌봄 교실 운영 (맞벌이가정, 저소득 가정, 한부모 가정)	• 개념: 저소득, 맞벌이 가정, 한부모 가정을 위한 제도로 초등학생 방과후에도 자녀를 안심하고 보호할 수 있도록 각 지역 초등학교에 설치되어 있음. • 초등 1~2학년 대상: 오후 돌봄 프로그램
초등 돌봄 교실 운영 (맞벌이가정, 저소득 가정, 한부모 가정)	• 초등 3~4학년 대상: 연계형 프로그램 • 저녁 돌봄
교육복지 우선지원사업	• 개념: 취약계층에게 우선적으로 지원되는 교육사업임. • 취약계층이 밀집한 지역우선운영: 학습지원, 문화체험, 심리정서, 보육, 복지 등 지원
긴급복지 교육지원	• 개념: 가정의 경제적 위기상황에 처한 경우 긴급복지교육지원하는 제도임. • 초·중·고등학교 학생의 교육비, 입학금, 학교운영 지원비, 학용품비 등을 지원하는 복지서비스 • 소득기준이, 재산기준, 금융재산 기준상 경제적 상황에 위기상황에 처한 가정에 현금 및 현물 지급.

4. 토론 및 워크숍

Group Discussion

성명: ____________

○ TOPIC:

– …

– …

– …

– …

– …

– …

– …

– …

출처: http://www.unicef.or.kr/education/한국유니세프.

MOVIE

성명: ____________

- Title: ______________________________
- Keywords: ______________________________
- Impression: ______________________________

Keywords

성명: ____________

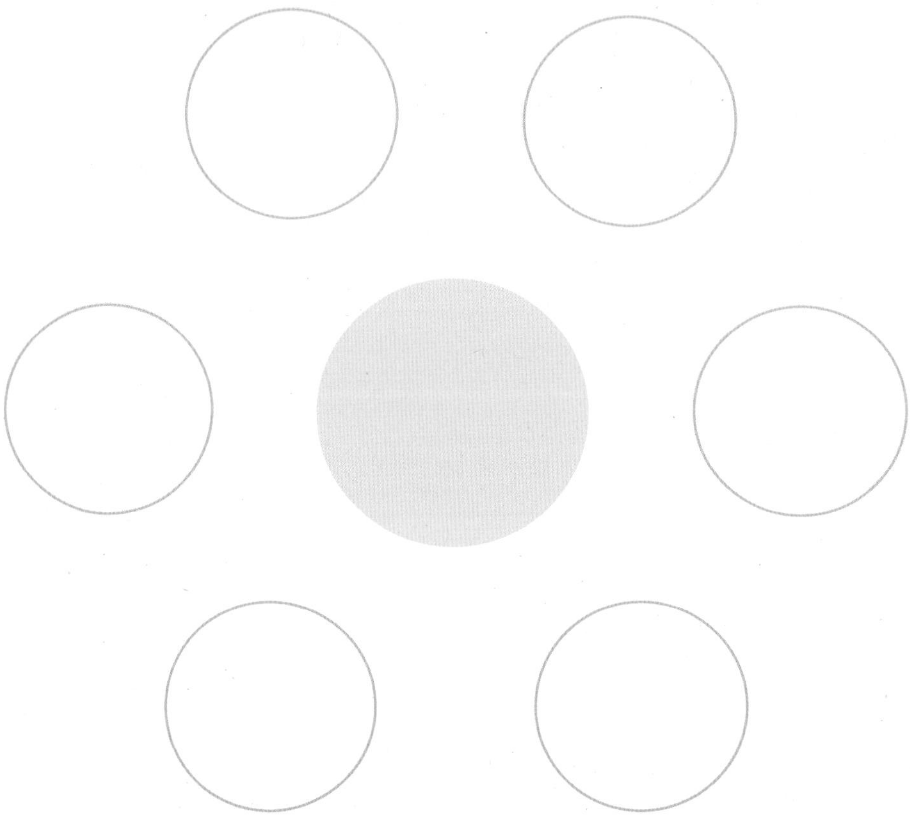

제6장

아동보육에서의 권리와 복지

1. 보육아동의 개념 및 목적
2. 보육사업 발달 및 보육유형
3. 보육사업의 현황
4. 보육사업의 문제점 및 과제
5. 토론 및 워크숍

〈학습목표〉

① 어린이집과 유치원의 두 유아교육기관의 특징과 차이점을 살펴보아요.

② 우리나라 보육사업의 변천에 따른 발전과 변화의 특징을 설명할 수 있어요.

③ 보육사업의 문제점과 과제에 대해 알고, 개선방안을 생각해 볼 수 있어요.

1. 보육아동의 개념 및 목적

1) 보육아동의 개념

보육의 개념은 시대적 요구에 따라 보육·복지에 대한 욕구가 변화하며 독립된 인격체로서 보육에 대한 권리를 갖는다. '아동권리협약'에 의한 무차별 원칙에 의해 아동은 출발점에서 형평성을 이루기 위해 자신 또는 부모의 성별, 연령, 종교, 사회적 출신, 재산, 태어난 곳 등 어떠한 종류의 차별도 받지 않고 양육 받을 권리가 있다는 관점에서 출발해야 시작 한다(변미순, 2010 재인용). 보육은 이러한 차원에서 중요한 의의가 있고, 보육을 아동 차원, 부모·가족 차원, 사회·국가적 차원의 보육 세 가지로 분류하여 설명할 수 있다(심은주, 2011).

(1) 아동차원의 보육

우리나라 영유아보육법 제3조 보육이념에 따라 "보육은 영유아의 이익을 최우선으로 고려하여 제공되어야 한다. 보육은 영유아가 안전하고 쾌적한 환경에서 건강하게 성장할 수 있도록 하여야 한다. 영·유아는 자신이나 보호자의 성, 연령, 종교, 사회적 신분, 재산, 장애, 인종 및 출생지역 등에 따른 어떠한 종류의 차별도 받지 아니하고 보육되어야 한다."는 이념에서 아동차원의 보육은 중요하다. 1991년 체결한 UN아동권리협약[1])에서도 아동차원의 보육의 중요성을 강조하고 있다(신갑숙, 2015).

1991년 '영유아보육법'은 아동보육의 책임은 1차적으로 부모와 그 가족들에게 있었으나, 2016년 '영유아보육법'은 보육사업의 대상을 모든 사회계층으로 확대하면서 사회와 국가가 공동으로 부담하여야 한다는 인식이 확산하고 있다. 더불어 보육의 1차적 기능은 아동의 보호에 있으며, 이에 아동의 발달특성을 고려하여 교육을 강화한 포괄적 개념으로 접근하여야 한다. 과거에는 집단시설에서 양육되는 경험이 영유아에게 부정적인 영향을 줄 수 있다는 측면에서 주로 저소득

1) UN아동권리협약(1991) "생존의 권리, 보호의 권리, 참여의 권리, 발달의 권리를 볼 수 있는데 이 중 발달의 권리로 잠재능력을 최대한 발휘하는 데 필요한 권리, 교육받을 권리, 여가를 즐길 권리, 문화생활을 하고 정보를 얻을 권리, 생각과 양심과 종교의 자유를 누릴 수 있는 권리"

가정의 맞벌이가정 아동이 주 대상이었다. 그러나 최근에는 많은 연구가 집단 어린이집에서의 경험이 반드시 부정적인 영향을 주는 것이 아니라는 연구결과(Clarke-Stawart, 1982)들이 나타나면서 취업을 하고 있지 않더라도 어머니 자신의 자아실현 및 고학력화에 따른 사회참여가 늘어나게 되었다. 따라서 중·상류계층 아동도 자녀의 양육에 대한 사회적 지원이 필요하게 됨에 따라 아동이 보육시설에 다니게 되면서 전 사회계층으로 확대되고 있다. 부모가 아동을 돌보지 못하는 동안 어린이집에서 아동은 신체적, 정신적, 정서적, 생리적 욕구를 충족받으면서 적절한 보호와 교육을 받는다. 보육은 양질의 보육서비스이어야 하며, 아동의 권리와 아동의 행복추구권을 보장해 주는 보편적 서비스이어야 하며, 미성숙한 어린이의 기본권을 보장한다는 측면에서 접근해 가야 한다.

(2) 부모·가족 차원의 보육

보육욕구의 증대는 기혼여성의 취업률 증가와 가장 깊은 연관성을 갖는다. 주양육자인 여성의 노동시장 참여와 사회참여 욕구의 증대로 주변가족으로부터 양육 지원을 받을 수 있었으나, 최근에는 핵가족화로 이런 도움을 기대하기 어려워지면서 사회의 공적분야로서 필수적인 전제조건이 되었다. 더불어, 저출산에 따른 아동 수 감소에도 여성경제활동 증가로 인해 보육에 대한 수요는 늘어나고 있다. 특히, 양질의 보육과 다양한 형태의 보육서비스를 받고 싶어 하는 부모들의 욕구는 증가하고 있다. 학동기 아동도 종전에는 방과후 귀가하면 부모나 가족들이 맞아주고 생리적 욕구 충족을 위한 식사, 간식, 안전에 대한 여러 가지를 제공받았다. 그러나 핵가족화로 주변의 도움을 받을 수 없게 되면서 방과후 보육을 받는 학동기 아동이 발생하면서 방치의 가능성이 높아지자 사회적인 보호대책이 필요하게 되었다(이옥, 1993). 보육문제의 해결은 한 가정에서 여성이 편안하게 직장생활에 종사할 수 있는 뒷받침이 되고, 나아가 가정의 경제와 가족의 복지를 향상하는 결과를 가져오게 된다. 더불어, 빈곤가정의경우는 보육사업을 통해 빈곤가족의 여성이 노동시장에 참여하게 함으로써 간접적인 소득지원의 영향을 줄 수 있게 된다.

(3) 사회·국가적 차원의 보육

사회, 국가적 차원의 보육은 사회의 공적차원에서 해결하려 하는 것으로서 사회전체의 이익과 연관이 있는 의미에서 보육의 공공성을 뜻한다. 보육은 현대사회에서 인간이 직면하는 다양한 사회문제에 대한 대책의 기능을 하게 된다. 사회문제가 상대적으로 집약되어 있는 빈곤지역의 아동과 부모들에게 더 많은 문제를 가지고 있으므로 보육서비스를 제공하여 아동을 돌보고 바람직한 방향으로 지도한다는 것은 사회문제를 미리 방지하는 효과를 가져온다. 또한, 예전에는 취업 중인 기혼여성이 임신과 출산을 하게 되면 자진해서 퇴직하거나, 퇴직을 종용당해서 취업을 중단하였다. 그러나 최근 들어서는 취업을 계속 유지하기를 원한다. 한 사회의 지속적인 발전은 그 사회를 이끌어갈 인재를 지속적으로 키워내는 일이라고 본다면 보육은 그런 의미에서도 매우 중요한 일이다. 보육은 여성인구의 효과적인 활용을 위한다는 차원에서도 매우 중요하다. 오늘날 주 양육자인 어머니인 여성의 사회참여를 기정사실로 받아들이고 있으며, 여성의 자아실현 및 가정경제의 향상을 위해서 계속 취업하고자 하는 강한 의사를 가지고 취업을 중단하려고 하지 않고 있어서 이러한 차원에서도 반드시 요구되는 사항이다. 그러나 여성인력을 효과적으로 사용하는 데 필요한 전제조건은 육아의 문제를 사회적으로 해결하는 조건이 실현되어야 가능하기 때문에 경제발전이라는 차원에서도 보육의 공공성은 중요하다(김연진 외, 2010).

또한, 2012년 보육실태조사에 의하면 2005년 이후 우리나라 합계출산율은 세계 최하위에 머물러 있다. 이에 저출산 고령화 문제와 여성 경제활동의 유지도 이러한 현상이 일어나게 하였다. 더 나아가, 계층 간 아동의 보육·교육격차는 빈곤의 대물림 우려를 낳고 있으며, 국제결혼 증가로 인한 다문화가족 증가, 가족해체 및 장애아동 증가 등 관심을 쏟아야 할 취약계층의 지속적인 증가로 우리나라 보육사업은 아직도 해결해야 할 많은 과제를 안고 있다(신갑숙, 2015). 따라서 국가차원에서 보육재정의 재원을 확대하여 자녀 양육부담을 완화하고, 저출산 극복의 전환점으로 삼을 필요가 있다.

2) 아동보육의 목적

(1) 발달대상에 따른 아동보육

① 영아보육

만 0~2세 미만의 영아를 대상으로 이루어지는 보육으로 어느 시기보다도 세심한 배려와 보호로 보육되어져야 할 대상이다. 영아를 대상으로 이루지는 보육은 영아만 전담하는 영아전담 어린이집과 어린이집 내에 영아반을 두어 운영하는 어린이집으로 구분할 수 있다. 최근 기혼여성의 취업이 증가하면서 영아의 경우 가족이나 친·인척에게 양육을 맡겼으나, 영아를 돌보아 줄 수 없는 가족과 영아 보육의 전문성 등 사회적 요구로 영아보육에 대한 수요가 늘고 있다. 따라서 지리적 편의성과 높은 신뢰도를 가질 수 있는 질 좋은 서비스를 제공하는 영아전담 어린이집의 확충이 요구된다.

② 유아보육

3~5세의 취학 전 아동을 대상으로 한다. 가장 보편적인 형태로 실제적인 교수 활동뿐만 아니라 시설의 운영에서도 유아기 아동을 중심으로 설명하고 있다. 일부 국가의 경우엔 3세 이상 유아의 보육을 전담하는 시설이 있지만, 우리나라에서는 가정 어린이집을 제외한 모든 기관어린이집은 영아반설치를 의무화하고 있어 유아전담어린이집은 법률적으로 존재하지 않는다(김연진 외, 2010). 유아기 보육은 영아기 보육보다 교육적 기능이 강조된다. 유아어린이집은 교육적 기능의 차원에서 유아교육기관과 차이가 있다. 유아보육기관과 유아교육기관을 비교해 보면 <표 6-1>과 같다.

〈표 6-1〉 유아보육기관과 유아교육기관 비교

구분	유아보육기관(어린이집)	유아교육기관(유치원)
관계법령	영유아보육법	교육발전기본법
담당행정부서	보건복지부	교육인적자원부
시설 종류	국·공립어린이집, 민간어린이집, 직장어린이집, 가정어린이집, 법인어린이집, 부모협동어린이집	공·사립 유치원
기능	보호·교육 기능	교육 기능

구분	유아보육기관(어린이집)	유아교육기관(유치원)
대상 아동의 연령	만 0~만 5세 미만 및 방과후보육의 경우 만 12세 미만	만 3~5세
시간	종일제(12시간 기준) 맞춤형 보육제 연중무휴	반일제(3시간 기존) 종일제 권장
일수	연중무휴(국경일 및 법정 공휴일, 근로자의 날 제외)	연간 180일 이상
(보육)교직원	원장, 보육교사, 영양사, 조리사, 간호사(간호조무사)	원장, 원감, 유치원 교사

출처: 이소희(2005) 재구성.

③ 방과후보육

맞벌이가정의 초등학교 아동이 방과후 제대로 양육 받지 못하고 있는 점을 고려하여 12세까지의 초등학교 저학년 아동을 대상으로 방과 전·후에 이루어지는 보육을 말한다. 방과 전·후 보육은 별도의 시설을 설치하기보다는 기존의 영유아 어린이집을 이용하여 서비스가 이루어진다. 그러나 초등학교 수업의 연장, 보충의 관점은 아니다.

(2) 건강상태에 따른 아동보육

① 장애아 전담보육

장애아동보육은 신체적·정신적 장애를 지닌 장애아만을 보육하는 형태로, 장애가 발견되는 순간부터 이루어지는 각종 보호와 교육활동을 모두 포함한다. 장애아 전담보육기관은 장애아를 위한 특수시설 및 설비와 보육교직원을 갖추고 장애아 전문 프로그램이 운영된다. 장애아동 전문 프로그램은 장애아보육 프로그램, 장애와 일반 아동을 통합한 프로그램, 곡교 어린이집 통합 프로그램 등이 있으나, 전체 어린이집 수를 고려하면 매우 미약한 수준이다. 장애아 보육은 장애아동의 입장에서 인권보장이고, 장애가족의 입장에서는 사회적 지지망의 확보이며, 사회적·국가적 입장에서는 인력의 보호와 개발측면이다(이소희, 2005). 장애보육 확대 방안에 대한 정책적 차원에서 간과할 수 없는 것은 복지 이념이다.

② 장애아 통합보육

장애아와 비장애아를 통합하여 보육서비스를 제공하는 것을 말한다. 통합보육은 장애아들에게 또래와의 사회적 접촉기회를 제공하여 사회적응을 도와준다. 비장애아들에게는 타인을 배려하고 도와주는 태도와 방법을 배울 수 있게 학습경험을 제공한다.

(3) 보육장소에 따른 아동보육

① 가정보육

시설이 아닌 가정에서 이루어지는 보육형태로 자기 집 보육과 타 가정보육으로 나누어진다. 자기 집 보육은 아동 자신의 집에서 가족이 아닌 타인으로부터 보육서비스를 받는 것을 말한다. 영국의 보모개념과 유사하며, 보호적 측면이 강조된다. 자기 집 보육은 아동이나 부모가 이동해야 하는 번거로움이 없고, 아동이 친숙한 가정환경에 머물 수 있어 정서적으로 안정이 되어 정서적으로 안정되며, 보육시간을 자유롭게 선택할 수 있고, 성인과 아동의 상호작용 기회가 보육기관보다 훨씬 많아 아동이 개별적으로 관심을 받을 수 있는 장점이 있다. 그러나 보육자가 보육자의 사정으로 일시적으로 중단되는 위험부담이 크며, 다양한 또래친구들과 상회작용의 기회가 적고, 불규칙적인 생활 가능성과 보육행동에 대한 관리와 통제가 어렵다는 단점이 있다.

타 가정보육은 아동이 보육자의 집으로 가서 보육서비스를 받는 형태로 신고제로 운영되고 있다. 한 가정당 6명 이하의 유아가 이용한다. 가정보육의 장점으로는 가정적인 분위기 때문에 환경변화가 있더라도 아동이 덜 두려워한다는 점과 아동이 혼합연령집단으로 구성되어 있어 다양한 연령층의 아동과 매우 긴밀한 접촉을 함으로써 형제 간의 경험과 유사한 경험을 할 수 있다는 점을 들 수 있다. 그러나 자기 집 보육이든 타 가정보육이든 보육에 대한 전문적 교육을 통하여 일정자격을 갖춘 보육교사가 서비스를 제공하기도 하지만, 단순육아 도우미로 보육서비스가 이루어지는 경우도 종종 있다. 따라서 보육환경 구성, 보육프로그램, 어린이집 운영 등의 서비스제공 면에서 정부의 지도·감독을 받는 인가제 어린이집보다 비구조적이고 비체계적인 부분이 있다(정정희, 2011).

② 시설보육

시설보육은 가정이 아닌 특정한 장소, 시설에서 이루어지는 보육으로 가장 보편적인 보육형태이다. 시설보육은 영유아보육법 등 관계법에 따라 설치·운영되며, 지속적인 지도·감독을 통해 일정수준 보육서비스의 질을 향상할 수 있다. 또한, 다양한 교육 자료와 교구 등을 비치되어 있어 아동발달에 적합한 교육적 환경을 제공 받는다. 이와 함께 아동발달 및 보육 전반에 대하여 전문적인 교육을 받은 보육교사가 체계적인 보육프로그램을 운영한다.

2. 보육사업의 발달 및 보육유형

1) 보육사업의 발달

(1) 영유아보육법 제정 이전

① 영유아 관련법 제정 이전시기: 1960년 이전

우리나라의 보육사업은 1921년 미국선교사가 서울에서 태화기독교사회관으로 빈민아동을 위한 탁아프로그램을 시행하면서 시작되었다. 그 이후 1926년 부산공생탁아소와 대구탁아소가 개설되었으며, 당시 총독부 내무국 사회과에서 사회사업분야의 하나로 보육서비스사업을 지도·통제하였다. 1939년에는 전국적으로 11개의 탁아소가 개설되어 435명의 아동이 보육을 받았다(서울특별시 보육정보센터 자료). 이들 시설은 주로 일본인을 중심으로 운영되었기 때문에 8·15해방과 더불어 많은 변화가 초래되었다(이정희, 2002; 변숙경, 2006; 정정희, 2011).

1945년 해방 이후 1960년까지 6.25 한국전쟁을 거치면서 정부는 사회·정치적 혼란기로 보육사업은 예방적 기능보다 사후처리적, 임시구호적 성격의 보육사업으로 시행되었고, 뚜렷한 방침을 세우지 못하였다. 다만, 대량으로 발생한 전쟁고아와 기아, 미아, 요보호대상의 아동을 수용하고 보호하기 위한 방법으로 외국의 종교단체의 지원을 받아 여러 곳에 보호시설을 설립하여 운영하였다. 이때 설립된 보호시설들에 대한 합리적·효율적 지도·감독을 위해 정부는 1952년 10월

'후생시설운영요강'을 제정하고 규율하여 지시하게 되었다. 후생시설 운영요강은 맞벌이 가정의 자녀를 일시적, 일정 기간 위탁·보호할 수 있는 시설이라고 정의하고 있다. 이 요령에서 처음으로 '탁아소'란 명칭이 등장하였다(박정문, 2000; 변미순, 2010). 1953년 부산에 시립탁아소(범일탁아소)가 설치된 것을 비롯하여 주로 빈민층 가정의 자녀를 단순히 보호해줄 목적으로 설치된 당시의 보육시설들은 '고아원'과 큰 차이가 없이 시대적 요청에 따라 임시·구호적 성격을 강하게 띠고 있어 보육의 제 기능을 다 하지 못하였다(변미순, 2010).

② 아동복리법 시기: 1961년~1981년

1961년 12월 30일 「아동복리법」이 제정·공포되었다. 아동복리법은 법률적 입법이 없었던 탁아시설에 대해 법적 근거를 마련하였고, 종전의 구빈사업과는 달리 아동의 복리증진과 복지보장이라는 보육사업이 시작된 것을 의미한다. 이 법은 '탁아소'를 법정보육시설로 인정하고, 보육시설의 설치기준, 종사자배치기준, 보육시간, 보호내용 등을 구체적으로 규정하였다.

1968년 3월 14일 정부는 「아동복리법시행령」에 근거하여 '미인가 탁아시설 임시 조치령'을 공포하였다. 임시조치령을 근거로 시설명칭도 '탁아소'에서 '어린이집'으로 변경하면서 결손아동 또는 보호아동을 대상으로 하는 곳이라는 이미지에서 벗어나 교육이 함께 이루어지는 곳이라는 이미지를 심어 주었다. 어린이집의 기능이 단순한 보호차원을 넘어 교육도 가능한 곳이라는 인식을 확산시켜 보육시설 이용자가 급증하게 되었다(신갑숙, 2015). 이에 따라 그동안 보육시설의 운영주체를 법인체에 국한하여 인가를 받지 못했던 무허가, 소규모시설들인 민간으로 한시적으로 대폭 완화·확대되어 운영할 수 있게 되었다. 그 결과, 보육시설의 양적 증가를 가져왔으나, 수혜자에게 제공하는 서비스의 질적인 수준이 낮아지게 되었다. 이 시기에는 탁아시설의 전체종사자(3,444명) 중 23.3%만이 자격증소지자이며, 그중에서도 보모의 경우는 18%만이 유자격자이어서 탁아서비스의 질적인 수준과 종사자의 전문성이 부족함을 나타내고 있다(임종운, 1981; 변숙경, 2006).

1977년 2월 24일 보건사회부는 「사회복지사업시행규칙」 제6조 제2장을 개정하여 어린이집의 질적 저하를 막는다는 취지에 따라 1968년에 제정된 '미인가 탁아시설 임시조치령'을 폐지하였다(강복화, 2003; 변숙경, 2006). 이러한 법인화

조치 이후, 탁아사업은 법인화 요구에 따른 사유재산 법인귀속의 선조건에 시설 운영자들이 전환을 기피, 정부의 지원부족 등으로 어린이집 감소현상을 초래하였다. 보건사회부는 1978년 4월 '탁아시설운영개선방안'을 발표하여 어린이집을 빈곤가정의 어린이뿐 아니라 취학 전 어린이면 누구나 올 수 있게 문호를 개방하고, 보육과 교육을 병행하여 수익자 부담원칙에 의해 유료수탁제도를 시행하였다(변숙경, 2006). 1980년 새마을 부녀회와 새마을 청소년회의 자원활용을 중심으로 급증하는 보육의 요구를 충족하고자 보호기능과 교육기능을 가진 새마을 협동유아원이 설립되었다. 협동유아원의 교재·교구 개발과 지원은 문교부가, 운영지원은 보건사회부와 농촌진흥청이 담당토록 시행했다. 1980년 12월 법적인 근거 없이 새마을 협동유아원을 시·군·구마다 1개소씩 총 218개소에서 시범적으로 운영하기 시작하였다(김문옥, 1999; 신갑숙, 2015).

③ 유아교육진흥법 시기: 1982년~1991년

1982년 「유아교육진흥법」은 급속한 산업화로 여성의 사회참여, 핵가족화의 변화에 따라 늘어난 보육수요에 대해 기존 어린이집, 농번기탁아소, 새마을협동유아원 체제는 더는 효율적인 대처를 할 수 없다고 판단하여 제정되었다. 보건사회부에서 관장하던 어린이집, 내무부에서 관장해온 새마을협동 유아원, 농촌진흥청에서 설치·운영하던 농번기 탁아소, 민간인이 설립·운영하던 유아원 등 유치원을 제외한 모든 보육시설을 '새마을유아원'으로 1,374개소의 시설을 흡수·통합하여 운영하였다.

1987년 12월 노동부에서 「남녀고용평등법」을 제정·공포한 후 공단 밀집지역 중심으로 '직장탁아소 및 시범탁아소'를 설치하여 근로자 자녀 우선순위의 보육을 하도록 하였고, 1989년까지 3개소의 시범탁아소와 12개소의 직장탁아소를 설치하였다. 1989년 9월 보건복지부에서 아동복지법에 따라 보육사업을 시행하였다. 보건복지부는 1989년 「아동복지법 시행령」을 개정하고, 탁아시설의 설치 후 운영규정을 마련하여 1982년 삭제된 탁아시설을 부활하여 탁아서비스를 확충하고자 시도하였다. 유아교육진흥법 제정으로 변화된 내용은 <표 6-2>와 같다.

〈표 6-2〉 유아교육진흥법 제정으로 변화된 내용

구분	기존체제	개편체제
관계법령	아동복지법	유아교육진흥법
담당부처	보건사회부	내무부
시설명칭	어린이집	새마을유아원
성격	보호시설	교육기관
용어	탁아	유아교육
기능	보호·보육기능	교육기능
대상아동	0~6세 저소득층 및 취업모아동	4~6세 저소득층 및 일반 아동가능
보육시간	종일제(8시간기준) 방학없음	종일제원칙(주로반일제) 방학없음
비용	국가보조 및 사용자일부부담	국가보조및사용자부담
종사자	시설장	원장, 교사, 보육사 등

출처: 김연진 외(2010).

(2) 영유아보육법 제정 이후

① 영유아보육법 제정 제1시기: 1991년~2004년

아동복지법시행령으로는 다원화된 보육제도의 보육사업은 각 부처 간의 불일치와 늘어나는 보육수요를 충족하기 어렵다는 논의와 보육사업의 효율성 증대를 위하여 1991년 1월 법률 제 4,328호로 「영유아보육법」을 제정하고, 1991년 1월 14일부터 시행하였다. 이 법을 근거로 종전의 단순 '탁아사업'에서 보호와 교육을 통합한 '보육사업'으로 확대·발전하게 되었다. 또한, 보건복지부를 주관부처로 통합하고, 설치 및 운영을 완화하여 일원화하였다. 보육대상은 전과 동일하게 보편적이지 않고 "보호자가 근로 또는 질병 기타 사정으로 인하여 보호하기 어려운 경우로" 제한하였다.

정부는 중앙보육위원회를 보건복지부에 두어 보육과 관련된 기획·조사 등 필요한 모든 사항을 심의하도록 하였고, 지방은 시·도와 시·군·구의 지방보육위원회를 설치하도록 하여 정보제공 및 상담을 위한 보육정보센터를 시·군·구에 의무적으로 설치·운영토록 하였다. 정부가 저소득층 자녀의 보육비용을 부담하도록 하여 영유아 보육문제를 국가와 국민이 모두 책임지도록 하였으며, 국가와 지방자치단체의 책임을 강화하고, 전통적 사회복지정책의 이념에 따라 부담능력이 있는 계층은 보호자가 비용을 부담하도록 하여 아동보육에 대한 부모의 책임도 명시하였다(신갑숙, 2015). 또한, 아동복지법상 사회복지법인 등 비영리법인만 설치하게 되어있던 설치요건을 완화하여 개인, 기타, 단체까지 요건을 갖추어 설치할 수 있도록 하여 보육수요를 충족할 수 있도록 보육시설 설치 활성화를 도모하였다. 2001년 말부터 보육이 사회적인 이슈로 접근되면서 여성인력 활용이 곧 국가경쟁력이라는 인식과 함께 보육에 대한 국가의 책임과 지원이 강화되었다. 보건복지부는 2001년 12월 보육·발전기획단을 구성하여 '보육사업의 중·장기 종합발전계획'을 발표하였다. 2002년 3월에는 보육 관련부처인 보건복지부, 노동부, 여성가족부 공동으로 보육의 공공성 확립, 보육 대상유형의 다양화, 보육서비스의 질적 수준 향상을 제시한 '보육사업 활성화방안'을 제안하였다(정정희, 2011). 이후 보건복지부는 10차례 법령개정과 보육시설 확충에 대한 계획을 통하여 지속해서 늘어나는 보육수요에 대응하는 한편, 보육서비스의 질적 향상을 위해 지속적인 노력을 해왔다.

② 영유아보육법 전부 개정 제2시기: 2004년~2008년

참여정부는 정부조직법을 개정, 2004년 6월 12일부터 보육업무를 보건복지부에서 여성가족부로 이관하면서 영유아보육과를 보육정책국과 보육정책, 보육재정, 보육지원과로 개편하였다. 2004년 1월 29일 전면 개정된 영유아보육법의 시행(2005.1.30.)에 따라 보육서비스의 질적 수준 향상과 보육의 공공성 강화 등을 통해 보육사업이 획기적으로 발전할 수 있는 계기를 마련하였다. 전달체계를 보완하여 국무총리 산하 보육정책조정위원회 및 보육개발원 설치 근거를 신설하였고, 체계적인 보육정책 수립 지원과 보육의 전문성 강화를 위해 보육교사와 원장의 국가자격증 제도 도입, 표준보육과정 도입, 건강, 영양, 안전 분야를 강화하였다(신갑숙, 2015). 지역사회와 부모의 협력을 강화하고자 어린이집운영위원회를 구성토록 하였으며, 국가와 지자체의 보육비용 부담을 원칙으로 하고, 보육비용의 상한선을 설정하여 규제토록 하였다. 2004년 영유아보육법 개정내용을 살펴보면 <표 6-3>과 같다.

〈표 6-3〉 2004년 영유아보육법 개정내용

개정일	변경 전	변경 후
2004.1.29	• 영유아보육법 전면개정 〈신설〉 • 중앙과 지자체에 보육위원회 설치 • 민간, 국공립, 직장, 가정보육시설로 유형화 〈신설〉 • 보육시설의 설치신고제 • 직장보육시설 의무사업장은 직장보육시설 공동 설치 또는 보육수당 지급 가능 • 보육교사 2등급 체계 〈신설〉 〈신설〉 –보육비용의 보호자 부담원칙	– 전면개정(시행: '05.1.30) – 법의 목적 변경, 보육의 이념규정 신설, 보육의 개념 확대를 통해 보육시설에서의 보편적 보육규정 – 국무총리 소속하에 보육정책조정위원회 신설–보육 정책위원회 설치 – 법인, 부모협동보육시설 별도 유형화 – 보육시설 수급계획 등 보육계획 수립·시행 – 인가제로 환원 – 지역 보육시설과 위탁계약 체결도 가능하도록 추가 – 보육교사를 3등급 체계로 하고, 교사의 자격검정 및 자격증을 교부 – 국공립 및 법인보육시설 등은 영아·장애아 등 취약보육을 우선 실시 – 보육시설 평가인증 실시 – 보육에 대한 국가 및 지자체의 책임 강화, 차등보육료 지원제도 실시의 법적 근거 마련 – 보육시설장의 업무정지, 보육교사의 자격정지 또는 취소규정 마련
2004.3.11	• 영유아보육사무를 보건복지부에서 관장(정부조직법 부칙 개정)	– 여성부로 이관(시행: '04.6.12
2004.12.31	• '04.1.29.개정 법률상 보건복지부 관련규정을 여성부로 변경 • 도서·벽지 등 보육시설에 시설 설치기준 및 종사자 배치기준 완화 적용	– 일부개정(시행: '05.1.30) – 농어촌지역 추가

출처: 법체제(2016).

2006년 11월 10일 영유아보육법 시행규칙 개정으로 표준보육과정을 마련하였다. 여기에는 영유아가 건강하고 안전하며 바르게 생활하는 데 필요한 내용과 신체, 사회, 언어, 정서 등의 전인발달을 위해 갖추어야 할 지식, 가치, 태도 등을 담고 있다. 2007년 7월 개정된 영유아보육법은 거짓이나 그 밖의 부정한 방법으로 보조금을 교부받거나 보조금을 유용한 경우 보육시설장의 자격정지 및 자격취소 규정, 영아 또는 장애아가 주로 이용하는 보육시설로서 여성가족부령으로 정하는 보육시설은 운영정지처분에 갈음하여 보육시설 정원의 감축 또는 아동모집의 정지조치처분을 규정하였다(정정희, 2011).

공보육강화를 위해 2006~2010년에 걸친 중장기 보육계획인 '새싹플랜'을 발표하여 추진하였다. 어린이집 이용아동의 보육료 지원확대, 차등보육료, 만 5세아 무상보육료, 다자녀가구 보육료 감면, 다자녀 보육료 지원비율을 2009년까지 도시근로자 가구 평균소득 130% 이하로 지원 확대하고, 장애아 무상보육료 지원대상을 확대하였다(신갑숙, 2015). 제1차 중장기 보육계획인 새싹플랜의 추진으로 어린이집 전체 이용아동이 지원혜택을 받게 되는 것으로 민간시설의 기본보조금을 아동에 따라 지원함으로써 부모 부담금을 국공립 수준으로 끌어올려 연령별 보육료가 경감되었다. 또한, 맞벌이 부모의 특수성을 고려한 다양한 보육서비스 제공을 위해 시간연장형 및 시간제 어린이집을 활성화하고, 장애아, 농어촌 지역 및 취약 보육 지원 등 저소득 밀집지역의 국공립시설에 사회복지사를 배치하고, 빈곤아동 및 가족에 대해 상담지원, 부모교육을 제공하는 포괄적 보육서비스를 제공하였다. 또한, 보육서비스 관리체계를 강화하여 어린이집의 질 관리 강화를 위한 평가인증시스템 확대, 보육행정전산망 구축, 부모·지역인사가 참여하는 어린이집운영위원회 설치 의무화, 부모모니터링단을 활성화하였다. 이는 어린이집의 투명성과 공공성, 전문성을 강화하는 계기가 되었다.

③ 영유아보육법 제3시기

- 제1차 중장기보육 기본계획(새싹플랜) 2008년~2012년

정부조직법 개정으로 2008년 3월부터 영유아 보육사무가 여성가족부에서 보건복지부로 이관되었다. 2008년 1월 개정된 영유아보육법에는 행정제재 처분효과의 승계규정을 신설(2008. 4. 18. 시행)하였다. 2008년 12월 개정된 영유아보육법은 양육수당 지급근거 명확화, 보육서비스 이용권제도 도입 관련규정 마련, 보육비용 지원대상자 선정 관련규정 정비, 어린이집 안전공제사업 시행근거를 마련하였다. 정부의 보육정책은 '능동적 복지'를 구현하기 위해 보육에 대한 국가의 책임을 강화하고, 보육의 질적 수준 향상과 수요자 중심을 강화하고 있다(정정희, 2011).

영유아보육법 제11조 및 시행령 제19조를 근거로 참여정부의 공보육에 대한 '국가책임 보육'으로 발전하기 위하여 '능동적 복지'를 구현하며, 국가책임을 강화하고, 수요자 중심의 보육정책을 위해 제1차 중장기보육계획을 수정·보완하여 아이사랑플랜(2009~2012)을 시행하였다. 아이사랑플랜 추진방향을 보면 영유아

중심으로 국가가 책임을 지는 보육을 시행하고, 부모, 어린이집, 지방자치단체가 신뢰를 구축하여 '아이와 부모가 행복한세상'을 만드는 것을 기본방향으로 하고 있다(정정희, 2011). 아이사랑플랜은 보육료의 지원방식, 국공립 시설 확충계획을 일부 변경한 제1차 중장기 보육계획 새싹플랜과 차별을 두었다. 아이사랑플랜은 보육료 지원대상에 있어 시설 이용아동 80%로 확대하여 비용에 대한 부담을 완화하였고, 양육수당과 아이돌보미 서비스 지원 등 어린이집 미이용아동으로 확대되었다. 또한, 어린이집별로 지원한 기본보조금과 아동별로 지원한 차등보육료의 이원화된 지원방식을 통합하여 I-사랑카드로 부모에게 직접 지원하는 방법으로 변경하였다. 아이사랑플랜은 민간어린이집을 국공립 수준의 질 향상에 두고 취약지역 위주의 국공립시설 확충계획을 세웠다(보건복지부, 2009; 신갑숙, 2015). 또한, 어린이집 운영지원으로 지도감독의 방향을 개선하여 불법행위 적발이 아닌 소통강화를 통해 지속해서 보완되는 방향으로 개선되었다. 보육서비스 질 제고를 위해 평가인증, 건강·영양, 보육프로그램 강화 등을 개선해야 한다고 나타났다(보건복지부, 2009; 신갑숙, 2015).

신갑숙(2015)은 아이사랑플랜은 비용부담 완화와 수요자 부모부담 경감 등 수요자 중심 서비스 제공의 양과 질 두 측면에서 소기의 성과를 달성하였으나, 보육인력에 관해 전문성 제고 및 처우내용은 향후 보완할 필요가 있는 것으로 분석하였다.

새싹플랜과 아이사랑플랜의 차이를 비교해 보면 <표 6-4>와 같다.

〈표 6-4〉 **새싹플랜과 아이사랑플랜 비교**

구분	새싹플랜(2006~2010)	아이사랑플랜(2009~2012)
강화	〈보육료의 지원〉 • 차등보육료 지원의 확대 – '09년 도시근로자 130%까지 보육료 30% 지원 • 기본보조금제 도입 – '10년, 만 5세까지 도입	• 보육료 전액지원 확대 – '12년까지 어린이집 아동의 80%까지 전액지원
	〈어린이집 미이용아동 지원〉 –	• 양육수당 도입 – '12년까지 어린이집 미이용아동 80%까지 지원 • 육아종합지원센터 설립 및 아이돌보미 지원 • 가정보육제도화 검토

구분	새싹플랜(2006~2010)	아이사랑플랜(2009~2012)
변경	〈보육료 지원 방식〉 • 어린이집에 보육료 지원	• 기본보조금과 차등보육료 통합 • i-사랑카드 도입
	〈국공립시설 확충〉 • '10년까지 국공립시설 2배로 확충 - '05: 1,352개소 → '10: 2,700개소	• 취약지역에 국공립 시설 확충 - 국공립시설 대기자 수 감소: 12만 명 → 16만 명 - '12년 2,119개소 확충
추가		• 다문화아동 지원 강화 • 어린이집안전공제회 설립 • 보육비용지원 선정기준 개편 • 보육교사 처우개선 - 농어촌 담임수당: '09년 21천명 → '12년 85천명 - 보육 대체교사 지원: '09년 450명 → '12년 1,500명
지속유지	• 보육서비스 질제고: 평가인증, 건강·영양·안전 강화, 보육프로그램 개발 • 취약보육 강화: 장애아, 방과후, 시간연장 보육서비스 지원 • 다양한 어린이집 확충: 직장어린이집, 부모협동 어린이집	
미반영	• 가족친화적 직장문화 조성 • 산전후 휴가 및 육아휴직제도 활성화 • 농어업인 양육비 지원	- 저출산고령사회 기본계획 및 남녀 고용평등과 일·가정양립 기본계획에 포함되어 미반영

출처: 보건복지부(2009), 아이사랑플랜(2016).

• 제2차 중장기 보육 기본계획(아이행복플랜) 2013년~2017년

보건복지부는 '아이는 행복하고 부모는 안심할 수 있는 세상'을 비전으로 하는 제2차 중장기 보육 기본계획(2013~2017)을 발표하였다. 이는 제1차 중장기기본계획인 '새싹플랜(2006~2010)'과 이를 보완·수정한 '아이사랑플랜(2009~2012)'에 이은 새로운 보육환경 변화 및 새 정부의 국정철학을 담아 마련한 것으로, 아이는 보육정책의 궁극적 지향 목표이자 대상이며, 부모는 아이를 돌보는 책임과 권리를 가진 제1차적 보호자이고, 아이행복, 부모안심, 교사보람의 세부 비전을 가지고 출발하였다(신갑숙, 2015). 아이의 신체적 특성이나 부모의 사회적·경제적 여건 등에 상관없이 아이는 누구나 행복하게 자라고 부모는 아이를 안심하고 맡기며, 교사는 자긍심을 가지고 일하는 여건조성을 위해 다양한 의견수렴과 협의를 통한 현장의 요구와 여건을 고려하여 지속가능한 계획 수립에 역점을 두었다. 보

건복지부는 지난 5년 동안의 성과와 한계를 바탕으로 잘된 점은 발전시키고, 부족한 점은 수정·보완하였다.

"제2차 중장기보육 기본계획"은 보육료 지원이 2013년 전 계층으로 확대된 시점에서 마련된 것으로 무상보육 시행에 따른 부정수급의 재정 누수, 특별활동의 부모 추가부담비용, 종일형의 획일적 보육체계 등 문제점과 제도의 미비점을 신속히 보완·개선하였다. 이로 인해 취업모 이용불편 초래, 어린이집 초과수요 유발, 전업주부의 종일제 과잉이용에 따른 재정 낭비소지 등 그간의 단순 양적지원 확대를 벗어나 서비스의 질적 향상을 위해 공공투자 확대평가와 사후관리에 역점을 두었다. 또한, 국가가 양질의 관리체계를 마련하여 평가와 재정의 연계, 의무평가제 도입·운영, 국가 재정지원의 적정화, 규제정비 등을 합리적으로 설정하여 아이와 부모, 보육 교직원 모두가 행복하여 신뢰하는 보육서비스 조성을 2017년까지 핵심정책 가치로 담고 있다.

보육료 지원에 있어 14년부터 정부보조율의 10%를 인상하고, 합리적 재정 분담을 위해 15년부터 지방교육재정교부금으로 일원화하여 만 3~5세 보육비용 지원을 2014년 만 4세, 2015년 만 3세 모두 지방교육재정교부금으로 지원될 수 있도록 이관하였다. 그러나 그로 인하여 누리과정지원에 관한 지방교육재정에 어려움을 겪는 현상을 가져왔다.

보육서비스를 개선하기 위해 보육진흥원을 '보육품질 전담기구'로 개편하고 아이사랑 Planner를 통해 One-Stop 육아서비스 제공하였다. 보육서비스의 전달체계로 육아종합지원센터를 시·군·구에 구축하여 다양한 육아종합정보서비스를 제공하였다. 일시보육서비스(시간제), 클로버부모교육, 일가정양육지원서비스 등 다양한 보육서비스의 확대를 위해 2017년까지 육아종합지원센터 227개를 제공할 계획이다.

아이행복플랜의 큰 목표 중 하나는 어린이집과 교육시설로 이원화된 어린이집과 유치원의 바람직한 통합이 이루어지는 것이다. 유보통합추진단을 구성하여 각계 의견수렴과 사회적 합의를 거쳐 1단계로 서비스 질의 향상을 위한 기반 구축 추진하였으며, 2단계로 운영환경의 정비 등 통합을 추진하고, 3단계 관계부처 및 재원 등 통합을 위한 추진을 이루었다.

특히, 2015년 3월 One-card 시스템 구축으로 직장 모(母) 등 실수요층 입소대기관리 시스템을 계획하였고, 시스템의 시설 입소 및 이용 불편을 해소하였다. 이와 함께 현재 종일제 중심의 무상보육지원을 전업주부와 맞벌이, 시간선택제, 취업모 등 보육수요의 다양성을 반영한 "맞춤형 보육지원 개선(안)"을 마련하여 2016년 7월 맞춤형 보육을 시행하였다. 맞춤형 보육은 어린이집 이용아동 중 48개월 미만 아동을 대상으로 종일반 이외 맞춤반 아동에게 도입되는 서비스이며, 만 3～5세 아동은 적용되지 않는다.

2) 보육사업의 보육유형

(1) 설립 및 운영주체에 따른 유형

① 국·공립어린이집

국·공립 어린이집인 국·공립어린이집은 국가나 지방자치 단체가 설치·운영하는 시설 중에서 직장어린이집을 제외한 시설을 말한다. 국·공립어린이집은 국가·지방자치단체가 설치, 단체장이 운영주체인 직영 국·공립어린이집과 국가·지방자치단체가 설치, 법인 등에 운영을 위탁하는 위탁 국·공립어린이집, 법인이 지방자치단체의 인가를 받아 설치, 운영하는 법인 국·공립어린이집으로 구분할 수 있다. 시설의 규모는 영유아 11인 이상을 보육할 수 있어야 하며, 저소득층 밀집주거지역 및 농어촌지역 등 취약지역과 어린이집이 부족한 지역에 먼저 설치하여야 한다. 건축법에 따라 공동주택 중 대통령령으로 정하는 일정 세대 이상의 공동주택을 건설하는 주택단지 지역에 우선하여 등 지역별로 균형 있게 배치하여야 한다.

② 법인어린이집

법인어린이집인 법인어린이집은 사회복지사업법에 따른 사회복지법인 또는 각종 법인이나 단체 등이 설치·운영하는 어린이집으로 상시 영유아 21인 이상을 보육할 수 있는 시설을 말한다. 법인어린이집을 운영하려면 관할시장·군수 또는 구청장에게 사전에 인가신청을 받아야 하며, 지역보육수요와 어린이집의 공급현황을 고려하여 지역별로 균형 있게 배치되도록 하여야 하며, 영유아보육법상의 설치기준을 모두 갖추어야 한다.

③ 민간어린이집

민간어린이집인 민간어린이집은 국·공립, 사회복지법인, 법인단체 등, 직장, 가정, 부모협동어린이집이 아닌 개인이 설치·운영하는 시설을 말한다. 정부로부터 시설의 운영비 지원을 받지 않으며, 시·군·구청의 인가를 받아 설치·운영하고 영유아 21인 이상을 보육할 수 있다. 민간어린이집은 지역의 어린이집 현황 및 보육수요 등을 고려하여 지역별로 균형 있게 배치하여야 한다.

④ 가정어린이집

가정어린이집인 가정어린이집은 개인이 가정 또는 그에 따르는 곳에 설치·운영하는 시설로 상시 영유아 5인 이상 20인 이하를 보육하는 시설이다. 영유아보육법상의 설치기준을 모두 갖추어 설치하여야 하며, 담당 시장·군수 또는 구청장에게 인가를 받아 설치·운영하여야 한다. 가정어린이집은 지역 보육수요와 어린이집의 공급현황 등을 고려하여 지역별로 균형 있게 배치하도록 한다.

⑤ 직장어린이집

직장어린이집인 직장어린이집은 사업주가 사업장의 근로자를 위하여 설치·운영하는 시설을 말하며, 국가 또는 지방자치단체의 장이 소속 공무원을 위하여 설치·운영하는 어린이집을 포함한다. 상시 영유아 5인 이상을 보육할 수 있어야 한다. 직장어린이집은 영유아보육법상의 설치기준을 모두 갖추어야 하며, 사업주가 직장어린이집을 설치할 경우에는 안전사고 및 재난에 대비한 시설을 갖추어야 한다. 상시여성근로자 300인 이상 또는 상시근로자 500인 이상을 고용하고 있는 사업장의 사업주는 직장어린이집을 설치하여야 한다. 다만, 의무사업장의 사업주가 직장어린이집을 단독으로 설치할 수 없을 때는 사업주 공동으로 직장어린이집을 설치·운영하거나 지역의 어린이집과 위탁관계를 체결하여 근로자 자녀의 보육을 지원하여야 한다.

⑥ 부모협동어린이집

부모협동어린이집인 부모협동어린이집은 보호자 11인 이상이 보호자들이 조합을 결성하여 설치·운영하는 시설로, 상시 영유아 11인 이상을 보육할 수 있는 시설이다. 담당 시장·군수 또는 구청장에게 인가를 받아 설치·운영하여야 하며 상시 영유아 21인 이하를 보육하는 부모협동어린이집은 가정어린이집을 설치할 수 있는 곳에서도 설치할 수 있다. 보육아동을 둔 보호자 11인 이상이 상호 출자

하여 공동으로 어린이집을 설치·운영할 것을 약정함으로써 그 효력이 발생한다. 부모협동어린이집의 조합원은 아동보육의 필요성이 없게 되거나 기타조합계약으로 정하는 시기에 탈퇴할 수 있다. 조합원은 최대한 보육과정 및 의사결정에 참여하여 소기의 설립 목적을 달성하도록 노력하여야 한다.

(2) 운영시간에 따른 유형

① 맞춤형보육

맞춤형 보육이란 오전 9시~15시까지 최대 6시간(월 15시간 긴급보육바우처 추가)동안 아동을 보육하는 서비스로 대부분의 어린이집에서 주로 행해지는 형태이다. 전업주부의 자녀가 주 대상이며 보건복지부에서 2016년 7월 1일부터 '맞춤형 보육정책'을 시행하기로 발표함에 따라 시행되었다. 맞춤반의 경우 긴급보육바우처를 도입했는데, 이는 맞춤반 보육시간 이외의 시간에 병원 방문 등으로 추가보육서비스가 필요한 경우 사용할 수 있다. 맞춤반 대상아동은 보육료의 80%를 지원받을 수 있다.

② 종일제 보육

종일제 보육이란 맞벌이 부모가 대부분이여 부모가 직장에 있는 낮 동안 아동을 보육하는 가장 대표적인 보육형태이다. 일반적으로 부모가 취업시간이 오전 9시에 시작하여 오후에 종료되기 때문에 이 시간을 기본으로 보육하는 것을 전제로 한다. 보육시간은 오전 7:30~오후 7:30까지이지만, 정상적인 운영은 보통 09:00~18:00까지 9시간이며, 나머지 3시간은 교대근무로 어린이집을 운영한다.

③ 시간제 보육

시간제 보육이란 종일제 보육을 이용하지 않더라도 특별한 시간에 구애받지 않고 보육이 필요한 시간 언제라도 아동을 보육기관에 보낼 수 있는 형태로 지정된 제공기관에서 시간단위로 보육서비스를 이용하고 이용한 시간만큼 보육료를 지급하는 보육서비스이다. 시간제 보육을 원하는 부모들이 많지만, 실제로 시간제 보육을 운영하는 기관은 별로 많지 않으며, 영아 6개월~36개월 미만의 양육수당을 지원받는 아동을 대상으로 한다.

④ 방과 전·후 보육

방과후 보육이란 방과후 아동지도와 유사한 개념으로 초등학교 저학년 아동을 대상으로 하며, 맞벌이 부모들이 아동의 등·하교시간보다 일찍 출근하거나 늦게 퇴근할 때 이용하는 보육서비스이다. 교육보다는 보호를 주목적으로 전문교사가 숙제를 지도하고, 예·체능을 비롯하여 다양한 프로그램을 계획하여 운영한다. 방과후 지정어린이집이나 정원충원의 범위 안에서 차상위 이하(법정저소득층 포함) 및 장애아동에 해당하는 취학아동이 방과후에 어린이집을 일일 4시간 이상 이용하는 경우에 해당한다.

⑤ 시간연장형 보육

시간연장형 보육이란 종일제 보육시간 이후 7시 30분 이후부터 24시까지 시간을 연장하여 야간에 이루어지는 보육형태로 시·군·구청장으로부터 시간연장 어린이집으로 지정받은 어린이집에서 보육한다. 부모가 특수직종에 종사함으로써 야간에 근무할 수밖에 부모의 자녀인 경우에 해당한다.

3. 보육사업의 현황

1) 아동보육 현황

연도별 어린이집 보육아동 현황을 살펴보면 2012년까지 이용율이 꾸준히 늘고, 2013년 일시적 감소 후 2014년 다시 증가하고 있음을 알 수 있다. 2012년 3월부터 종전 소득하위 70% 가정에 지원되던 보육료가 만 0세~2세 영유아 보육료 전액지원 시행으로 어린이집 이용률이 급증하는 모습을 보였고, 이후 계속 증가율을 보인다. 그러나 2015년 전체 영아의 어린이집 이용률이 감소하였으며, 이는 '12년 대비 영아 수 7.5% 감소요인으로 분석된다(신갑숙, 2015).

이처럼 어린이집 이용 영유아의 증가와 보육에 대한 부모들의 다양한 욕구 증가 추이를 볼 때 2016년 7월 시행하는 맞춤보육으로 이용시간을 제한하며 차별하는 것은 분명한 선별보육임을 알 수 있다. 연도별 어린이집 보육아동 현황은 <표 6-5>와 같다.

〈표 6-5〉 연도별 어린이집 보육아동 현황

구 분		계	국·공립 어린이집	사회복지 법인 어린이집	법인·단체 등 어린이집	민간 어린이집	가정 어린이집	부모 협동 어린이집	직장 어린이집
2016	계	1,451,215	175,929	99,113	45,374	745,663	328,594	4,240	52,302
	남	750,122	91,124	52,038	23,638	385,046	168,970	2,197	27,109
	여	701,093	84,805	47,075	21,736	360,617	159,624	2,043	25,193
2015	계	1,452,813	165,743	99,715	46,858	747,598	344,007	4,127	44,765
	남	750,621	85,961	52,333	24,279	385,507	177,103	2,166	23,272
	여	702,192	79,782	47,382	22,579	362,091	166,904	1,961	21,493
2014	계	1,496,671	159,241	104,552	49,175	775,414	365,250	3,774	39,265
	남	773,987	82,306	55,049	25,478	400,579	188,152	2,012	20,411
	여	722,684	76,935	49,503	23,697	374,835	177,098	1,762	18,854
2013	계	1,486,980	154,465	108,834	51,684	770,179	364,113	3,226	34,479
	남	768,523	79,934	57,048	26,670	397,270	187,899	1,735	17,967
	여	718,457	74,531	51,786	25,014	372,909	176,214	1,491	16,512
2012	계	1,487,361	149,677	113,049	51,914	768,256	371,671	2,913	29,881
	남	769,573	77,321	59,562	26,867	397,021	191,722	1,572	15,508
	여	717,788	72,356	53,487	25,047	371,235	179,949	1,341	14,373
2011		1,348,729	143,035	112,688	50,676	706,647	308,410	2,286	24,987
2010		1,279,910	137,604	114,054	51,126	671,891	281,436	1,898	21,901
2009		1,175,049	129,656	112,338	52,718	623,045	236,843	1,655	18,794
2008		1,135,502	123,405	113,894	53,818	615,647	210,438	1,491	16,809
2007		1,099,933	119,141	118,211	55,906	612,484	177,623	1,444	15,124
2006		1,040,361	114,657	120,551	58,808	582,329	148,240	1,238	14,538
2005		989,390	111,911	125,820	56,374	552,360	129,007	933	12,985
2004		930,252	107,335	135,531	48,414	507,398	119,787	미분류	11,787

출처: 보건복지부(2017).

2) 보육급여 지원현황

보육사업의 급여형태로는 현금과 현물 및 2009년 새롭게 도입된 바우처 및 보육서비스가 있다. 현물급여로 보육에 따른 서비스가 있고, 현금급여로는 어린이집의 운영비보조금 지원 및 보육료 지원, 시설에 따른 인건비 지원, 보육인프라 구축비 등 정부와 지자체의 보육비 지원이 주를 이루고 있다(신갑숙, 2015).

(1) 보육비

2015년 영유아 1명당 평균 보육비용은 월평균 21만 원에서 12만원으로 감소하여 '12년 대비 41% 감소하였고, 영유아 1인당 어린이집 이용비용 또한 월평균 61,500원으로 '12년보다 30.7% 감소하였다. 이는 '13년 만 0~5세 전 계층 무상보육 도입에 따른 부모의 양육비 관련 경제적 부담이 감소한 것으로 나타났다. 보육·교육서비스 총 지출비용은(월) <표 6-6>과 같다.

〈표 6-6〉 **보육·교육 총 비용(월)** (단위: 원/월, %)

구분 \ 년도	2009	2012	2015
보육·교육 총 비용	189,500	208,700	122,100
가구소득대비 비율	6.4	5.4	3.0
이전 조사대비 변동	-	+19,200원(10.1%)	▵86,600원(▵41%)

출처: 보건복지부 '15년 보육실태조사(2016).

어린이집·유치원 기관별 이용비용은 <표 6-7>과 같다.

〈표 6-7〉 **어린이집·유치원 기관별 이용비용(월)** (단위: 천원/월, %)

구 분		전체	어린이집	유치원	반일제학원	기타기관
'15년	전체비용 (가구소득 대비비율)	96.4 (2.7%)	61.5 (1.9%)	130.3 (3.5%)	560.5 (11.2%)	249.3 (6.4%)
	순보육·교육비	32.7	4.5	56.7	479.2	171.3
	추가비용	63.7	57.0	73.6	81.2	78.0
12년 (가구소득 대비비율)		161.7 (5.0%)	88.8 (3.5%)	193.8 (6.0%)	832.3 (13.8%)	348.3 (9.3%)

출처: 보육통계(2016).

(2) 보육료지원 현황

'13년 전 계층 무상보육에 따른 부모의 인식조사 결과, 14.7%는 추가 출산계획이 있으며, 50.9%가 정부의 보육비 지원으로 자녀출산을 고려, 보통 이상의 긍정적 영향을 주었다고 답하였다. 또한, 보육료지원 기준과 대상에 있어서도 '11년 만 0~5세 가구별 소득하위 70%로 991천명이 지원 대상이었고, '12년 만 0~2세와 만 5세 전 계층, 만3~4세 소득하위 70%로 1,351천명이 해당되어 전년보다 360천 명이 증가하였다. '13년에는 전면 무상보육으로 1,474명이 대상자로 전년보다 123천명이 증가한 것으로 나타났다. 영아, 장애아, 다문화, 누리, 방과후, 기본보육료 등 영유아 보육료 지원현황은 <표 6-8>과 같다.

〈표 6-8〉 **영유아 보육료 지원현황(2016.12.31.기준) (단위: 명)**

구 분	계	0세	1세	2세	3세	4세	5세 이상
보육료 지원 현황(~⑥)	1,433,789	139,224	315,244	383,287	260,673	178,387	156,974
영아 (만 0~2세) 법정(①)	10,447	1,235	3,412	5,800	0	0	0
영아 (만 0~2세)(②)	801,058	134,097	302,089	364,869	2	1	0
장애아 보육료(③)	11,872	196	302	1,008	2,176	2,504	5,686
다문화(④)	41,476	3,696	9,441	11,607	5,989	5,478	5,265
누리 (만 3~5세)(⑤)	567,401	법정			일반		
		16,543			550,858		
방과후(⑥)	1,535	812			723		
기본보육료(⑦)	671,361	0세			1세		
		소계	보육료 지원	미지원	소계	보육료 지원	미지원
		124,055	121,481	2,574	253,510	249,714	3,796
		2세			장애아		
		293,588	289,034	4,554	208		

출처: 보육통계(2017).

(3) 가정양육수당

2009년부터 양육수당을 지원하고 있다. 이 때 시장·군수·구청장이 계좌적정성 확인 후 수급 아동명의 계좌임을 확인 후 매월 10만 원씩 현금지급 하였다.

2011년부터는 12개월 미만 20만 원, 12~24개월 미만 15만 원, 24~36개월 미만 10만 원으로 확대, 지원하고 있다. 지원대상의 기준소득은 차상위 이하가구로 3인 141만 원, 4인 173만 원, 5인 205만 원, 6인 237만 원이다.

2016년 말 보육통계에 의하면, 가정양육수당은 만 0~취학 전까지 933,153명의 아동이 지급 받았고, 이 중 장애아동 양육수당지원 아동 수는 2,171명, 농어촌양육수당지원 아동 수는 3,161명으로 나타났다. 가정양육수당지원은 연령이 높은 아동보다 만 0~2세 연령 아동 지원이 많은 것을 알 수 있다. 이는 연령이 높을수록 교육에 대한 필요를 느끼기 때문인 것으로 분석되었다.

3) 보육제정

보육사업에 대한 정부 예산지원방식으로 크게 영·유아 보육료 지원과 어린이집의 지원으로 나뉜다. 근래 무상보육정책으로 어린이집 지원보다 영·유아보육료 지원이 상대적으로 급증하며, 지방자치단체 보육예산 편성이 증가하고 있는 추세다. '지방자치단체별 특수시책 사업현황'이라는 자료를 통해 자치단체에 따라 보육사업에 많은 예산을 투입하는 곳과 그렇지 않은 곳으로 보아 지자체별 보육사업에 대한 예산투자의 편차가 심한 것으로 분석되었다(신갑숙, 2015).

(1) 영·유아 보육료 지원

정부의 보육료 지원은 저소득층을 대상으로 전 소득계층까지 확대되어 왔다. 2009년 도시근로자 월평균소득 이하 가구들까지 소득에 따른 차등적 지원이 이루어졌으며, 보육료 차등지원은 소득에 따라 지원대상을 확대하여 2012년에는 가구 소득, 재산과 관계없이 만 0~2 및 만 5세 아동에 대한 보육료 전액지원이 이루어졌으며, 2013년 이후부터는 아동의 가구 소득수준과 무관하게 무상보육이 시행되었다. 영유아 보육료 지원정책의 변화를 살펴보면 <표 6-9>와 같다.

〈표 6-9〉 영유아 보육료 지원정책의 변화

시기	만 0~2세 및 만 3~4세	만 5세
2003년	월 125만 원 이하 지원 수준별 차등지원	월 215만 원 이하 지원 전액지원
2004년	월 159만 원 이하 지원 소득수준별 차등지원	월 223만 원 이하 지원 전액지원
2005년	도시근로자가구 월평균소득 60% 이하 소득수준별 차등지원	도시근로자가구 월평균 소득 80% 이하 전액지원
2006년	도시근로자가구 월평균소득 70% 이하 소득수준별 차등지원	도시근로자가구 월평균 소득 90% 이하 전액지원
2007년	도시근로자가구 월평균소득 이하 소득수준별 차등지원	도시근로자가구 월평균 소득 이하 전액지원
2010년	소득하위 70% 이하 전액지원	소득 하위 70% 이하 전액지원
2012년	- 전 계층 전액지원 - 가계소득하위 70% 이하 전액지원	전 계층 전액지원
2013~	2016년 전 계층 전액지원	

출처: 보건복지부 해당년도 보육사업안내(2017).

(2) 어린이집의 지원

정부재정 중 복지와 관련된 지출 비중은 국민 삶의 질을 높이는 복지에 대한 중요성 여부를 보여준다. 일반적으로 복지지출 비중이 높을수록 긍정적 영향을 미치지만, 지속가능한 복지 지출이 아닌 과도한 지출은 재정부담을 가져올 수 있고, 지속가능성을 약화시킬 우려도 있다. 최근 급속한 보육예산의 증가는 보육서비스에 대한 국가-지자체 간 인식의 차이로 불필요한 사회적 갈등을 지속시키고 있으며, 보육대란으로 불릴 만큼 무상보육과 양육수당에 대해 정치권과 여론의 관심이 뜨거웠다. 이에 무상보육으로 인한 중앙정부와 지자체간 재정분담구조는 반드시 재검토가 필요한 것으로 분석되었다(신갑숙, 2015). 2017년 보건복지부 보육분야 예산(안)을 살펴보면 <표 6-10>과 같다.

〈표 6-10〉 2017년 보건복지부 보육분야 예산(안) (단위: 백만 원)

구분	2016예산		2017예산(안)	증감	
	본예산(A)	추경	요구(B)	(B-A)	%
총계	5,270,824	5,340,319	5,373,451	102,627	1.9
영유아보육료 지원	3,106,581	3,176,076	3,129,242	22,661	0.7
시간차등형 보육지원	11,959	11,959	8,771	△26.7	△3,188
어린이집 기능 보강	6,447	6,447	6,447	-	-
어린이집 확충	30,234	30,234	22,370	△7,864	△26.0
보육사업관리	7,822	7,822	3,301	△4,521	△57.8
육아종합지원센터 지원	11,267	11,267	9,508	△1,759	△15.6
어린이집 교원양성지원	2,731	2,731	2,727	△4	△0.1
부모모니터링운영지원	1,192	1,192	1,192	-	-
공익제보자 신고포상금	190	190	174	△16	△8.4
어린이집 평가인증운영	7,653	7,653	7,856	203	2.7
공공형 어린이집	48,730	48,730	55,827	7,097	14.6
교직원 인건비, 운영지원	816,818	816,818	901,852	85,034	10.4
가정양육수단 지원사업	1,219,200	1,219,200	1,224,184	4,984	0.4

출처: 보건복지부. 「2017년 보건복지부 소관 예산안 및 기금운용계획안 예비검토자료」.

4. 보육사업의 문제점 및 과제

1) 보육대상의 문제점 및 과제

보건복지부의 보육통계에 따르면, 2016년 12월 말 기준 전국의 영아전담 어린이집 수는 453개소로 정원이 19,403명이다. 그러나 현재 0세 2,647명, 1세 6,480명, 2세 6,632명, 3세 이상 918명으로 총 16,677명이 보육을 받고 있다. 저조한 영아 보육 율을 높이기 위하여 정부는 영아전담, 국·공립어린이집의 확충과 민간어린이집에 영아반 구성비율을 확대하도록 강조하여야 한다. 그러나 영아를 보육하는 데 드는 추가인력 채용과 시설설비확충에 따른 운영비 지원이 가장 큰 부담요인으로 작용한다. 정부차원에서는 현실적 금액으로 지원이 이루어져야 할 것이다. 이와 함께 어린이집의 보육환경 개선, 영아전담 보육프로그램 개발, 전문성을 갖춘 보육인력을 확보해야 한다.

또한, 영아담당 보육교사의 배치기준을 보면 만 0세 영아 3명당 1명, 만 1세 영아 5명당 1명, 만 2세 영아 7명당 1명의 보육교사가 배치된다. 그러나 영아담당보육교사의 배치기준에 따른 보육교사의 배치는 인건비와 시설운영비 추가면에서 어린이집에 상당한 부담이 되고 있으며, 추가보육으로 발생하는 비용을 어린이집에서 부담해야 하는 부담이 가중되고 있다. 정부차원의 대책을 마련하여 지원하는 정책이 이루어져야 할 것이다.

한편, 2005년 이후 저출산문제가 심각하게 대두되는 현상을 보이고 있다. 그러나 정부의 정책은 이러한 저출산문제에 대한 뚜렷한 목표를 제시하고 있지 않고 있다. 따라서 목표에 대한 정확한 결과분석을 통해 목표를 평가·수정·보완하여 보육정책의 고착화 현상에 대한 해결방안과 결과를 통한 정책목표 수립이 필요하다.

2) 보육급여의 문제점과 과제

어린이집 미이용아동에 대한 지원(양육수당)은 지원대상과 지원액부분에서 어린이집 이용 시 받게 되는 보육료 지원보다 형평성이 부족하다고 본다. 양육수당은 차등보육료 전액지원대상과 지급단가가 7분의 1이거나 5분의 1수준이며, 차등 보육료와 달리 2~4세 아동은 지원대상에서 제외되며, 0세~1세 아동 중 일부 소득계층은 소득수준이 같아도 어린이집을 이용하면 무상보육의 대상이 되나, 어린이집을 이용하지 아니하면 전혀 지원을 받지 못하게 된다(서문희, 최혜선, 2010; 정정희, 2011 재인용).

또한, 사회적 급여로 지급되는 양육수당은 현금급여에 해당한다. 현금급여인 양육수당은 만 2세까지의 영아부모에게 지급된다. 이러한 양육수당지원액이 대상아동을 위하여 사용되고 있는지 알 수 없는 일이다. 현금지급으로 지급되는 양육수당지원액이 당장 아동에게 필요한 부분에 사용할 수 있다는 선택의 자유가 있기는 하나, 수급아동이외의 사람이 다른 부분에 유용한다 해도 제지할 방법이 없다. 따라서 보육급여의 현금지급이 아닌 사용처를 제한한 바우처형태 전자카

드로 지급하는 것도 하나의 방법이라고 본다. 사용처를 다양화한다면 보육급여를 현금으로 지원할 때의 장점인 개인선택의 자유를 많이 침해하지는 않을 것으로 본다.

3) 보육제정의 문제점과 과제

(1) 중앙정부의 보육예산 지원 부족

2010년도 보육에 소요되는 총 예산을 중앙정부와 지방의 재원별로 재분류하여 제시한 것이다. 총 추정예산 4조 944억 원 중 중앙정부가 보육예산의 41.8%를 분담하고, 시·도가 27.4%, 시·군·구가 30.8%를 분담하고 있다(서문희·최혜선, 2010; 정정희, 2011 재인용). 중앙정부는 기존 보육사업의 확대 및 새로운 보육사업추진과 더불어 해마다 보육관련예산을 확대하고 있다. 그러나 많은 보육사업이 지방자치단체에 이양되고 있는데, 지방자치단체가 이양된 보육사업을 시행할 수 있는 재정이 있는가이다. 우리나라의 경우 예산편성과 관련해 결산을 해야 하는 시점이 다가오면 다음해 예산증액을 고려하여 남은 예산을 모두 사용하기 위해 국민들의 세금이 곳곳에서 낭비되고 있는 모습을 종종 볼 수 있다. 국가적인 차원에서 낭비되는 예산의 집행을 아동보육에 좀 더 투자한다면 정부지원시설이 아닌 민간이나 가정어린이집의 재정난과 더불어 우리나라 국가적 미래의 인적자원인 영유아기 아동들에게 좀 더 많은 혜택을 제공할 수 있을 것이다.

또한, 중앙정부의 국·공립어린이집 신축에 따른 보육재정 지원이 점차 감소하고 있어서 현실적으로 국·공립어린이집을 증설하기에는 무리가 있다. 그 대안으로 공공형 어린이집을 생각해본다(정정희, 2011). 2011년부터 시행하고 있는 공공형 어린이집 시범사업을 통하여 그 효과성에 대한 충분한 검토가 이루어지고 있다. 어린이집평가인증제도로 보육환경 및 보육서비스에 대한 검증을 받은 민간어린이집을 대상으로 하기 때문에 국·공립어린이집 신축에 필요한 토지매입, 건물증축, 어린이집설비 등의 투자에 대한 비용부담이 적다는 유리한 관점이 있다. 대신 국·공립어린이집 못지않은 양질의 보육서비스 제공을 위해 공공형 민간어린이집에 대한 재정을 지원, 관리·감독이 함께 이루어져야 제공되어야 할 것이라 본다.

(2) 보육비용의 부모 분담 과다

국민소득이 증대되면서 양질의 보육, 다양한 형태의 보육에 대한 부모들의 욕구가 증가하였다. 그러나 양육에 대한 관심 증대, 전문적이고 질 높은 보육서비스에 대한 욕구, 조기교육 과열현상 등으로 양육부담이 증대하게 되었다. 보육재정의 부담주체는 크게 정부와 부모라고 볼 수 있다. 이러한 두 주체가 전체 보육재정을 어느 정도 부담하는가에 따라서 보육서비스의 공공성 문제가 좌우되며, 이문제가 보육정책과 관련된 가장 큰 쟁점이기도 하다. 즉, 보육의 공공성을 높이기 위해서는 정부의 재정부담이 크게 확대되어야 한다. 2011년 전체예산이 5.7% 늘은 것에 비해 보육예산이 22% 넘게 늘어난 것은 획기적이나, 보육비 지원을 받는 가구가 실질적으로 일반가정보다는 저소득가구에서 복지혜택의 체감율은 떨어진다. 특히, 보육료 전면무상을 시행하였으나, 그 사회의 이데올로기와 가치, 경제적 부담능력에 따라 다르게 나타날 수 있다(장영인, 2006; 표갑수, 2010). 이는 보육료전면 무상이라 해도 그 외 특별활동비, 급식비, 단체복비, 야외활동비, 교재비 등의 명목으로 적지 않은 부가의 보육료가 들기 때문이다.

5. 토론 및 워크숍

Group Discussion

성명: ____________

○ TOPIC: 현재 우리나라의 보육정책에서 가장 중요한 문제 중의 하나가 보육료의 문제일 것이다. 특히, 우리나라와 같이 민간 및 가정어린이집 위주로 되는 구조에서는 보육료의 현실화는 앞으로 해결해야 할 보육정책의 중요한 분야이다. 이러한 측면에서 보육료의 문제점과 개선방안은 무엇인지 토론해 봅시다.

–…

–…

–…

–…

–…

–…

–…

–…

–…

–…

–…

–…

Keywords

성명: ____________

제 7 장

장애아동을 위한 권리와 복지

- 1. 장애아동의 개념 및 정의
- 2. 장애아동의 특성
- 3. 장애아동의 실태
- 4. 장애아동을 위한 복지의 방향
- 5. 토론 및 워크숍

〈학습목표〉

① 장애인 복지법 제3조의 기본개념에 대하여 설명할 수 있어요.

② 장애의 유형과 그 개념에 대하여 살펴보아요.

1. 장애아동의 개념 및 정의

장애아동에 대한 개념은 시대와 문화와 국가에 따라 그 정의가 다르게 내려졌기 때문에 한마디로 정의하기는 어렵지만, 일반적으로 장애아동이란 대다수의 아동과는 달리 여러 가지 장애의 하나 이상의 장애를 수반했기 때문에, 그들의 소질을 최대로 개발하기 위해서 특수교육이나 관련서비스가 필요한 아동으로 정의된다(Hallahan &Kaufman, 1978). 또한, 장애개념은 사회적 상대성을 가지고 있으며, 이는 그 사회의 정치, 경제, 사회, 문화, 복지수준과 가치에 따라서 다르게 정의된다(신현석, 2008).

"장애아동"이란 18세 미만의 사람 중 「장애인복지법」 제32조에 따라 등록한 장애인을 말한다. 다만, 6세 미만의 아동으로서 장애가 있다고 보건복지부장관이 별도로 인정하는 사람을 포함한다. 장애인의 권리선언(UN) 제1조에 따르면, 장애인은 선천적이든 후천적이든 신체적 또는 정신적 능력의 결함으로 일상의 개인 또는 사회생활에 필요한 것을 확보하는 데 스스로는 완전히 또는 부분적으로 행할 수 없는 사람을 의미한다. 세계보건기구(WHO)에서 발표한 일반적인 장애를 규정하는 개념은 첫째, 해부학적. 신체구조학적. 지능적 및 심리적인 이상성이나 상실의 개념, 둘째, 신체 구조적 또는 심리적 과정으로 일으키는 만성적인 질환으로의 개념, 셋째, 기능적인 개념 넷째, 행동규범의 개념 등이 있다.

1) 장애아의 범주

1981년 법제정에 따르면, 지체장애, 시각장애, 청각장애, 언어장애, 정신지체, 지적장애의 다섯 가지 유형만을 법적인 측면에서 장애인으로 인정하였다. 이후 제1차 '장애인복지법'이 개정되었으며, 기존의 다섯 가지 범주에서 뇌병변장애, 발달장애(자폐), 정신장애, 신장장애, 심장장애 다섯 개 범주가 추가되어 총 10개로 확대 개정되었다.

2003년 7월 사회의 변화에 따른 질병, 재해, 사건사고 등으로 각종의 장애의 수가 증가하여 장애범주를 경제수준, 질병의 정도(중증도), 자립의 가능성 등을 고려하여 만성·중증의 호흡기장애, 간장애, 안면장애, 장루·요루장애, 간질장애의 다섯 개범주를 추가 개정하였다.

2007년 10월 장애인 등에 대한 특수교육법에 명시된 특수교육대상자의 유형의 분류에 따르면, 장애인복지법의 일부가 개정되어 명칭변경(정신지체 → 지적장애, 발달장애 → 자폐성장애)을 포함하여 시각장애, 청각장애, 지적장애, 정서 및 행동장애, 자폐성장애, 의사소통장애, 학습장애, 건강장애, 발달지체, 그밖에 대통령령으로 정하는 장애들로 구분되어 있다.

장애는 개인이나 가족이 해결해야 할 특정계층만의 문제가 아니라 가정을 넘어 국가가 관심을 갖고 해결해야 할 복지정책 차원의 국가적 과제이다.

장애아동의 권리

〈장애인 복지법〉

제3조(기본이념)
① 장애아동을 위한 모든 활동에 있어서 장애아동의 이익이 최우선적으로 고려되어야 한다.
② 장애아동은 자신에게 영향을 미치는 모든 활동에 대하여 자신의 견해를 자유로이 표현할 권리를 최대한 보장받아야 한다.

제4조(장애아동의 권리)
① 장애아동은 모든 형태의 학대 및 유기·착취·감금·폭력 등으로부터 보호받아야 한다.
② 장애아동은 부모에 의하여 양육되고, 안정된 가정환경에서 자라나야 한다.
③ 장애아동은 인성 및 정신적·신체적 능력을 최대한 계발하기 위하여 적절한 교육을 제공받아야 한다.
④ 장애아동은 가능한 최상의 건강상태를 유지하고 행복한 일상생활을 영위하기 위한 의료적·복지적 지원을 받아야 한다.
⑤ 장애아동은 휴식과 여가를 즐기고, 놀이와 문화예술활동에 참여할 수 있는 기회를 제공받아야 한다.
⑥ 장애아동은 의사소통능력, 자기결정능력 및 자기권리 옹호능력을 향상시키기 위한 교육 및 훈련기회를 제공받아야 한다.

2) 장애 아동의 분류

최근 우리나라의 장애의 개념 및 유형의 분류의 기준, 장애의 범주를 확장함과 동시에 특정장애의 특징을 나열하는 형식에서 선진국의 분류형태로 유사하게 수용하는 방향을 변화 되고 있다.

장애인에 대한 특수 교육법에 따른 특수교육대상자의 유형의 분류와 개념은 <표 7-1>과 같다.

〈표 7-1〉 **장애유형과 개념**

번호	장애유형	개념
1	시각장애	시각계의 손상이 심하여 시각의 기능을 하지 못하는 상태로 보조공학기기를 사용하거나 특정 광학기구 등을 통하여 학습하거나 촉각 또는 청각을 학습수단으로 사용해야 하는 경우
2	청각장애	청력계의 손상이 심하여 보조보청기를 사용하여도 의사소통이 불가능한 상태의 경우의 사람을 말함
3	지적장애	정신발육이 지체되어 지적능력의 발달이불충분하거나 불완전하고 자신의 일을 처리하는 것과 사회생활에 적응하는 것이 곤란한 경우
4	정서 및 행동장애	장기간 교육의 기간을 요구하는 경우로 건강상, 지적, 심리적, 부적응, 불안감, 우울감, 불행감, 공포, 공황장애 등을 오랜 기간 생활에 어려움이 있는 경우를 말함
5	자폐성장애	타인과의 사회적 상호작용 결함이 있는 경우로 의사소통이 어려우며, 반복적이고 상동적인 행동을 특성으로 전반적 발달장애(Pervasive developmental Disorder)의 경우
6	의사소통장애	언어의 인지능력이 현전히 부족한 경우로 단어의 의미전달이 불가능한 경우를 말함
7	학습장애	인지학습의 영역에서 읽기, 쓰기, 듣기, 말하기에 어려움이 있어 문제해결에 있어 기능이 현저하게 부족한 경우를 말함
8	지체장애	신체의 기능장애로 뇌성마비, 소아마비, 신경장애 등으로 스스로 생활성취도가 매우 낮은 경우를 말함
9	건강장애	질병으로 장기치료, 장기입원으로 학업과 지속적 교육이 어려운 상태를 말함
10	발달지체	발달영역 중 하나 이상의 영역이 또래보다 발달이 지체되거나 퇴보된 상태를 말함

2. 장애아동의 특성

가족은 사회의 기본단위인 동시에 공동 운명체적 집단으로서 개인이 성장하고 발달하는 데 많은 영향을 미치는 사회유지와 발전의 원동력이 되는 기초 집단이다(손재익, 2010).

장애아동을 양육하면서 부모들이 부정적 정서를 경험한다. 충격, 부인, 슬픔, 분노, 상실 등 부모로서의 부적절감 등을 경험하며, 이로 인해 낮은 자기 효능감(Self-efficacy) 혹은 자존감을 나타내기도 한다. 이외에도 장애인의 출생과 독립에 대한 죄의식과 자기비난을 나타내기도 한다(조윤경, 2005)

〈표 7-2〉 장애아동 부모의 심리단계 및 특징

단계	특징
걱정	불확실성을 갖고 정확한 진단을 받기 전까지 걱정하는 과정
충격	정확한 진단에 따른 충격으로 전문가의 대처방법이나 조언을 거부하는 과정
부정	기적적인 치료, 희망적인 진단을 기대하며 의사를 찾거나 쇼핑을 하는 과정
죄의식	자녀에 대한 책임감으로 사랑하는 마음과 거부감, 증오심을 느끼는 과정
분노	자신에게 장애아동이 태어난 것에 대한 불공평한 감정에서 오는 과정
우울	비장애아동과 비교하며 자녀가 가지고 있는 장애를 염려하는 과정
수용	여러 가지 감정의 과정을 극복하여 장애아동에 대한 장래계획과 실제적인 문제를 생각하는 과정

출처: 김원경 외(2009). 최신특수교육학.

장애아동의 연령이 높거나 낮은 것과는 상관없이 아동의 성장기의 전 과정에서 부모의 스트레스의 수준에 차이가 있으며, 영유아기 아동의 장애에 대한 초기 적응시기와 청소년시기의 성적 발달기를 지나는 성인기 도래점에는 많은 스트레스와 갈등을 경험한다고 한다(Friedrich, 1981)

반면, 장애아동가족의 특성으로 높은 스트레스와 가족갈등 등의 부적응적 양상만으로 설명하기 힘든 제한점이 있다. 장애아동가족 중에는 오히려 장애를 수용하고 극복하는 과정에서 가족 간의 결속력과 응집역이 강해짐으로써 비장애아동가족보다 더 높은 가족연대감을 경험하기고 한다(김미옥, 2001). 장애에 대한 긍정적 의미부여는 가족이 장애를 어떻게 해석하는지에 관한 가족의 인지적 평가이다. 이는 가족통제감 개념 중의 하나로써, 높은 가족 통제감은 탄력적인 가족의 특징이기도 한다(Walsh, 1998).

표선숙(1995)은 장애아동 출생에 따른 부모의 반응 및 적응과정에서의 다음과 같은 네 가지의 부모 장애수용과정을 거치게 된다고 강조하고 있다.

첫 번째 단계는 충격, 불신, 거부의 단계로써, 이는 장애아동의 발생에 대해 부모가 경험하는 최초의 극단적인 감정으로 부모들은 충격을 받고 사실을 믿지 않으려고 하며 부정하는 것이다. 자녀가 장애아가 아니라는 진단을 받기 위해서 여러 병원을 돌아다니며 재진찰을 받으려는 경향이 있다.

두 번째 단계는 분노의 단계로써, 장애아동의 존재에 대해 더 이상 거부를 할 수 없게 됨에 따라 분노감을 느끼고 화를 낸다. 이러한 분노는 내재화되어 자기 증오감을 경험하게 된다. 또한, 불공평의 감정을 동반하면서 서로 다른 대상, 즉 신이나 의사 혹은 간호사에 대해 이러한 분노가 투사되기도 한다.

세 번째 단계는 타협의 단계로, 자신과의 타협과 함께 자신의 모든 에너지 동원하여 소비하는 단계로 심리적 혹은 행동적 문제충격, 불신, 거부 진단의 수용 거부, 수치심, 죄책감, 죄의식, 고립, 무가치감, 분노, 불공평감, 자기증오감타협, 협상 신과의 타협, 자기희생, 자기방어우울, 낙담 사랑과 증오의 갈등, 만성적 슬픔, 무력감수용 아동의 장애에 대한 수용, 해결방법 모색 등과 함께 소비하려 하며 아동을 위한 자기 자신의 목표 등을 희생하고자 한다. 또한, 부모 자신의 처벌에 대한 잠재의식적 희망을 갖기도 한다.

네 번째 단계는 우울과 낙담의 단계로, 장애아동에 대한 인식이 나타남에 따라 점차 낙담에 빠져 우울해지며, 장애아동에 대해 사랑과 증오가 갈등하는 감정을 노출시키는데, 이러한 침체 분위기는 정상아동 부모들이 즐거운 순간들을 느낄 때마다 반복된다.

마지막 단계는 수용의 단계로, 장애아동을 가진 부모가 장애아동에 대해 부모는 자신의 감정을 극복할 수 있고, 아동의 능력과 제한을 이해하는 단계에 이를 수 있다(Cook · Armbruster, 1983: 260~264).

장애아동의 부모들은 무엇보다도 가족 외부에서 느끼는 사회적 시각에 따른 심리적 스트레스도 적지 않다. 아직까지 우리나라에서도 많이 개선이 되어 있지만, 장애인에 대한 편견과 복지정책들이 부족한 실정이다. 이로 인하여 장애아동 및 가족들은 사회적 고립을 경험하는 경우가 적지 않다. 그 결과, 장애아동가족들은 가족, 친척, 사회동료들과 열등감을 지닌 채 갈등의 해결점을 찾지 못하여 어려움을 겪는다.

임은경(2008)의 연구에 따르면, 장애아동부모의 사회적 지지망은 가족원, 친족, 이웃, 친구, 사회적 서비스 종사자와 교육종사라고 하였다. Kazak와 Marvin의 연구에 의하면, 정상아동부모보다 장애아동부모의 사회적 지지망 크기가 작으며, 지지망의 밀도에 있어서도 장애아동부모가 정상아동부모보다 밀도가 높으며, 장애아동부모가 더 많이 중복된 지지망의 구성원을 가지고 있는 것으로 보았다(김세희, 2014에서 재인용). 장애아동가족의 사회적 지지는 장애유아부모들이 위기에 긍정적으로 대처하도록 도와주고, 장애자녀의 양육 시 수반되는 다양한 요구를 수용할 수 있게 돕는다(Cohen & Wills, 1985).

장애아동부모에게 중요한 것들은 할 기회가 주어지고, 가족이 함께 즐거운 생활을 함께할 수 있는 상황을 의미하는 것이다(고일영, 2010). 따라서 가족의 삶의 질을 높일 수 있는 복지정책들이 요구된다.

3. 장애아동의 실태

장애인의 수는 해가 갈수록 점점 증가하고 있다. 장애아의 등록수는 2015년 기준으로 총 2,494,460명으로 등록되었다.

〈표 7-3〉 **전국 장애인 등록현황**

연도	2009	2010	2011	2012	2013	2014
장애인수(명)	2,410,444	2,517,312	2,519,241	2,511,159	2,501,112	2,494,460

전국장애인 아동등록현황에 따르면, 0~9세 아동은 총 29.510명이며, 10~19세 아동의 경우 67.873명으로 현황이 조사되었다. 장애인아동 등록현황은 <표 7-4>와 같다.

〈표 7-4〉 **전국장애인 아동 등록현황**

나이	1급		2급		3급		4급		5급		6급		합계
	남	여	남	여	남	여	남	여	남	여	남	여	
0~9세	6.733	4.242	4.911	2.625	5.010	2.581	8.0	436	556	425	690	471	29.510
10~19세	14.994	7.583	14.031	7.735	10.098	5.068	1.404	809	1.520	1.007	2.361	1.263	67.873

또한, 장애의 유형에 따른 2011년부터 2015년까지의 유형별 등록현황을 보면 지체장애가 상대적으로 가장 많은 비율을 차지하고, 과거보다 근소하게 줄고 있으나, 통계와 등록하지 않은 수에 대한 잠정수치를 고려할 때 감소추세보다는 증가추세가 적정할 것으로 판단된다.

〈표 7-5〉 **2011~2015년 장애 유형별 등록현황**

	2011년	2012년	2013년	2014년	2015년
계	2,519	2,511	2,501	2,494	2,490
지체장애	1,333	1,322	1,309	1,296	1,281
시각장애	251	252	253	253	253
청각, 언어	279	276	273	271	269
지적장애	167	173	179	184	190
뇌병변장애	261	258	253	251	251
자폐성장애	16	17	18	20	21
정신장애	95	95	96	97	99
신장장애	60	63	67	70	74
심장장애	10	8	7	6	6
호흡기장애	15	14	13	12	12
간장애	8	9	9	10	10
안면장애	3	3	3	3	3
장루, 요루장애	13	13	14	14	14
뇌전증장애	9	8	7	7	7

출처: 보건복지부(2015). 시, 도 장애인 등록현황.

장애아동의 돌봄과 양육과 관련된 실태에서는 최복천 외(2013)의 연구에 따르면, 평일 평균 12시간 이상이 자녀를 돌보며, 주말이나 공휴일의 경우는 평균 18시간 이상 자녀를 돌보고 있는 것으로 나타났다. 또한, 장애가족은 자녀 돌봄으로 일상적인 사회활동 참여에 제약을 받고 있는 것으로 나타났고, 양육부담에서는 경제적 부담이나 신체적 부담보다 정서적 부담이 가장 높게 나타났다. 가족관계의 실태에서는 가족 간의 갈등이 다소 있거나 자주 있다고 응답한 경우가 전체 응답의 57.8% 나타났으며, 가족갈등은 46.9%가 부부관계 안에서 발생하는 것으로 나타났다. 갈등의 주요이유는 아동의 돌봄 부담과 가족 간의 이해부족에 기인한다고 응답한 비율이 가장 높게 나타났다.

4. 장애아동을 위한 복지의 방향

1) 장애아동을 위한 복지

(1) 장애아동을 위한 개별화 교육(IEP)

장애아동을 위한 통합 또는 개별화 교육에 의미 있게 참여할 수 있도록 해야 한다. 장애아동을 위한 개별화 프로그램이란 장애로 인한 발달적 개인차를 적절한 프로그램을 통해 통합교육프로그램을 적용시켜 발달에 적합한 활동을 계획하고 시행하는 것을 말한다. 아동의 장애의 특성이 고려되어 각 아동의 맞춤형 교육이라고 생각할 수 있다. 즉, 개별화 교육이란 각급 학교의 장이 특수교육대상자 개인의 능력을 계발하기 위하여 장애유형 및 장애특성에 적합한 교육목표, 교육방법, 교육내용, 특수교육관련서비스 등이 포함된 계획을 수립하여 시행하는 교육을 말한다(고인숙 외, 2017).

(2) 장애아동을 위한 교육재활서비스

장애아동을 위해 장애아동복지법에 따라 지원할 수 있는 법적 제도를 제공하고 있다. 성장기의 정신적·감각적 장애아동의 기능향상과 행동발달을 위한 적절한 발달재활서비스 지원 및 정보가 제공된다. 장애아동복지지원법 제21조 ① 국가와 지방자치단체는 장애아동의 인지, 의사소통, 적응행동, 감각·운동 등의 기능향상과 행동발달을 위하여 적절한 발달재활서비스(이하 "발달재활서비스"라 한다)를 지원할 수 있다.

만 18세 미만 장애아동이 「초·중등교육법」 제2조에 따른 학교에 재학 중인(휴학생은 제외) 경우에는 만 20세가 되는 달까지 지원을 연장하되, 만 20세에 도래하기 전에 학교를 졸업하는 경우에는 졸업하는 달까지 인정하여 지원을 받을 수 있다.

전국가구 평균소득의 150% 이하로 소득기준이 150% 초과하는 경우에는 장애아 2명 이상 가구, 부모 중 1명 이상이 중증장애인(1, 2급 및 3급 중복장애)인 가정에 대하여 시·군·구청장이 인정하는 경우에는 예산범위 내에서 지원할 수 있다.

정부의 지원에 대한 제도가 있는데도 장애아동들이 교육을 받을 수 있는 어린이집 및 재활교육기관들이 턱없이 부족한 실정이다.

2) 장애가족을 위한 복지

장애아동을 둔 가정의 부모는 일반적인 양육환경과 사회적 환경의 변화에 대해 부모 자신이 장애출현이라는 예상하지 못한 현실에 대한 적응에서부터 경제적 어려움, 장애아동으로 추가적인 부모역할의 확대에 따른 다른 가족구성원 간의 갈등문제 해결 등 해결해야 할 다양한 문제들과 직면하게 되며, 이러한 환경으로 부모들은 다양한 요구가 발생하게 된다(김천국, 2011). 형제·자매들의 요구로는 첫째, 장애아동을 위한 결정이나 토론에 참여하기를 원한다. 둘째, 자신의 또래 친구들이 장애아 형제·자매에게 보이는 반응에 대해 대답하는 방법을 알기를 원한다. 셋째, 일반적으로 부모가 자신에게 모든 점에게 정직하기를 원한다(조윤경 외, 2008).

Dunst와 Triverre(1994)는 가족중심모델의 다양한 특성과 가족지원의 원리를 일관성 있는 프로그램 모델로 통합하여 <표 7-6>과 같이 제시하고 있다.

〈표 7-6〉 **가족중심모델의 다양한 특성과 가족지원의 원리**

구분	가족에 대한 사정	가족지원의 개입과 관리자 역할
전문가 중심 모델	• 전문가 관점에서 가족이 가진 요구를 결정 • 전문가는 그 가족을 전문가의 원조가 필요한 결함이나 병리적인 문제가 있는 것으로 이해함 • 가족의 문제해결을 위해 전문가 개입의 필요성을 강조함 • 가족기능에 대한 전문적인 평가 요구함	• 가족지원은 개입 프로그램 담당직원이 시행함 • 사례관리자가 가족의 서비스를 동원하며 조정함
가족 협력 모델	• 가족을 전문가의 협력자로 봄 • 가족의 삶을 변화시키는 데 전문가의 교육과 보호가 전제되어야 많이 가능하다고 봄	• 가족지원은 아동발달을 목적으로 한 서비스에 초점을 둠 • 사례관리는 전문가가 시행하며, 가족은 관리자의 관리에 협력
가족 초점 모델	• 가족의 기능향상을 위해 가족과 전문가는 서로 협력하여 결정함 • 전문가의 조언과 지도의 필요성을 중시함	• 사례관리전문가가 제공하는 서비스를 가족이 이용하도록 함
가족 초점 모델	• 전문가는 전문적인 관계망을 이용하도록 격려하는 역할 • 평가활동은 아동의 발달에 관한 것으로 가족과 전문가가 상호 협력적으로 이뤄짐	• 사례관리전문가가 제공하는 서비스를 가족이 이용하도록 함
가족 중심 모델	• 가족의 장점, 잠재력 사정 • 가족의 의사결정 중시 • 가족은 원조의 대상자인 동시에 원조에 활용되는 도구 • 개입의 실제 우선적인 목적은 가족의 능력 강화	• 가족의 관심과 요구가 평가과정을 주도함 • 가족지원은 가족의 선택적인 결정에 따라 이뤄짐 • 사례관리자의 역할이 가족의 요구에 따라 결정됨

출처: 오혜경(2001), 장애아동 가족지원에 관한 고찰(한현정, 2002 재인용).

5. 토론 및 워크숍

Article

Name: ____________

○ Title: ______________________________

○ Keywords: ______________________________

○ 해결방안:

-
-
-
-
-
-

Group Discussion

성명: ____________

○ TOPIC: 트라우마에 대해서 토의해봅시다.

–…

–…

–…

–…

–…

–…

–…

–…

–…

–…

–…

–…

–…

–…

–…

MOVIE

성명: ____________

- Title: ________________________________
- Keywords: ________________________________
- Impression: ________________________________

Keywords

성명: ___________

Child
Rights
and
Welfare

제8장

학대아동을 위한 권리와 복지

- 1. 아동학대의 개념 및 정의
- 2. 아동학대의 현황 및 실태
- 3. 아동학대 신고의무자의 역할
- 4. 학대아동의 특성 및 원인
- 5. 아동학대의 대처방안
- 6. 토론 및 워크숍

〈학습목표〉

① 아동학대의 개념과 유형에 대해 살펴보아요.

② 유아교육현장에서 일어나는 아동학대의 원인과 대처방안에 대해 설명할 수 있어요.

1. 아동학대의 개념 및 정의

현대사회는 많은 변화를 요구한다. 한 사람의 구성원이 가정을 이루고 살기 위해서는 경제적인 뒷받침이 그 어느 때보다 중요한 위치를 차지한다. 현대에 가정을 이루는 대부분의 부모는 맞벌이 전선에 뛰어들어야 한다. 이러한 상황에서 자녀를 양육하는 일은 매우 어렵고 힘들다. 부모들은 어린 자녀를 유아교육기관에 맡겨야 하는 시간이 길어지고, 많은 시간을 함께할 수 없다는 안타까움에 부모들은 더욱 더 예민한 반응으로 유아교육기관을 바라보며, 본인들이 수행하지 못한 많은 일을 유아교육기관에 기대하고 요구한다. 더욱이 최근 몇 년 사이 유아교육기관에서 큰 이슈가 되었던 아동학대사건은 영유아 학부모들의 불안함을 더욱 가중했다. 국가적인 차원에서도 아동학대 예방에 대한 노력과 법적 강화를 하고, 어린이집 내 CCTV설치의 의무화 등 다양한 방법으로 아동학대에 대한 예방책을 마련해 나가고 있다. 이 장에서는 아동학대를 예방하기 위해서는 무엇보다 아동들과 함께하는 성인들의 아동학대에 대한 이해가 먼저 선행되어야 하므로 아동학대란 무엇이며, 개념 및 정의에 대해 알아보고자 한다.

1) 아동학대의 개념

아동학대란 보호자를 포함한 성인이 아동의 건강 또는 복지를 해치거나 정상적인 발달을 저해할 수 있는 신체적·정신적·성적 폭력이나 가혹행위를 하는 것과 아동의 보호자가 아동을 유기하거나 방임하는 것을 말한다(아동복지법 제3조 제7호). 즉, 해야 하는 데도 아동의 기본욕구를 만족시키지 않는 경우와 하지 말아야 할 것을 의도적으로 아동에게 해를 가하는 행위들을 말하는 것이다.

2014년부터 시행되는 '아동학대범죄의 처벌 등에 관한 특례법' 이후 어린이집, 유치원 아동학대도 보호자에 의한 아동학대에 해당되어 특례법의 적용을 받게 되었다. 아동복지법에서 금지하는 행위는 다음과 같다(아동복지법 제17조).

아동복지법 제17조(금지행위) 누구든지 다음 각 호의 어느 하나에 해당하는 행위를 하여서는 아니된다. 〈개정 2014.01.28.〉

1. 아동을 매매하는 행위
2. 아동에게 음란한 행위를 시키거나 이를 매개하는 행위 또는 아동에게 성적 수치심을 주는 성희롱 등의 성적 학대행위
3. 아동의 신체에 손상을 주거나 신체의 건강 및 발달을 해치는 신체적 학대행위
4. 삭제〈2014.1.28〉
5. 아동의 정신건강 및 발달에 해를 끼치는 정서적 학대행위
6. 자신의 보호·감독을 받는 아동을 유기하거나 의식주를 포함한 기본적 보호·양육·치료 및 교육을 소홀히 하는 방임행위
7. 장애를 가진 아동을 공중에 관람시키는 행위
8. 아동에게 구걸을 시키거나 아동을 이용하여 구걸하는 행위
9. 공중의 오락 또는 흥행을 목적으로 아동의 건강 또는 안전에 유해한 곡예를 시키는 행위 또는 이를 위하여 아동을 제3자에게 인도하는 행위
10. 정당한 권한을 가진 알선기관 외의 자가 아동의 양육을 알선하고 금품을 취득하거나 금품을 요구 또는 약속하는 행위
11. 아동을 위하여 증여 또는 급여된 금품을 그 목적 외의 용도로 사용하는 행위

2) 아동학대의 유형

아동학대의 유형은 신체학대, 정서학대, 성적학대, 방임 및 유기로 나누어지며, 학대의 범위에 따라 협의와 광의의 개념으로 구분된다. 협의의 개념은 아동을 보호하는 보호자의 의도성에 초점을 두어 보호자의 행위 및 태만의 결과로 신체적인 위협을 가할 때 정의하는 반면, 광의의 개념은 아동이 입게 되는 표면적인 상처 외에 내면적이고 잠재적인 해까지를 고려하여 포함한 경우이다.

아동학대는 아동을 바라보는 주 양육자의 아동관에 따라 크게 달라진다. 영유아를 보호하고 가르친다는 명목에서 아이들의 행동을 제한하고 일방적인 지시나 강압적으로 행하는 경우, 무시하거나 비웃기, 위협하기, 반응이 없거나 비웃거리기, 쉽게 핀잔주기, 필요 이상으로 비난하기 등의 행위가 그러하다. 이러한 행위는 아동을 수평적이고 보호받아야 할 대상으로 여기기보다는 수직적이고 아동의 렌즈가 아닌 성인의 렌즈에서 아동을 바라보는 인식의 차이라 볼 수

있다.

2016년 중앙아동보호전문기관의 전국아동학대현황보고서에 따르면, 중복학대를 포함하여 아동학대 사건은 총 17,662건으로, 정서학대가 40.7%로 가장 많았으며, 그다음으로 신체학대(37.7%), 방임(18.0%), 성학대(3.6%)의 순으로 나타났다. 최근 발생하는 아동학대는 중복학대가 크게 증가하고 있고, 방임학대는 다소 줄어드는 가운데 정서학대가 증가되고 있다. 주로 소리지름, 언어적 폭력, 공포분위기 조성 등의 비율을 높게 나타나고 있으며, 이는 여러 유형의 학대가 복합적으로 발생한다는 결과이며 통합적인 접근이 필요함을 시사하고 있다.

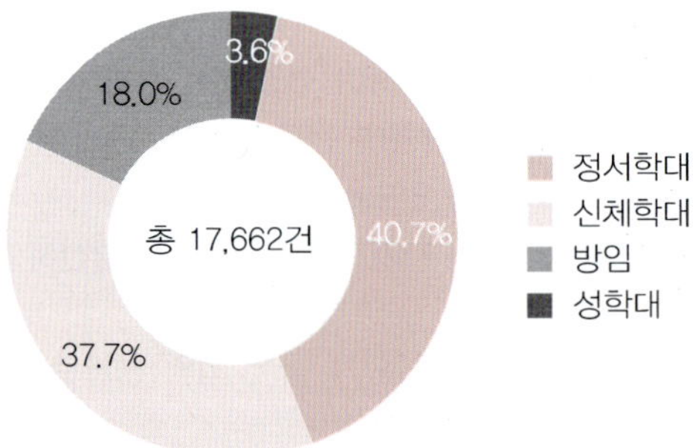

출처: 중앙아동보호전문기관(2016년). 전국아동학대현황보고서.

[그림 8-1] **아동학대 유형: 중복학대 포함**

(1) 신체학대

신체학대란 부모나 양육자가 아동에게 손, 발, 주먹 등을 사용하거나 여러 가지 도구를 사용하여 신체적인 손상과 고통을 주는 경우를 말하며, 직접적으로 신체에 가해하는 행위, 도구 사용하여 신체에 가해하는 행위, 신체에 유해한 물질로 신체에 가해하는 행위 등이 포함된다. 연령에 적합하지 않은 일을 시키는 노동착취나 정서적인 학대를 동시에 행하는 경우를 말한다.

〈표 8-1〉 신체학대의 특징 및 사례

항목		예시	
신체학대	(자, 회초리 ,긴 막대 등의)도구로 아동을 위협한 적이 있다.	흔들기/잡아당기기/밀치기 손이나 손바닥으로 때리기/꼬집기/물기	아동이 친구와 싸운다 하여 뺨을 때리고 억지로 한 팔을 끌고 가서 양쪽 어깨를 흔들며 뒤로 확 젖힘. 아동이 말을 듣지 않는다 하여 화장실에서 머리를 양손으로 움켜잡고 벽에 부딪히게 함. 만 2세 아동이 다른 아동 깨물어 피 냈다는 이유로 아동의 엉덩이를 두 차례 때리고 손을 두 차례 깨물며 볼을 꼬집음.
		발로 차기/때리기	복도에서 심하게 장난쳤다는 이유로 아동의 옆구리와 허리를 걷어차고, 발을 걸어 넘어뜨림.
		도구로 때림	낮잠시간에 낮잠을 자지 않고 손에 쥔 채 놓으려고 하지 않아 파리채로 아동의 뺨을 때림. 만 6세 아동이 '가나다라'를 모른다는 이유로 가위와 연필로 배를 10번 정도 찌름.

(2) 정서학대

정서학대는 아동의 인성발달에 손상을 입히는 행위로 언어적, 정서적 위협, 감금, 심한 욕설, 고함, 독방에 감금하는 행위, 벌거벗겨 내쫓은 행위, 따돌림, 부당한 차별대우 등 가학적 행위를 포함한다. 부모가 자녀에게 욕설하고 협박하거나 모욕을 주며 소리를 지르고 비난하는 것도 학대에 포함된다. 정서학대는 눈에 잘 띄지 않고 당장 그 결과가 심각하게 나타나지 않기 때문에 좀 더 세심한 주의가 필요하다.

〈표 8-2〉 정서학대의 특징 및 사례

항목		예시
정서학대	아동에게 원망적, 거부적, 적대적 또는 경멸적인 언어폭력을 한 적이 있다.	• 아동에게 욕을 하거나 나쁜 말을 한 적이 있는 경우: 돼지야, 이 못생긴 게, 멍청아, 바보, 나가 죽어라, 야 이 새끼야 등 • 아동을 비판, 비난, 조롱, 모욕, 우롱한 적이 있는 경우: 넌 혼자 이것도 못하니, 아비 없는 자식, 너처럼 못하는 아이는 처음 봤다며 무시하는 행위
	아동의 인격이나 감정/기분을 무시하거나 모욕하는 행위를 한 적이 있다.	매운 음식을 먹을 때 물을 마시지 못하게 하는 행위, 음식을 먹는 속도가 느리다는 이유로 연령이 낮은 반으로 보내서 아동이 수치심을 느끼게 하는 행위 등,
	아동에게 위협을 주는 언어나 행동을 한 적이 있다.	숫자 다 셀 때까지 해, 엄마한테 일찍 데리러 오지 말라고 할 거야, 동생반이나 원장반으로 보내 버릴 거야, 엄마아빠한테 이를 거야, 집으로 내쫓을 거야, 시키는 행동을 하지 않으면 그 아동이 바깥놀이를 하지 못하게 하는 행위 등

항목		예시
정서학대	아동에게 폭력적인 장면을 노출한 적이 있다.	아동에게 종사자 간 싸움 장면을 노출시키는 행위, 원장이 아동에게 폭력을 행사하는 것을 다른 아동이 목격하는 경우 등
	화장실, 창고 등 아무도 없는 빈 장소에 벌을 세우기 위해 아동을 가둔 적이 있다.	"당장 그만두지 않으면 혼자 놔두고 갈 거야!"
	공포분위기를 조성함.	아동에게 소리를 질러 공포분위기를 조성함.

(3) 성적학대

성적학대는 성인이나 나이가 많은 아동이 성적인 자극이나 충족을 목적으로 아동에게 성적행위를 하는 것으로 성적폭력과 성적착취, 성희롱, 성적유희, 자위행위장면의 노출, 성적접촉 등이 있으며, 학교나 가정에서 주로 발생한다. 아동의 성적학대는 피해자들의 아는 사람에 의해 대부분 이루어지며, 가해자가 친족인 경우도 빈번하기 때문에 특별한 주의가 필요하다.

〈표 8-3〉 **성적학대의 특징 및 사례**

항목		예시
성학대	아동의 생식기 접촉, 행위자의 생식기 접촉	아동을 아무도 없는 곳에 가서 불을 끄고 바지와 속옷을 벗긴 후 음부를 만진 사례, 성기를 아동의 입에 넣는 행동 등

(4) 방임 및 유기

방임은 자신을 보호, 감독을 받는 아동을 유기하거나 의식주를 포함한 기본적 보호, 양육 및 치료를 소홀히 하는 행위를 말한다. 방임에는 신체적 방임, 식생활 방임, 의생활 방임, 주생활 방임, 의료적 방임, 도덕 및 교육적 방임, 성적 방임, 정서적 방임 등이 있으며, 당연히 영유아가 받아야할 권리를 받지 못하고 방치될 경우를 말한다.

〈표 8-4〉 방임의 특징 및 사례

항목		예시
방임	돌봄방임	아동이 적절한 음식을 충분히 제공받고 있지 못하고 있음. 급식이 영양적으로 균형있게 제공되지 못하고 아토피증세 일으킴. 음식이 신선도나 청결면에서 적절치 못한 경우.
	환경적 방임	어린이집 아동의 물리적 환경은 안전하지 못한 환경제공(아동들이 수시로 왔다갔다하는 입구에 세로로 세워놓아 아동들이 위험한 상황을 방치함). 현관, 복도 계단 화장실, 세면실 등이 청결되지 못하는 환경 조성. 어린이집 실내외 시설, 설비 및 놀이시설에 안전장치가 없이 아동들이 다니는 경우.
	의료적 방임	24시간 어린이집에서 관리소홀로 아동들이 아토피와 습진 등 피부병이 생겼음. 아동이 다쳤는 데도 의료적 처치가 되지 않는 경우.
	감독방임	교사가 아동을 혼자 두는 경우. 충분한 대체환경을 제공하지 않은 채 아동을 혼자 두었음(교사가 아동을 재운 뒤 30분 이상 자리를 비우고 있는 경우).

2. 아동학대의 현황 및 실태

중앙아동보호전문기관(2016), 전국아동학대현황보고서에 따르면, 2001년도 2,105건에서 2013년에는 6,796건, 2015년도에는 11,715건으로 무려 55.6%의 5배로 아동학대사건이 증가된 것으로 나타났다. 이러한 피해아동 발견율 및 아동 학대사례건수 증가의 원인으로 인해 정부에서는 아동학대사건에 대한 신고의무를 강화하고 아동학대 신고전화를 112로 통합하였으며 전국에 아동보호전문기관의 증설을 통해 아동학대를 방지하려는 노력을 하고 있다.

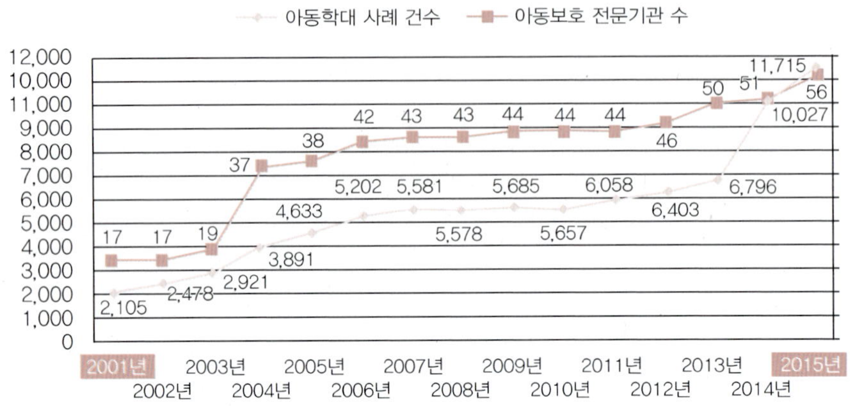

출처: 중앙아동보호전문기관(2016). 전국아동학대현황보고서.

[그림 8-2] **2016년도 아동학대사건 사례건수**

또한, 아동학대사건의 발생빈도와 사건이 일어난 장소를 살펴보면 일주일에 한 번 이상 빈번하게 학대를 경험한 아동은 49.1%로 사례의 절반을 차지하고 있다. 이러한 만성적인 학대는 일회성의 학대보다 휴우증이 더욱 심각하게 나타날 수 있어서 아동학대의 근본적인 원인과 아동에 따라서 다양한 서비스 제공이 필요하다.

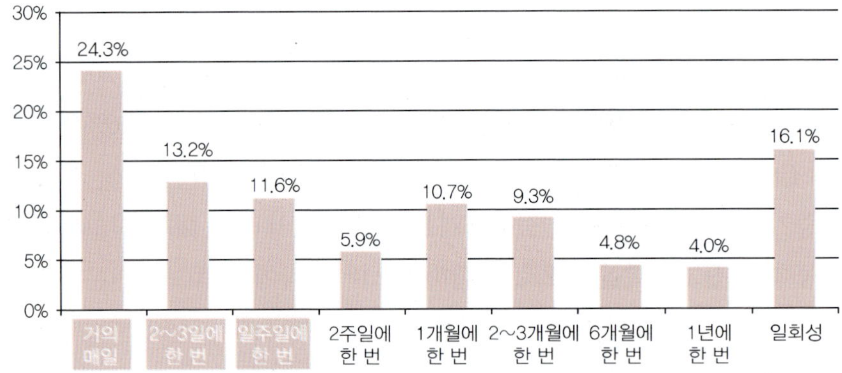

출처: 중앙아동보호전문기관(2016). 전국아동학대현황보고서.

[그림 8-3] **2016년도 아동학대 발생 빈도**

아동학대사건의 발생장소는 가정내에서 발생하는 사례가 9,641건(82.3%)으로 가장 높게 나났으며, 그 외 어린이집이 432건(3.7%), 유치원이 207건(2.2%)의 학대사건이 발생하였다.

〈표 8-5〉 2016년도 아동학대 발생장소

발생장소		건수(비율)	계
가정 내	아동 가정 내	9,381(80.1)	9,641(82.3)
	학대행위자 가정 내	260(2.2)	
집근처 또는 길가		213(1.8)	1,686(14.4)
친척집		78(0.7)	
이웃집		19(0.2)	
어린이집		432(3.7)	
유치원		207(1.8)	
학교		258(2.2)	
학원		68(0.6)	
병원		49(0.4)	
복지시설	아동복지시설	331(2.8)	
	기타복지시설	31(0.3)	
숙박업소		61(0.5)	388(3.3)
종교시설		24(0.2)	
기타		286(2.4)	388(3.3)
파악 안 됨		17(0.1)	
계			11,715(100.0)

출처: 중앙아동보호전문기관(2016). 전국아동학대현황보고서.

3. 아동학대 신고의무자의 역할

어린이집에서의 보육교직원은 타 아동학대 신고의무자보다 아동학대를 발견할 기회가 쉽기 때문에 아동을 잘 관찰하여 학대받은 아동을 보호해야 할 중요한 의무가 있다. 특히, 어린 아동일수록 아동학대에 대한 후유증이 심각하므로 어린이집에서의 신고의무는 매우 중요하다.

아동복지법 제7조와 10조에 의하면, 누구든지 아동학대를 알게 된 경우나 의심만 되어도 아동보호전문기관 또는 수사기관에 신고할 수 있으며, 특히 신고의무자들은 직무상 아동학대를 알게 된 때에 즉시 신고하여야 한다고 규정하고 있다. 이를 위반하여 아동학대를 신고하지 아니한 자에게는 오백만원 이하의 과태료를 부과하도록 아동복지법에서 규정(아동복지법 제25조 및 제75조)하고 있다. 다음은 아동학대 범죄의 처벌에 관한 특례법 시행 전후의 변경내용, 그리고 아동학대 신고 시 신고해야 할 내용과 유의사항은 <표 8-6>과 같다.

〈표 8-6〉 **아동학대범죄의 처벌에 관한 특례법 시행 전후**

구분	시행 전	시행 후
신고의무자 범위 확대	• 아동학대 범죄를 알게 된 경우 신고	• 아동학대 범죄를 알게 된 경우나 • 의심이 있는 경우에도 신고 의무화
처벌 규정강화	• 3년 이상의 유기징역으로 처벌 • 집행유예 가능	• 무기 또는 5년 이상의 징역으로 처벌 • 별도 감경사유가 없는 이상 집행유예 불가
과태료 상향	• 300만 원 이하	• 500만 원 이하
아동학대 신고 절차	• 신고전화 129/1577-1391	• 신고전화 112로 통일
기타 추가 수정요구 내용	• 아동학대 현장 출동 시 응급조치 후 학대행위자에 대한 임시조치의 근거규정 마련 • 아동학대 가해자에 대한 격리, 접근금지, 친권행사 제한, 상담위탁 등 임시조치 • 형사처벌이 아니라 보호처분을 우선 • 피해자의 의사를 반영하여 처리해야 함	

출처: 대한민국국회(2015). 아동의 보호받을 권리실현을 위한 아동학대 근절 정책 간담회.

〈표 8-7〉 **아동학대 신고 시 신고해야 할 내용**

학대 의심 내용	학대 행위 의심자 정보	피해 아동 정보	신고자
• 학대 의심 증거 • 학대 발견 시 정황 • 학대 상처 • 학대 지속성	• 이름, 전화번호, 직업 • 학대 행위자 특징 • 피해아동과의 관계 • 피해아동과의 동거 여부 등	• 이름, 전화번호 • 피해아동의 특징 • 피해아동의 현재 상태 등	• 이름, 전화번호 • 피해아동과의 관계 • 학대사실을 알게 된 경위 등

아동학대 신고 시 유의해야 할 사항은

첫째, 가능한 한 얼굴이 나오도록 증거사진 등을 확보한다.

둘째, 아동에게 큰일이 난 것처럼 대해 불안에 빠지게 하지 않도록 일상적으로 대하는 것이 중요하다.

셋째, 성학대의 경우 증거확보를 위해 씻기거나 옷을 갈아입히지 않는다.

넷째, 진술 오염의 위험이 있거나 진술이 오염되면 증거로 불채택되므로 학대에 대해 계속 캐묻거나 유도질문을 하지 않는다.

아동학대를 지원하는 아동보호전문기관은 아동복지법 제45조에 따라 학대 받은 아동의 발견, 보호, 치료에 대한 신속한 처리 및 아동학대 예방을 위하여 설치된 기관이다. 현재 중앙아동보호전문기관 1개, 지역아동보호전문기관 50개를 포함하여 전국에 51개의 아동보호전문기관이 설치되어 있다. 어린이를 대상으로 유아교육기관에 근무하는 모든 교직원들은 영유아들을 사랑하고 행복한 유년기를 보낼 수 있도록 지원해 주는 특별한 사명감을 갖은 교직자의 길을 선택한 사람들이다. 현대사회에서 모두가 발 빠르게 변화를 추구하고 지식중심의 인간교육을 선호하는 시대이지만, 발달가능성이 높고 가소성과 잠재력이 가장 큰 시기의 영유아를 대상으로 하는 직업임을 잊지 않고 영유아를 안전한 보육환경 속에서 삶을 살기 위한 끊임없는 노력이 필요하다.

4. 학대아동의 특성 및 원인

1) 학대아동의 특성

학대를 받는 아동은 아동학대의 유형에 따라 다르게 나타난다. 신체적인 학대를 받은 아동은 신체일부에 표면적으로 나타나는 게 특징이지만, 정서학대나 방임 등의 학대는 대부분 겉으로 나타나지 않는다는 것이 특징이다. 그러므로 성인 및 유아교사들은 아동학대를 받은 아동의 대표적인 특징을 인지하고, 세심히 아동을 관찰하여 의심되는 경우 지체 없이 신고해야 할 의무가 있다. 다음은 아동학대 유형별로 학대를 받는 아동의 특성을 살펴보고자 한다.

(1) 신체학대의 의심 증거

신체학대는 주로 신체부위에 멍자국이나 상처가 난 경우가 대분이다. 상처 난

부위가 외부로 노출된 경우에는 쉽게 발견될 수 있으나, 그렇지 못하는 경우에는 내버려 두기 쉽기 때문에 세심한 주의가 필요하다. 일반 상처와 신체학대로 인한 상처를 살펴보면 다음과 같다.

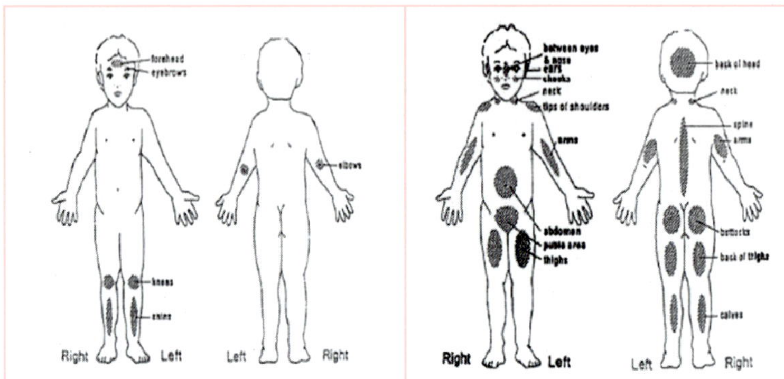

출처: www.childwelfare.gov.

[그림 8-4] **일반 상처 vs 신체학대로 인한 상처**

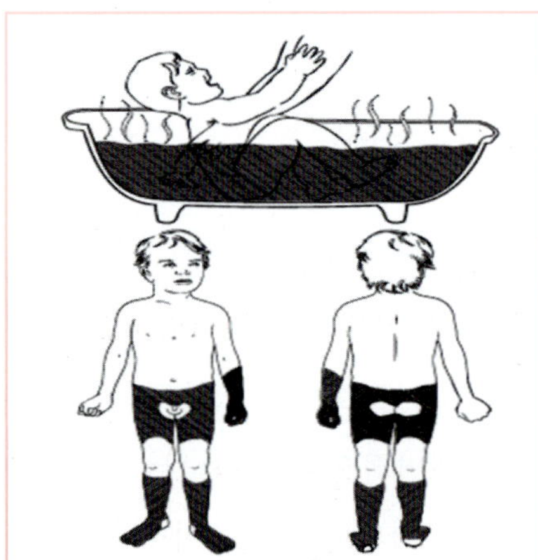

출처: www.childwelfare.gov.

[그림 8-5] **신체학대로 인한 화상**

(2) 정서학대의 의심증거

정서학대의 의심증거는 주로 극단적인 행동양상(조울증), 파괴적인 행동양상 및 과잉행동(자해, 타인을 지나치게 괴롭힘, 동물학대, 부적절한 행동(습관성 야

뇨증, 심하게 손톱 및 엄지손가락을 빠는 경우)), 원인불명의 체중 감소, 잦은 두통 등을 호소하며, 유아교육기관에서는 귀가를 거부하거나 좋지 못한 언행, 우울증 등이 나타나기도 한다.

(3) 성학대의 의심증거

성학대의 의심증거는 대부분 허벅지 안쪽 또는 성기 주변 타박상 흔적이 있거나 걷거나 앉을 때 통증을 호소하기도 한다(걸음걸이가 이상함). 또한, 습관적 구토증상, 성기 또는 항문의 가려움 호소, 남성 또는 여성에 대한 과도한 두려움, 나이에 맞지 않는 성적 지식 및 매혹적인 행동, 수면장애 및 작은 악몽에 시달림, 동료들과 성적놀이 시도(유사 성행위 등), 방화, 자해 및 동물학대, 이유 없이 자주 우는 등의 행동이 나타난다.

(4) 방임의 의심증거

방임의 의심증거는 계절에 맞지 않는 옷을 입고 다니거나, 지나친 무력감을 나타내는 경우, 나이에 맞지 않게 형제에 대해 보호자의 역할을 수행하는 경우, 과다한 충치가 치료되지 않는 경우, 지나치게 음식 및 돈에 대한 집착을 보이는 경우, 키가 작거나, 몸무게가 지나치게 미달인 경우, 영양부족으로 위가 팽창되어 보이는 경우(영양실조)가 대부분이다. 특히, 유아교육기관에서 교사가 더욱 유심히 살펴봐야 할 상황은 아동이 위생상태가 불량하거나, 계절에 맞지 않는 옷을 입거나 몸이 너무 약하여 영양실조에 걸릴 정도라든가, 몸에 머릿니이나 빈대가 생긴 경우 또는 아동이 아픈 경우 빈번하게 어린이집이나 병원을 보내지 않는 경우가 해당된다.

(5) 유아교육기관에서 교사가 알아야 할 의심증거 내용

유아교사는 아동학대 신고의무자로서 아동학대를 미리 방지하기 위해서는 유아교육현장에서 교사가 특히 유념해야 할 사항들이 있다. 유아교육기관에서 아동들의 행동이나 모습, 또는 아동의 가정환경이나 부모로부터 이상징조가 나타날 다음의 경우를 세심히 살펴보아야 한다.

아동의 행동이나 모습에서	• 몸에 이유 없이 상처가 자주 생기는 경우 • 어른을 대할 때 이유 없이 두려워하거나 신뢰하지 못하는 경우 • 과장된 행동을 하거나 지나치게 폭력적일 경우 또는 친구들과 잘 어울리지 못할 경우 • 신체적 접촉 시 갑자기 몸을 웅크리거나 거부적인 반응을 보일 때 • 계절에 맞지 않는 옷을 입고 다니거나 며칠씩 같은 옷만 입고 다니는 경우 • 지나치게 폭식을 하거나 식탐이 많은 경우
가정환경이나 부모로부터	• 최근 부모님이 실직했거나 이혼, 사별 등으로 가족관계가 변한 경우 • 아동의 상처 등에 관해 설명을 제대로 하지 못하는 경우 • 자주 음주상태에 있는 것을 알게 된 경우 • 어린이집 교사 혹은 다른 부모님에게 폭언 또는 폭행을 행사하는 경우 • 아동을 자주 혹은 제 시간에 어린이집에 보내지 않거나 뒤늦게 데리러 오는 경우

2) 아동학대의 원인

(1) 아동학대의 원인

아동학대의 발생원인은 매우 다양하다. 광의의 측면에서 아동을 둘러싼 생태학적인 측면으로 현대사회의 특징과 변화 속에서 찾아볼 수 있겠으나, 협의의 측면에서 아동학대의 주요원인을 가정과 어린이집으로 나누어 살펴보고자 한다. 첫 번째, 가정의 원인에는 부모, 아동, 가정환경요인으로 구분해 볼 수 있다. 부모의 요인은 부모의 아동발달에 대한 이해부족과 경제적인 어려움, 부모의 미성숙, 부부간의 불화 등으로 가정 내의 위기요인들이 주가 된다. 아동의 요인은 타고난 까다로운 기질, 미숙한 신체발달과 적응력, 문제행동, 사회적 반응의 결핍, 분리불안의 결함 등이다. 가정·환경적 요인으로는 사회적인 변화에 따른 영향까지 확대하여 원인을 찾아볼 수 있다. 가족관계 및 구조의 문제와 사회전반의 분위기 등이 원인으로 작용될 수 있다. 빠르게 변화하는 사회 속에 오늘을 살아가는 현대인들은 뭐든지 완벽하고, 잘 해내야 하는 스트레스 속에 살고 있다. 이러한 사회적인 압박감은 심한 스트레스로 이어져 순간적인 화를 참지 못하는 충동조절장애를 발생하는 요인이 된다. 충동조절장애는 명백한 동기가 없는 상황에서도 과도한 행동을 반복하는 증상을 보이며, 자존감에 민감한 개인주의 사회에서 주로 발생하며, 최근 사회문제가 연달아 발생하면서 관심이 커지고 있다. 두 번째, 어린이집에서의 아동학대 발생요인으로는 어린이집과 보육교사, 영유아의 요인으로 나누어 살펴볼 수 있다. 어린이집 요인으로는 부적합한 물리적 보육환경과 전문적인 자질을 갖춘 보육교사의 미확보, 영유아 문제행동에 대한 지도방안 및 대책인식과 논의 미비, 전문기관 연계에 대한 자원부족 등이 포함된다. 보육교사 요인으로는 많은 업무와 스트레스가 있는 보육교사, 그릇된 아동관, 아동발달에 대한 지식부족, 아동에 대한 지나친 기대감 등이며, 영유아의 요인으로는 공격적인 영유아, 문제행동을 보이는 영유아, 형성되지 못한 기본생활습관, 발달이 늦은 영유아등이 원인이 되며, 요인별 아동학대의 원인은 <표 8-7>과 같다.

〈표 8-8〉 가정에서의 아동학대 발생원인

구분	아동학대 발생원인(가정)	
부모요인	• 부모의 미성숙 • 아동양육에 대한 지식 부족 • 지나친 기대 • 잦은 가정 위기 • 정서적 욕구 불만 • 사회적 고립	• 어릴 적 학대 받은 경험 • 알코올중독·약물중독 • 부모의 그릇된 아동관 및 양육관 • 부모의 낮은 자아존중감 • 부모의 분노, 좌절 혹은 충동 • 원치 않는 자녀
아동요인	• 미숙아, 기형아, 만성 혹은 급성질환아 • 신체적·정신적·기질적으로 특이하거나 장애를 가진 아동 • 운동 및 언어 등 발달이 늦은 아동 • 문제행동을 보이는 아동 • 음식을 먹거나 잠을 자는 데 어려움을 나타내는 아동 • 사회적 반응의 결핍, 고집스런 울음과 외모	• 수유의 어려움 • 분리불안의 결함 • 자신감 결여, 지나친 경계, 무반응, 겁이 많음 • 적대적 행위, 충동적 특성, 폭력적 행동, 고집이 셈 • 대인관계에 둔감하고 매력이 없음, 운동조절 결함
가정·환경요인	• 가족관계의 문제 • 가족구조의 문제 • 사회적 고립 및 사회적 지지체계의 결여 • 신체적인 체벌에 허용적인 문화 • 아동을 존중하지 않는 문화	• 사회문화 차이 인식 • 자녀에 대한 소유의식 • 폭력에 대한 가치와 규범

출처: 중앙아동보호전문기관홈페이지 및 2014 어린이집보육교직원 안전교육자료.

〈표 8-9〉 어린이집에서의 아동학대 발생원인

구분	아동학대 발생원인(어린이집)
어린이집	• 인성과 자질을 갖춘 보육교사 채용의 어려움 • 교사교육 미비 • 영유아 문제지도방안에 대한 어린이집 내 논의 부족 • 영유아 문제해결을 위한 전문기관과의 연계 부족 • 영유아 발달에 부적합한 환경
보육교사	• 많은 업무와 스트레스가 있는 보육교사 • 아동발달과 보육에 대한 지식이 부족한 보육교사 • 그릇된 아동관 및 보육관을 가진 보육교사(아동존중에 대한 인식부족) • 아동에게 지나친 기대를 갖는 보육교사 • 어릴 적 학대 받은 경험이 있는 보육교사(분노조절 안됨) 스스로 터득 필요 • 불안, 우울, 기타 정신질환이 있거나 의심되는 보육교사 • 미성숙한 보육교사 • 자아존중감이 낮은 보육교사
영유아	• 기본생활습관이 잘 형성되지 않은 영유아 • 잘 우는 영유아(특성 인정하고 울지 않는 환경제공) • 심하게 떼쓰는 영유아 • 음식을 잘 먹지 않는 영유아 • 산만한 영유아 • 공격적인 영유아 • 발달이 늦은 영유아

출처: 중앙아동보호전문기관홈페이지 및 2014 어린이집보육교직원 안전교육자료.

(2) 유아교사의 스트레스와 대처법

영유아와 가장 밀접한 관계를 맺고 있는 유아교사의 아동학대 원인 중 보육교사의 많은 업무와 스트레스는 영유아 아동학대의 직접적인 영향을 미치고 있다. 유아교사의 스트레스 원인으로는

첫째, 우리 반에 까다로운 기질의 영유아가 있을 때

둘째, 대·소변 훈련이나 식습관 지도로 힘들 때

셋째, 영유아들의 행동에 적절한 반응이 어려울 때

넷째, 요구가 많거나 무관심한 학부모를 만났을 때

다섯째, 동료와 함께 일을 하는 과정에서 마음이 잘 맞지 않을 때

여섯째, 원장님에게 존중받지 못한다고 느껴질 때

일곱째, 근무시간 중에 화장실 갈 여유조차 없을 때

여덟째, 과다한 업무량으로 심신이 피곤할 때

아홉째, 자기계발을 위한 시간이 부족할 때이다.

유아교육현장에서 느끼는 유아교사들의 스트레스를 해소하고 질 높은 교육, 보육서비스를 지원해 주기 위해서는 정부와 각 교육기관에서 노력이 절실히 필요하다. 그렇다면 유아교사의 스트레스를 해소하기 위한 대안에는 무엇이 있는지 살펴보고자 한다.

① 유아교육현장에서 유아교사를 채용할 때 체계적인 인사관리가 필요하다. 교직원채용 시 인성검사를 시행하거나 신입교사를 대상으로 신입오리엔테이션 및 모델링과 자문을 줄 수 있는 선배교사와의 지원프로그램을 마련한다.

② 지속적인 교사교육프로그램을 진행한다. 교사를 변화시키는 것은 교육밖에 없다. 자체교육 및 외부 교사교육을 연간프로그램형식으로 준비하여 시행한다. 자체교육으로는 사례연구, 전문도서 고찰, 온라인 교육, 전문가 초빙교육 등이 있으며, 외부교육으로는 아동학대 예방과 같은 직무교육에 참여하거나 아동보호전문기관 및 교육청과 지역의 육아종합지원센터에서 시행하는 교육에 참석하도록 한다.

③ 교사 개인이 자기조절을 위한 스트레스 해소법을 나름대로 터득하고 휴식시간을 배려해주어야 한다. 스트레스가 쌓이는 경우 주변사람을 활용하거나 여가생활을 즐기는 방법과 슈퍼바이저를 만들어서 적극적으로 스트레스를 해소하도록 노력하는 과정이 중요하다.

④ 직무스트레스 전문상담기관을 활용한다. 상담기관으로는 근로자 건강센터, 한국건강관리협회, 정신건강증진센터와 지역의 육아종합지원센터 등의 기관을 이용하면 된다.

⑤ 무엇보다 유아교사의 역할 중에 가장 중요한 요소는 영유아의 발달특성과 올바른 훈육방법을 이해하고 지원하는 일이다. 교사가 영유아의 발달특성을 잘 이해한다면 영유아의 부적응적인 행동에 대해 원인과 이유를 쉽게 파악하기 때문에 긍정적인 방법으로 대처할 수 있는 여유를 가지게 되며, 무턱대고 영유아들에게 화를 내기보다는 훈육의 기본원칙이 무엇인지를 인지하여 훈육의 목적과 지도방안들에 대한 전문적인 지식과 태도를 습득하는 게 중요하다.

⑥ 하루 종일 영유아들과 함께해야 하는 교사들의 입장에서는 휴식시간하나 없이 다양한 업무에 시달리고 있다. 교육활동을 계획하고 실행해야 하는 기본업무에서부터 각반 교실 청소, 차량보조, 평가대비 문서정리 및 매일 기록해야 하는 각종 서류 등 교사 한 명이 담당해야 할 업무의 양은 매우 많다. 따라서 유아교사들의 업무를 경감해 줄 수 있는 보조인력 지원 및 다양한 시간제 타임의 근무형태를 다양화하고, 연가 및 휴가, 승진의 기회를 제공할 수 있는 시스템 마련이 필요하다.

⑦ 마지막으로 교사의 스트레스를 해소하기 위해서는 영유아들의 입학 전부터 체계적인 부모교육을 통해 부모들의 이해를 돕고 지원하는 일이다. 유아교육기관에 입소하기 전 부모상담에서부터 부모참여활동, 간담회, 알림장, 운영위원회, 부모 워크숍과 학기별 참관프로그램 등을 운영하여 부모들에게 다양한 소통의 기회를 제공하고 믿고 맡길 수 있는 열린 유아교육기간을 운영하는 것이다.

5. 아동학대의 대처방안

아동학대를 예방하기 위한 대처방안으로는 보육환경의 물리적, 인적환경을 고려한 전반적인 예방이 선행되어야 한다. 전문적인 보육교사 채용 및 관리에서부터 영유아들이 접하는 보육환경, 올바른 아동관 형성을 위한 지원 등 다각적인 측면에서의 노력이 필요하다. 이에 어린이집에서 실천할 수 있는 구체적인 내용의 실천방안을 제시하고자 한다.

첫째, 보육교직원은 출생과 동시에 소유되는 자연법칙 원리가 영유아에게 부여됨을 인식하고, 아동이 태어나면서부터 성, 언어, 종교, 인종 피부색 등에 관계없이 인간이라서 가지는 기본적인 권리가 있음을 인식하여야 한다. 특히, 어린시기 아동은 스스로 생존을 위한 보호를 할 수 없으므로 특별한 보호와 배려를 받을 권리가 있다. 따라서 보육교사는 영유아에게 적합한 환경과 교육의 기회를 제공함으로써 영유아가 자신과 타인의 권리를 존중할 수 있도록 기회를 제공하는 것이 필요하다.

둘째, 보육교직원을 채용할 때에는 전문적이고 인성이 바른 보육교사를 채용하기 위해 체계적인 인사관리가 필요하다. 보육교사 채용 시 인성검증절차를 걸치거나 신입교직원과 실습생, 자원봉사자를 포함한 아동학대 관련 오리엔테이션을 시행하여야 한다.

셋째, 아동의 발달적 특성을 고려한 개별적 지도와 보육과 관련된 다양한 재교육 및 직무교육이 포함된 지속적인 교사교육이 외부와 내부자체교육으로 나누어 시행되어야 한다. 외부교육으로는 아동학대 예방과 관련된 직무교육, 아동보호전문기관 및 중앙육아종합지원센터 등 외부에서 실시하는 교육을 받아야 한다. 자체교육으로는 아동학대 관련 사례연구와 전문도서 고찰, 사이버 강좌, 전문가 등을 초빙하여 교육을 받는 방법 등이 있다.

넷째, 보육교사 스트레스 조절과 휴식을 위한 시간을 배려하여야 한다. 긴 보육시간과 학부모와의 관계, 영유아 생활지도 등에 스트레스가 많은 보육교사를 위하여 자기표현의 시간과 주기적인 소통의 시간, 휴식을 위한 시간배려와 공간확보에 대한 배려와 노력이 절실하다. 교사의 스트레스 해소를 위해서는 늦게 출근, 빠른 퇴근 등 출퇴근을 탄력적으로 운영할 수 있으며, 긍정적인 동료 간의 협력의 기회를 제공할 수 있는 단합의 기회를 갖게 한다. 교실마다 꽃이나 아로마향 등을 이용하여 교실 분위기를 바꾸어보거나 자연과 접할 기회를 자주 갖는 것도 적절한 방법이다. 또한, 보육교사는 자기 스스로 진단할 수 있는 보육직무 스트레스 자가진단 <표 8-9>를 통해 자신의 현재 스트레스 수준에 대해 자가진단을 시행하고, 자신의 스트레스가 어느 정도인지 파악하는 것이 필요하며, 이외에 학기 중 분기별로 아동학대를 점검해 볼 수 있는 『아동권리보호를 위한 자가진단 체크리스트』로 자신을 점검해볼 필요가 있다.

〈표 8-10〉 **보육교사 직무스트레스 자가진단**

번호	질 문	1	2	3	4
		거의 그렇지 않다	약간 그렇다	자주 그렇다	거의 항상 그렇다
1	직장에 출근하는 것이 부담스럽거나 두렵다.				
2	내 일에 흥미가 없고 지겹게 느껴진다.				

번호	질 문	1 거의 그렇지 않다	2 약간 그렇다	3 자주 그렇다	4 거의 항상 그렇다
3	최근에 업무와 관련해서 문제가 발생한 적이 있다.				
4	내 업무능력이 남들보다 뒤떨어지는 느낌을 받는다.				
5	직장에서 업무에 집중하기 힘들다.				
6	항상 시간에 쫓기면서 일을 한다.				
7	내 업무 책임이 너무 많다고 느낀다.				
8	직장에서의 일을 집까지 가져가서 할 때가 많다.				
9	업무가 내 능력과 흥미에 잘 맞지 않는다고 느낀다.				
10	내 일이 미래에 대한 전망이 별로 없다고 느낀다.				
11	요즘 나는 우울하다.				
12	별다른 이유 없이 긴장이 되거나 불안할 때가 있다.				
13	요즘 짜증이 자주 나서 배우자나 가족들과 자주 다툰다.				
14	사람들과 어울리지 않고 혼자 지내는 시간이 많다.				
15	사람들과 어울리지 않고 혼자 지내는 시간이 많다.				
16	요즘 대인관계가 원만하지 못할 때가 있다.				
17	최근 지나치게 체중이 늘거나 지나치게 체중이 빠졌다.				
18	쉽게 피곤하다.				
19	무기력감을 느끼거나 멍할 때가 있다.				
20	술·담배를 이전에 비해 많이 한다.				

출처: 서울아산병원 홈페이지 홍진표 교수의 건강이야기.

다섯째, 영유아의 발달에 적합하고 안전한 보육환경을 제공하기 위하여 미리 점검하고 원인 등을 제거하는 노력을 기울려야 한다. 영유아가 활동하기 부적절한 자료나 위험한 물건 등은 안전을 위협하기 때문에 영유아의 눈높이에 맞지 않는 부적합한 환경을 제거해 주거나 사전에 정비하는 습관이 매우 중요하다. 조리실 출입문을 분리한다거나 늘어진 전선줄이나 블라인드 줄등은 짧게 정비하고, 시설물의 안전장치가 모두 설치되어 있도록 한다. 또한, 영유들의 손이 쉽게 닿은 곳에 위험한 물건이 없도록 하는 것이 중요하다.

여섯째, 보육교사는 영유아의 발달특성을 이해하고, 발달에 따른 교사의 역할을 수행하는 능력이 필요하다. 영유아 시기, 발달의 특성에 따른 교사의 역할을 간략하게 제시하면 <표 8-11>과 같다.

〈표 8-11〉 **영유아 발달특성**

	주요 발달의 특성	교사의 역할
영아	• 주 양육자와의 애착이 형성된다. • 울음과 간단한 언어로 자신의 의사를 표현한다. • 호기심이 왕성하고 신체 움직임이 많다. • 자기주장이 강하고 고집이 세다. • 감정의 기복이 심하다. • 또래와 놀잇감 공유가 어려워 갈등이 발생한다.	• 따뜻한 목소리와 간단한 단어를 사용한다. • 영아에게 해주어야 할 것을 미리 시범으로 보여주고 천천히 설명해준다. • 천천히 반응하고 충분히 기다려 준다. • 떼를 쓰거나 고집을 피울 땐 환경의 변화를 통해 대안적인 물건이나 욕구를 수용해 준다. • 위험한 행동이 보일 경우에는 상황이나 장소를 이동하고, 영아의 마음을 어루만져준다.
유아	• 자조기술능력과 호기심이 왕성하다. • 타인의 입장에서 배려하기가 힘들며, 인정받고 싶어 한다. • 운동기술능력이 다양해지며, 또래와의 갈등을 해결하고자 한다. • 또래와의 협동놀이가 보인다.	• 유아의 행동이나 놀이 등을 세심히 관찰하고 지원한다. • 유아가 스스로 문제를 해결할 기회를 제공한다. • 유아 스스로 판단하고 규칙을 정하고 지킬 기회를 제공한다. • 유아의 행동을 실천하기 위한 충분한 시간을 제공한다.

일곱째, 영유아 발달시기별 문제행동에 대한 이해를 통해 보육교사의 올바른 행동지도가 매우 중요하다. 따라서 영유아기 문제행동 특성에 따른 교사의 지도방법을 <표 8-12>~<표 8-17>과 같다.

1) 기본생활습관이 형성되지 않은 영유아

〈표 8-12〉 기본생활습관이 형성되지 않은 영유아 지도방법

구 분	내 용
특 성	• 인사, 정리정돈 등의 습관이 잘 형성되지 않음 • 규칙과 질서에 대한 이해 부족 • 물건을 함부로 다룸 • 가정 내에서의 생활습관 형성이 잘 되지 않은 경우가 많음
지도방법	• 기본 생활습관의 형성을 위해서는 교사의 모델링이 가장 중요 • 정리정돈을 잘 할 수 있도록 환경정비 • 정리할 수 있는 적절한 환경(교구바구니, 정리장소 표시 등)을 제시하고, 교사가 함께 참여하여 지도 • 물건을 다루는 방법에 대해 시범을 보여줌 • 가정과의 연계를 통해 생활습관이 잘 형성되도록 지도

2) 잘 우는 영유아

〈표 8-13〉 잘 우는 영유아 지도방법

구 분	내 용
특 성	• 자기의 요구, 불만, 호소 등을 말하지 않고 우는 것으로 표현 • 의뢰심이 강함 • 의지가 강해서 자신의 의지를 관철 시키려 함 • 감정 면에서 자립성 발달이 다소 더딤 • 책임회피성 또는 자기방어용으로 사용
지도방법	• 울음의 원인에 따라 반응해야 함 • 우선 반응해야 하는 경우: 슬프거나 아픈 경우 • 영아의 경우에는 울음에 대하여 민감하게 반응해야 함 • 잠깐은 모르는 체하고 '말하지 않으면 알 수 없잖아'라고 말해서 아이가 언어로 설명하도록 한 후 충분히 격려 - 울음으로 표현할 때에는 응하지 말고, 말로 할 때는 열심히 격려

3) 심하게 떼쓰는 영유아

〈표 8-14〉 심하게 떼쓰는 영유아 지도방법

구 분	내 용
특 성	• 통제력이 상실되어 악을 쓰고 울거나, 바닥에 뒹굴고 물건을 던짐 • 영유아의 욕구가 좌절되어 나타나는 현상 • 부모나 교사의 행동을 모방하는 경우가 많음 • 언어적 기능이 미숙하거나 부정적 감정조절능력이 미약한 특성

구 분	내 용
지도방법	• 배고프거나 지쳐있을 때 수면부족 등의 원인이 있을 수 있으므로 생리적 욕구가 충족되도록 배려 • 지나치게 많은 규칙을 한 번에 제시하지 않아야 함 • 영유아에 대한 교사의 요구를 최소화함 • 대안 제시-짜증이나 화가 날 때 건전하게 표출하는 방법을 제시 • 언어발달에 문제가 있는 경우에는 감정을 반영시켜 주고 이해하고 있다는 것을 영유아에게 표현해줌

4) 음식을 잘 먹지 않는 영유아

〈표 8-15〉 **음식을 잘 먹지 않는 영유아 지도방법**

구 분	내 용
특 성	• 의뢰심이 강하고 내성적 • 부모의 영향으로 음식에 대해 편향된 인식을 갖는 경우 • 생활 전체가 침체되어 운동 부족으로 공복감의 경험이 없는 경우 • 생후 1년 6개월 정도에는 음식물이나 식기를 갖고 놀기도 함 • 만 4~5세에는 식사 이외의 것에 관심을 갖는 경향이 있음 • 억지로 먹이려는 경우 음식에 대한 중압감으로 식욕이 없어짐
지도방법	• 스스로 먹도록 격려 • 중압감을 주거나 다 먹도록 하는 등의 지도는 바람직하지 못함 • 기분 좋게 식사하도록 하는 경험이 필요 • 식사량과 시간 등은 부모와 충분한 의견을 나눈 후 결정하여야 함 • 적절한 활동을 통해 공복감을 느낄 수 있도록 해야 함 • 간식과 식사는 2시간 정도의 간격을 두는 것이 바람직함 • 음식물이나 식기를 갖고 놀려고 하는 영아는 다른 놀잇감을 대체해 주거나 '이건 먹는 거야' 또는 '음식을 먹을 때 사용하는 거야'라고 말해주는 것이 좋음 • 식사 외의 것에 관심을 갖는 경우에는 '식사 끝내고 그것을 해요'라고 말해주는 것이 좋음

5) 산만한 영유아

〈표 8-16〉 **산만한 영유아 지도방법**

구 분	내 용
특 성	• 움직임이 많고 집중력이 짧음 • 남아가 여아보다 산만한 행동을 많이 보임 • 외부 자극에 쉽게 산만해지므로 과제나 놀이에 집중하지 못함 • 부주의하므로 실수가 많음 • 말을 지나치게 많이 함 • 집중해서 듣지 못함 • 기질적인 요소, 뇌손상, 환경적 요인 등이 원인

구 분	내 용
지도방법	• 안정적이고 조직적인 환경 조성 • 목적 있는 활동을 강조-관심과 칭찬으로 강화 • 차분한 행동을 하거나 일정 시간 집중할 때에는 언어적 강화 • 바람직한 행동에 대해서는 토큰, 스티커 등으로 보상 • 행동하기 전 또는 어떤 장소에 가기 전에 지켜야 할 부분에 대해 미리 말해 주어야 함

6) 공격적인 영유아

〈표 8-17〉 **공격적인 영유아 지도방법**

구 분	내 용
특 성	• 공격적 충동이 조절되지 않아 파괴적 행동으로 나타남 • 충동적이고 폭력적임 • 공격적인 놀잇감을 많이 사용함 • 끊임없이 행동하거나 생각하지 않고 행동 • 차례를 기다리지 못하고 다른 사람을 방해하고 간섭
지도방법	• 영유아의 수준과 흥미에 맞는 칭찬과 훈육을 적절하게 활용 • 약속을 수행하지 못하였을 때 주는 벌칙은 혐오스럽지 않아야 함 • 좋아하는 것을 잠시 박탈하는 것이 적절한 훈육이 될 수 있음 • 충분한 사랑을 표현해 주어야 함 • 자신의 감정을 언어로 표현하도록 지도 • 부모와 교사의 모델링이 중요

출처: 중앙육아종합지원센터(2014). 어린이집보육교직원 안전교육자료.

여덟째, 어린이집에서 영유아를 보육하는 과정에서는 보육교사의 칭찬, 격려와 훈육이 적절한 조화를 이루어야 한다. 문제 있는 행동을 지도하기 위한 방법으로 체벌이나 무시하기 등을 사용하게 될 경우에 영유아의 행동이 바람직하지 못한 방향으로 발전될 수 있으므로 어린이집에서의 훈육 원칙을 설정하고 지켜나가야 한다. 따라서 체벌을 대신한 훈육방법을 규정하여 지키는 일은 매우 중요하다. 다음은 훈육의 원칙과 훈육방식에 따른 영유아의 행동특성은 <표 8-17>과 같다.

〈표 8-18〉 **훈육의 원칙**

구 분	내 용
훈육의 원칙	• 화를 가라앉히고 대화한다. • 영유아와 함께 규칙을 만든다. • 다른 영유아와 비교하지 않는다. • 영유아의 잘못된 행동에 대한 결과에 대가를 받도록 한다(긍정적이고 교육적인 방법으로만 사용, 장난감을 던지거나 어지르면 정리하기). • 긍정적인 행동에 초점을 맞춘다. • 적절한 타임아웃을 실시할 수 있다. • 영유아의 신체에 손상을 입히는 행위 및 성학대를 하지 않는다. • 영유아에게 언어적 모욕, 정서적 위협, 감금, 억제행위를 하지 않는다. • 영유아의 보호를 소홀히 하지 않는다.

출처: 중앙육아종합지원센터(2014). 어린이집보육교직원 안전교육자료.

보육교사는 주 양육자의 훈육방식에 따라 영유아의 행동이 변화될 수 있음을 인지하고, 민주적인 방식으로 훈육하는 것이 영유아의 행동지도에 긍정적 영향을 미칠 수 있음을 기억해야 한다. 보육교사의 훈육방식에 따른 영유아 행동 특성을 살펴보면 <표 8-18>과 같다.

〈표 8-19〉 **훈육방식과 영유아행동**

교사 훈육방식	영유아 행동	교사 훈육방식	영유아 행동
민주적 훈육방식	• 협동적임 • 친절함 • 호기심이 있음 • 감정 이입을 잘함 • 목표 지향적임 • 높은 성취감 • 행복함 • 높은 자기신뢰, 자기통제	허용적 훈육방식	• 공격적임 • 미성숙함 • 목적 없음 • 지배적임 • 충동적임 • 낮은 성취감 • 반항적임 • 위축됨 • 낮은 자기신뢰, 자기통제
권위적 훈육방식	• 목적 없음 • 두려움, 걱정스러움 • 우울함, 불행함 • 공격적임 • 위축됨 • 불친절 • 적대적임 • 낮은 자기신뢰, 자기통제	무관심한 훈육방식	• 공격적임 • 미성숙함 • 충동적 • 불안정함 • 무책임함 • 우울함 • 말을 잘 안 들음 • 낮은 자아 존중감 • 낮은 자기신뢰, 자기통제

출처: 중앙육아종합지원센터(2014). 어린이집보육교직원 안전교육자료.

5. 토론 및 워크숍

Group Discussion

성명: ____________

○ TOPIC: 일과활동 속에서 아동권리 존중실천을 위한 활동과 아동학대예방을 위하여 교사가 어떠한 노력을 할 수 있는지 일과별로 토의해 보시오.

–…

–…

–…

–…

–…

–…

–…

–…

–…

–…

–…

–…

–…

MOVIE

성명: ______________

○ Title: 영화 "소원"을 감상한 후 자신의 느낌을 이야기하고, 실제 유아들에게 성폭력예방 교육을 시행할 경우 어떠한 내용과 접근이 필요한지 토의하시오.

- 영화 속 등장인물에 따른 공감하기
- 사건발생 시 해결방안 토의하기
- 아동학대 예방을 위한 우리의 노력은 무엇인지

○ Keywords: ______________________________

○ Impression: ______________________________

Search

Name: ____________

○ Title: 가정 및 유아교육기관에서 발생한 영유아 아동학대사건들을 아래 목록별로 조사하여 발표한다(그룹을 정해 조사하기 실시).

번호	발생년도	가해자	사망원인	학대유형	학대이유와 특징

○ Keywords: ______________________________

○ 해결방안:

-
-
-
-
-
-
-

제9장

한부모가정 아동을 위한 권리와 복지

〈학습목표〉

① 한부모가정의 형성원인에 대하여 살펴보아요.

② 한부모가정의 아동을 위한 복지방향에 대해 설명할 수 있어요.

1. 한부모아동의 개념 및 정의

급변하는 현대사회에서는 전통적인 한국의 가정형태는 점점 사라지고, 재혼가정, 공동체가정, 입양가정, 부부가정, 독신자가정, 소년소녀가정, 노인단독가정, 복합가정, 한부모가정 등 가정의 형태가 다양해 졌다. 그 중에서 가장 높은 비율을 차지하고 있는 한부모가정은 전 세계적으로도 증가하고 있는 가정형태로서 한부모가정아동들은 심리·정서적으로 많은 어려움을 겪고 있다고 보고되고 있다(최선영, 2016)

한부모가정의 용어는 과거 '편부모가정', '모자가정', '부자가정', '결손가정'이라는 용어로 사용되었으나, 부정적 의미를 제고하기 위해 2007년 한부모가족지원법 개정에 따라 한부모라는 용어를 사용하고 있다. 순우리말로 한가위할 때 한과 같은 의미로 하나로도 충분하고 가득함을 의미한다.

한부모가족지원법에 의하면, 한부모가정이란 부모 중 한 사람과 18세 미만의 자녀로 구성된 가정을 말하며, 배우자와 사별 혹은 이혼하거나 배우자로부터 유기된 여성(남성), 정신 또는 신체장애로 장기간 노동(가사노동)능력을 상실한 배우자를 가진 여성(남성), 미혼모(미혼부, 사실혼 관계에 있는 자는 제외), 배우자의 생사가 분명하지 않은 여성(남성), 배우자 또는 배우자 가족과의 불화로 가출한 여성, 배우자의 해외거주, 장기복역 등으로 부양을 받을 수 없는 여성(남성) 등의 유형으로 구분된다. 또한, 사망·실종, 이혼·별거, 교정시설에 무기 또는 장기적으로 복역 등으로 분류되기도 한다. 한부모가정은 부모들은 가정폭력으로 심리적 갈등, 별거, 이혼, 외도, 도복 등 배우자문제의 경우가 가장 많이 발생하게 된다. 사회가 다양화, 다변화 되어가면서 삶에 대한 양식과 가치관의 변화가 최근 가정의 문화를 변화시켰다. 다양한 가정문화의 존중과 평등의 가정문화 확대는 한부모 가정의 증가률을 높이고 있는 것은 분명하다.

2. 한부모가정의 분류

1) 한부모가정의 형성원인

한부모가정의 발생원인을 경제적, 심리·사회적, 자녀양육문제로 유형화할 수 있으며, 무엇보다도 한부모가정의 발생원인은 가족의 위기, 가족의 해체, 부부간의 문제로 구분하여 설명하면 다음과 같다.

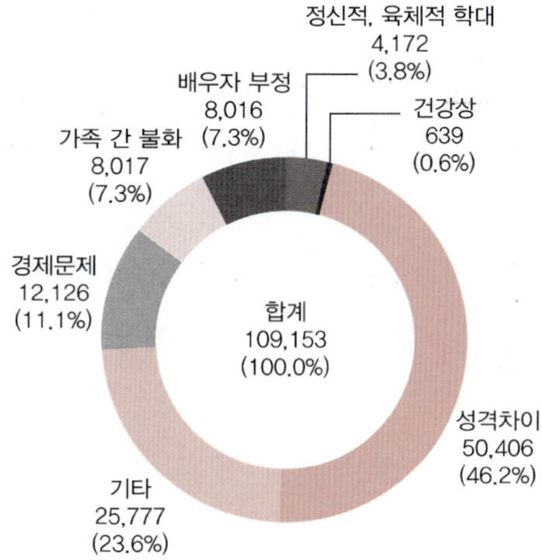

출처: 통계청(2016). 이혼사건 원인별 비율.

[그림 9-1] **이혼사건 원인별 비율**

(1) 가족위기

가족의 고유한 기능인 경제, 심리적, 가족기능의 유지 등이 원활하지 않는 경우를 말한다. 가족이 사회적 질서와 규범에 반하지 않고 이혼, 유기, 개인적 문제(경제적, 사회적 등)등으로 가족기능이 상실된 것을 가족의 위기라 할 수 있다.

(2) 가족해체

가족의 사회적 기능이 정상의 괘도에서 벗어나 사회적·심리정서적 기능이 상실됨을 말하며, 가족의 기능조절이 어려움이 있음을 의미한다. 즉, 가족기능 붕괴 해체의 경우를 말한다.

(3) 부부 간의 문제

가족의 중심인 부부는 가족의 고유기능을 유지하는 절대적 존재가치다. 부부 간의 문제는 별거, 사별, 이혼, 미혼모로 이어질 수 있다. 부부 간의 문제 중 한부모가구의 원인발생 이유 중 가장 높은 비율을 차지하고 있다.

2) 한부모가정의 현황

한부모가정은 공통적으로 크게 세 가지 문제에 직면하게 된다. 첫째, 경제적 문제로서 한쪽 배우자의 상실로 소득의 감소와 주택문제가 있는데, 모자가정의 경우 더욱 심각하다. 둘째, 자녀양육문제로서 보호자의 부재상태와 역할모델의 상실이 있으며, 셋째, 심리사회적 문제로 가족원의 역할기대와 역할수행의 조정에 따라 한부모가 과도한 역할수행의 부담으로 스트레스와 갈등을 겪게 되며, 이로 인해 한부모가정아동 또한 스트레스와 열등감을 더 느끼게 되어 아동의 성취능력에 부정적인 영향을 미친다고 하였고, 때로는 자녀의 부적응 때문에 가족 내 긴장과 갈등이 높아지기도 하며, 한부모도 상실감과 소외감으로 대인관계의 어려움을 겪기도 한다(한국여성복지연구회, 2006).

2016년 한부모가족 지원사업 안내에 따르면, 한부모가정 형성요인은 사별, 이혼, 미혼, 유배우가 요인으로 나타났으며, 1995년도는 이혼의 비율이 높았으나 2010년도에는 이혼의 비율이 사별의 비율보다 높은 것으로 나타나 있다. 이는 가정문화의 다양성, 다변화와 가정의 존중과 개인의 평등 권리 존중의 증가와 관계가 높다고 할 수 있다. 한부모가정 형성요인별 현황은 다음 표와 같다.

〈표 9-1〉 한부모가정 형성요인별 현황 (단위: 1000가구, %)

연도	총가구수	한부모 가구					한부모 가구 비율
		사별	이혼	미혼	유배우	계	
1995	12,958	526(54.8)	123(12.6)	94(9.8)	216(22.5)	960(100)	7.4
2000	14,312	502(44.7)	246(21.9)	123(10.9)	253(22.5)	1,124(100)	7.9
2005	15,887	501(33.6)	399(29.1)	142(10.4)	328(23.9)	1,370(100)	8.6
2010	17,339	474(29.7)	523(32.8)	185(11.6)	413(25.9)	1,594(100)	9.2

출처: 한부모 가족지원 사업안내(2016).

또한, 통계청(2016)에 의하면 가구형태별 한부모가족의 경우는 한부모가구, 저소득한부모가족, 한부모가족으로 구분되며, <표 9-2>에 따르면 전체적으로 2010년도보다 2015년도까지 3% 이상 증가율을 보이고 있다.

〈표 9-2〉 가구형태별 한부모가구 현황 (단위: 천가구, %)

구분	2008년	2009년	2010년	2011년	2012년	2013년	2014년	2015년
전체 가구(A)	16,791	17,052	17,399	17,687	17,951	18,206	18,457	18,705
한부모가구(B)	1,509	1,551	1,594	1,639	1,677	1,714	1,749	1,783
한부모가구 비율(B/A×100)	9.0	9.1	9.2	9.3	9.3	9.4	9.4	9.5
저소득한부모가족	150	171	185	189	218	222	225	230
한부모가족(한부모가족지원법)	82	94	108	115	131	140	142	131

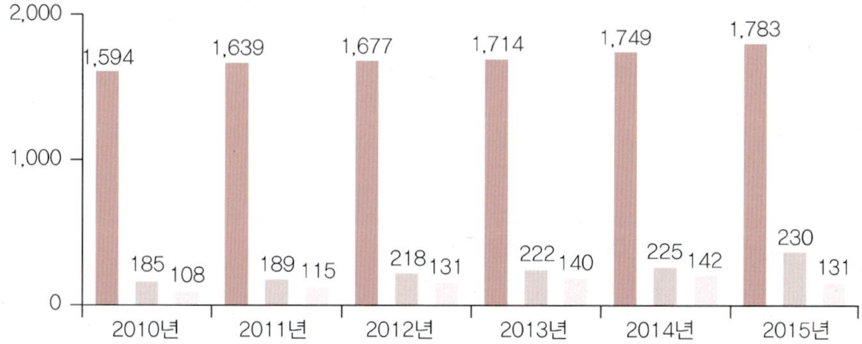

[그림 9-2] 한부모가구 수

한부모가정 구성요인별 현황으로는 모자가구와 부자가구로 구분된다. 모자,부자가구는 세대주가 '모'이거나 '부'인 세대주인 가족을 말하며, 세대주가 아니더라도 세대원을 사실상 부양하는 자를 포함한다. 통계청(2016)년 장래가구추계전체가구대비 한부모가구 비율에 따르면, 2000년대보다 2010년 이후 대략 35% 정도 증가추이를 보이고 있다.

〈표 9-3〉 **한부모가정 구성요인별 현황(단위: 1000가구, %)**

연도	총 가구수	한부모가구		
		계	모자가구	부자가구
2000	14,312	1,123(7.9)	904	220
2005	15,887	1,370(8.6)	1,083	287
2010	17,339	1,594(9.2)	1,247	347
2011	17,687	1,639(9.3)	1,278	361
2012	17,951	1,677(9.3)	1,304	373
2013	18,206	1,714(9.4)	1,329	385
2014	18,457	1,749(9.4)	1,352	397
2015	18,705	1,783(9.5)	1,374	409

출처: 통계청(2016). 장래가구추계전체가구대비 한부모 가구 비율임.

3. 한부모가정의 아동 실태

1) 아동의 실태

한부모가정은 가족기능의 변화와 대인관계 및 자녀양육문제, 경제적 어려움, 남녀 역할 재조정문제, 소외감과 상실감 문제 등을 경험하게 되는데, 특히 여성 한부모가족은 소득의 감소 또는 상실로 경제적 문제와 자녀양육문제, 역할 긴장 등과 관련한 스트레스를 많이 받는 것으로 나타났으며, 남성 한부모 가족은 어머니 부재로 나타날 수 있는 자녀의 정서적 문제와 가사부담 등의 스트레스를 경험하는 것으로 나타났다(정현수, 2015). 또한, 경제적으로 빈곤한 한부모가정의 부모는 자녀를 돌볼 시간적·경제적·심리적 여유가 없으며, 이로 인해 한부모가정의 자녀는 신체적·심리적·사회적 성장에서 어려움을 경험하게 될 가능성이 높다(남현주, 2013).

또한, 한부모가정의 부모는 정서적으로 상실감, 배신감, 분노감, 우울감, 좌절감, 실패감 등을 느끼는데, 이러한 정서적 혼란은 3~5년간 지속되어 적응에 어려움을 주기도 한다(Amato, 2000; Amato & Keith, 1991; Wallerstein & Blakeslee,

1990; Judson, 1995). 정서적 혼란이 깊어지고 우울증이 심해지면 자살을 생각하거나 자녀와 함께 동반자살을 시도하는 등 심각한 문제를 드러내기도 하며(황은숙, 2005), 한부모가정의 청소년들은 양부모가정의 청소년들보다 가정적 자아가 낮아 한 가정의 일원으로서 가정에 대하여 평안한 마음을 누리지 못하고 원만한 가정생활을 누리지 못하므로 원만한 학교생활도 수행하지 못하는 것으로 보고되고 있다(한국한부모가정연구소, 2007).

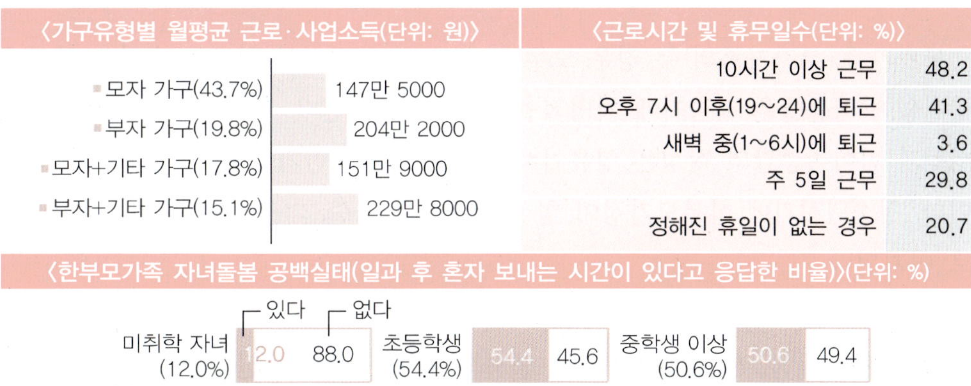

출처: 여성가족부.

[그림 9-3] 2015년 한부모가족 실태조사

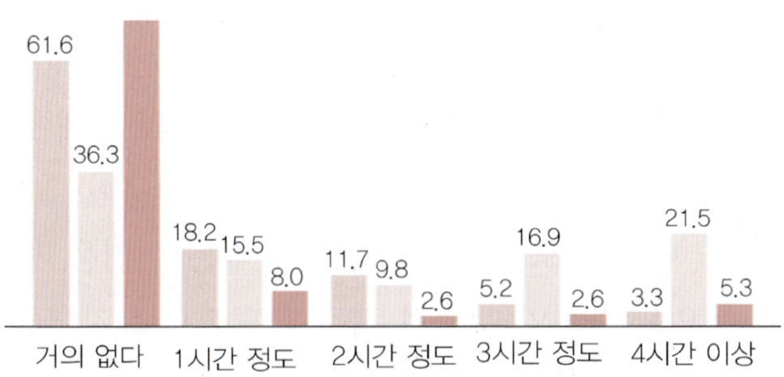

출처: 여성가족부(2016). 초등학생자녀 방과후 혼자 있는 시간.

[그림 9-4] 초등학생 자녀 방과후 혼자 있는 시간

여성가족부(2016)의 초등학생 자녀 방과후 혼자 있는 시간의 조사 결과, 한부모자녀 및 이혼자녀의 경우 3시간 이상 혼자 있는 시간이 16.9%, 4시간 이상 혼자 있는 시간이 21.5%로 높았다.

한부모가정의 자녀들은 취약한 환경에서 비롯된 위험에 노출되기 쉬우며, 진로에 대한 탐색, 자율성의 추구, 자아정체감 형성 등 심리·사회적 발달단계에서 일반가정의 아동보다 상대적으로 좀 더 어려움에 직면해 있다(강미애, 2009). 그 이유는 이혼 및 사별 등의 원이이 사회의 문제가 되는 것은 한부모가구의 양적 증가와 경제적 어려움인 빈곤의 증가 때문이다.

2) 한부모아동의 특성

모자가족, 부자가족의 두 경우 모두 아동이 받는 결핍의 정도와 유형의 차이에 상관없이 아동들은 성장기에 치명적인 결함을 갖게 된다. 심리적으로 볼 때 성격형성과 자아존중감의 형성은 영유아시기부터 성장 전반기에 걸쳐 형성되기 때문이다. 청소년시기에 한부모가정이 형성될 경우 우울증, 가출, 비행 등의 사회문제로 야기된다.

특히, 부자가족의 경우 모의 상실은 영아의 경우 동일시 대상의 상실로 역할수행의 혼란은 물론, 사회적 위축감등 정서적 문제를 일으켜 건전한 성격형성을 저해하기 쉽다(신수자, 1995). 모자가정의 경우 대부분이 경제적으로 낮은 계층에 분포하고 있어 경제적, 정서적, 정신적으로 불안정하고 결핍된 환경과 가족관계에서 아동이 성장하게 될 가능성이 높다(송성자, 2002). 취학 전 아동의 경우 부모의 별거를 자신의 탓으로 돌리면서 혼란과 두려움에 싸이게 된다. 반면, 취학 아동들은 부모의 이혼사유를 더욱 잘 이해하지만, 자신의 장래에 미칠 영향을 걱정하며 심한 적개심을 표출하기도 한다(여성한국사회연구회, 2001).

사회적 문제로 볼 때 한부모가족의 자녀들이 겪는 어려움 중 하나는 가정의 이혼, 별거, 유기 등으로 사회의 부정적 시각과 편견으로 자녀들은 은둔의 생활을 하거나 청소년비행으로 이어질 확률이 높다. 또한, 이혼가족자녀는 학교생활의 어려움으로 교사가 갖고 있는 이혼가족에 대한 선입견 때문이라는 연구 결과도 있다. 그런데도 사회복지전문가 등의 도움을 받기까지 많은 어려움이 있는 게 현실이다.

4. 한부모가정아동을 위한 복지방향

현재 우리나라의 한부모가족지원법과 여성가족부의 지침(2016)에 따르면, 한부모 「한부모가족지원법」 제5조, 제5조의2 제2항 및 제12조 및 「같은 법 시행규칙」 제3조, 제3조의2 및 제6조에 따라 '2017년도 한부모가족 지원대상자 복지급여 지급기준'을 다음과 같다. 한부모가족('부' 또는 '모'의 연령이 만 25세 이상인 경우), 소득인정액이 기준 중위소득 52% 이하인 가족의 만 13세 미만 자녀, 소득인정액이 기준 중위소득 52% 이하인 조손 및 만 25세 이상 미혼 한부모가족의 만 5세 이하 아동, 소득인정액이 기준 중위소득 52% 이하인 가족의 중학생·고등학생 자녀, 한부모가족복지시설에 입소한 가족 중 소득인정액이 기준 중위소득 52% 이하인 가족인 경우에 해당이 된다. 한부모가족('부' 또는 '모'의 연령이 만 24세 이상하인 경우)는 상이하다.

소득수준에 따른 지급기준은 <표 9-4>와 같다.

〈표 9-4〉 **소득수준 지급기준**

가구원수 구분	2인	3인	4인	5인	6인
2017년 기준 중위소득	2,814,449	3,640,915	4,467,380	5,293,845	6,120,311
생계급여 수급자 (기준 중위소득 30%)	844,335	1,092,274	1,340,214	1,588,154	1,836,093
한부모 및 조손가족 (기준 중위소득 52%)	1,463,513	1,893,276	2,323,038	2,752,799	3,182,562
청소년 한부모가족 (기준 중위소득 60%)	1,688,669	2,184,549	2,680,428	3,176,307	3,672,187

지원의 종류에 따라 중복지급의 제한이 되는 대상이 있으며, 생계급여를 받지 않는 의료급여, 주거급여, 교육급, 수급자에게는 지급이 가능하다. 지원종류에 따른 지급기준은 <표 9-5>와 같다.

〈표 9-5〉 지원종류

지원종류	중복지급 제한대상
• 아동양육비 • 추가아동양육비 • 생활보조금	• 국민기초생활보장법에 따른 생계급여 ※ 생계급여를 받지 않는 의료급여·주거급여·교육급여 수급자에게는 지급 가능 • 긴급복지지원법에 따른 생계지원 • 아동복지법에 따른 위탁양육수당
• 아동교육지원비 (학용품비) • 청소년한부모가족 고등학생 교육비	• 국민기초생활보장법에 따른 교육급여 • 장애인복지법에 따른 교육비 지원 • 긴급복지지원법에 따른 교육지원

무엇보다도 한부모들의 가장 큰 어려움은 여성가족부(2016)의 통계에 따르면 '양육비·교육비용 부담'이 가장 큰 어려움이라고 답하였으며, 미취학자녀의 경우 '자녀를 돌볼 시간의 부족', '자녀를 돌봐줄 사람을 구하는 어려움'이 있다는 응답이 많았다. 또한, 취학자녀의 경우 '진로지도의 어려움', '학업성적' 등 교육과 관련된 어려움도 높게 나타나고 있었으며, 전 연령대에 걸쳐 부자가족은 아버지 역할과 자녀와의 관계형성이 어렵다고 응답하였다. 미취학자녀의 경우 '자녀 돌볼 시간의 부족', '양육·교육 관련정보 부족'이 어렵다고 답하였다.

한부모가 된 후 달라진 점으로는 '부와 모의 역할 혼자서 감당', '집안일 부담 증가', '미래에 대한 부담 증가', '경제적 어려움' 등 돌봄과 가사로 역할과중과 경제적 부담 등 생활에서의 어려움이 늘어난 것으로 나타났다. 한부모 성별로는 '집안일 부담 증가'의 경우 부자가족이 어려움을 상대적으로 크게 느낀 반면, 나머지 영역은 모자(+기타) 가구의 어려움이 더 크게 나타났으며, 한부모들의 과반수가 집안일, 돈이 필요할 때, 본인과 아이가 아플 때, 생활과 관련한 도움이 필요할 때 등 일상생활에서 부모 및 친인척의 도움을 얻고 있었으나, 도움을 구하지 못하는 비율도 적지 않아 사회적 지지망이 취약한 것으로 나타났다. 현재 한부모들에게 가장 필요한 지원에 대한 1순위 응답에서는 '생계비·양육비 등 현금지원'(65.7%)이 압도적으로 많은 가운데, '시설·임대주택 등 주거지원'(13.5%), '건강지원'(5.7%), '아이돌봄 관련 서비스 지원'(5.5%), '직업훈련·학업지원'(3.5%), '사회적 인식·차별 개선'(3.4%) 순으로 나타났다. 필요한 지원 2순위는 '시설·임대주택 등 주거지원'(26.5%), '건강지원'(21.2%), '생계비·양육비 등 현금지원', '직업훈련·학업지원'(11.1%) 순으로 나타났다.

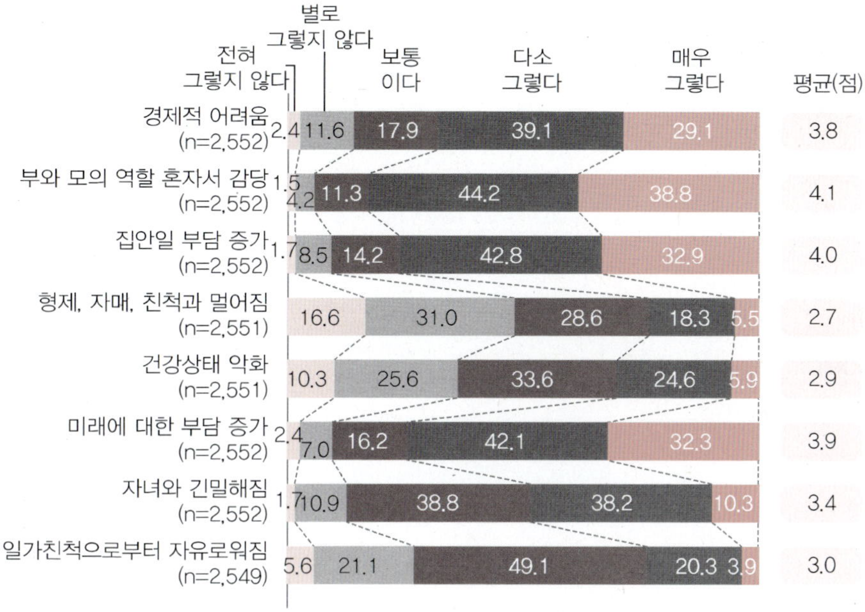

[그림 9-5] **한부모가 된 후 달라진 점**

종합적으로 한부모 가족에 대한 정책, 교육, 상담프로그램, 주거보장 등의 제도적 확립이 필요성이 요구된다. 한부모 가족에 대한 경제적 자립은 효과적인 고용대책이 될 수 있으며, 직업 관련정책서비스에 관한 정책적 방안을 마련하는 것도 중요하다. 또한, 한부모자녀를 위한 교육적 지원, 특히 교육비 지원, 체계적인 방과후 돌봄, 청소년 복지정책의 필요성과 정책들과의 현실적인 연계성도 이루어져야 할 것이다. 한부모가족에 대한 교육이나 상담프로그램은 시설에서 주로 진행되는 것이 일반적으로 각 지역의 사회복지사와 상담사들과의 직접관계를 통해 한부모가족을 위한 자립을 위하여 맞춤형복지서비스가 제도적으로 도입되어 한부모가족에게 도움을 줄 수 있도록 마련되어야 한다.

5. 토론 및 워크숍

Group Discussion

○ Name: ______________________________

○ TOPIC: ______________________________

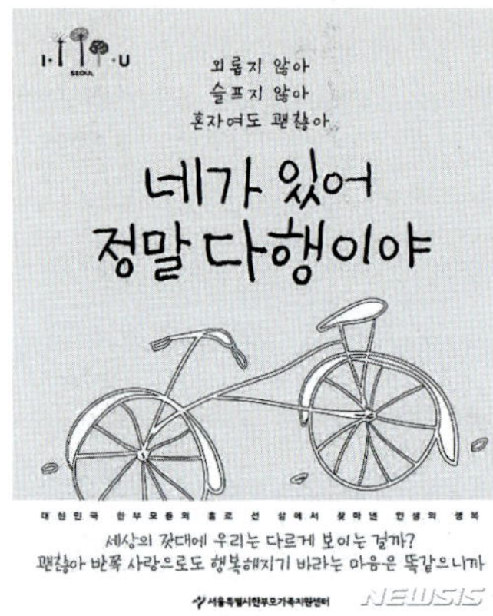

Article

Name: ______________

- Title: ____
- Keywords: ____________________________________

- 해결방안:
  -
  -
  -
  -

Keywords

성명: ___________

제 10 장

조손가정 아동을 위한 권리와 복지

〈학습목표〉

① 조손가정아동의 개념 및 정의를 살펴보아요.

② 조손가정아동을 위한 복지대책에 대해 설명할 수 있어요.

1. 조손가정아동의 개념 및 정의

조손가정이란 개념을 살펴보면 일반적으로 아동이 부모로부터 직접 양육을 받지 못하는 상황에서 부모와 함께 살지 아니하고 조부모에게 양육되고 있는 가정을 지칭한다. 그러나 조손가정을 지칭하는 공식적인 용어나 개념이 없기에 많은 연구자가 강조하고 있는 의도에 따라 조손가족, 조손가정, 조부모·손자녀가족, 조부모·손자녀세대 등으로 다양하게 사용되고 있지만, 2000년 아동복지법 개정 이후 등장하게 된 대리양육가정에서는 가정위탁을 대리양육 가정위탁, 친인척 가정위탁, 일반 가정위탁으로 분류하면서 생긴 의미로, 조부모가 아동을 양육하는 위탁가정을 조손가정이라 일컫는다(보건복지가족부, 2009).

사전적 의미로 조손이라는 의미를 살펴보면 '조부모와 손자'라는 의미로 풀이되고 있으며, '조손가정'이라는 말은 부모 없이 할아버지 혹은 할머니와 손자 혹은 손녀가 함께 거주하는 가정형태를 조손가정이라고 정의하고 있다. 임영옥(2007)의 연구에서는 부모의 이혼, 실직, 가출 질병, 파산 등의 증가로 호적상에는 부모가 키우는 것으로 기록되어 있으나, 실제로는 부모가 자녀를 직접 키울 능력이 없어 경제적 또는 강제적으로 부모를 대신하여 조부모가 손자녀를 돌보는 가정을 조손가정 이라고 정의하고 있다. 정책적으로 살펴보면, 직접적으로 조손가정를 위한 현행법이 없이 '한부모가족지원법'에서 규정하는 지침에서 조손가족의 범위를 정하여 지원하고 있다. 지원을 목적으로 하는 협의의 개념으로 65세 이상의 조부모가 18세 미만의 아동을 양육하는 가정을 말한다. 이처럼 조손가정의 정의는 다양하지만, 일반적으로 조손가정이란 부모 대신 조부모가 18세 이하의 손자녀와 함께 동일한 거주지에서 생활하면서 손자녀의 양육을 책임지는 기능적인 핵가족을 말한다(박충선, 2010).

미국의 경우를 보면 조부모의 기준을 양육자로 구분하여 정의하고 있다(U.S. Bureau of the Census, 2000). 첫째, 조부모가 18세 이하의 손자녀와 함께 살고 있는지의 동거여부로 양육자의 기준을 정하고, 둘째, 조부모가 함께 사는 손자녀의 기본적인 의·식·주에 대한 욕구를 양육자로서 책임을 다하고 있는지, 셋째, 조부모들의 손자녀에 대한 양육책임자로서의 양육기간을 6개월 이상 책임지고 있는지에 관한 것이다. 이러한 기준을 근거로 조손가정의 개념을 '18세 이하의 손자녀와 함께 동일한 거주지에서 6개월 이상 생활하면서(Fuller-Thomson and Minkler, 2000) 손자녀의 일상생활에 일차적인 책임을 지는 합법적인 관계의 가족'으로 조손가정을 정의하고 있다. 이러한 기준으로 조부모는 의사결정을 할 수 있는 법적 보호권한과 아동의 일상보호에 대한 책임을 포함하는 신체적 보호권한을 가지게 된다.

2. 조손가정의 특성

조손가정을 부모의 이혼, 실직, 가출 질병, 사망, 파산 등으로 부모와 함께 살지 못하기 때문에 아동은 경제적, 심리사회적, 인지 및 학습적인 요인 등의 다양한 어려움을 겪고 있는데, 이를 다음과 같이 살펴보고자 한다.

1) 조손가정의 경제적인 어려움

경제활동을 하기 힘들거나 혹은 경제활동에서 배제된 노인과 손자녀로 구성된 조손가정은 조부모가 손자녀를 맡으면서 형성된 가정이다. 이미 경제적 능력에서 상실한 노인가구의 양육이기 때문에 조부모는 손자녀에 대한 양육부담을 가지고 있으며, 손자녀의 양육으로 빈곤상태에 더욱 빨리 진입하게 된다. 즉, 빈곤과 가족해체는 관계성을 가지고 있어서 조손가정의 경우에 원가족은 빈곤으로 가족해체를 낳게 되고, 가족해체는 조손가정을 형성하게 되면서 또 다시 빈곤을 가중하는 특성이 있다.

조부모는 일단 경제적 빈곤상태에 놓여있고 경제활동 중단으로 수입이 감소되어 있어서 손자녀의 양육비와 교육비에 대한 부담이 크다. 이들은 고령의 나이에도 손자녀의 양육을 위해 신체적 요구도가 높은 과업을 반복적으로 수행하고 있다. 노화로 인한 신체적 한계에도 경제적 어려움 때문에 노동집약적 일상의 반복을 계속행하고 있어 건강의 악순환으로 신체적, 정신적인 손상을 경험하게 한다.

조손가정아동의 경우 주 양육자가 한 세대를 건너 뛴 조부모가 됨으로써 부모가 양육자가 되어 자란 일반가정아동보다 경제적 어려움과 부모의 관심밖에 있기 때문에 일반가정아동보다 비행아동 및 일탈행동을 많이 보인다.

2) 아동의 심리·사회적인면

빈곤은 대부분 사람들의 삶에 부정적인 영향을 미치는데, 특히 발달단계에 있는 아동의 신체적, 인지적, 심리·사회적으로 성장에 심각한 영향을 끼친다. 아동기에는 인간으로서의 독립된 생활을 가능하게 하고 사회적응을 학습해야 하는 시기이다. 부모의 부재나 동거하지 않는 조손가정아동은 심리·사회적으로 불안함을 갖게 한다. 이는 부모의 이혼, 사망, 별거, 빈곤 등으로 인해 조손가정으로 전환되면서 겪게 되는 심리적 외상으로 아동은 반사회적 행동, 정서적인 문제, 학습과 학교에서의 비행에 이르기까지 다양한 문제와 정신적 건강상의 문제를 보인다. 이정이·최명선(2007)의 연구에서도 볼 수 있듯이, 조손가정의 아동은 가족해체나 부적절한 양육 때문에 우울, 불안 등 심리적으로 부적응을 나타내며, 낮은 사회적 능력으로 대인관계문제, 반사회적 행동과 같은 행동적인 문제도 보인다.

조손가정 아동은 생활고에 지친 조부모의 따뜻한 보살핌을 받지 못해 범죄에 쉽게 노출될 수 있고, 조부모세대의 소통방식에 대한 반감이 있는 경우 손자녀는 자신의 고민을 털어놓고 의지할 만한 멘토가 없어 스스로 더 심리적 고립감을 많이 느끼게 된다.

3) 아동의 인지 및 학습에 대한 어려움

조손가정의 아동은 경제적인 어려움과 심리·사회적인 특성으로 일반가정에서 자란 아동보다 인지 및 학습면에서 발달수준이 낮은 편이고, 내면화된 행동문제를 더 많이 보인다. 학령기, 발달기에 있는 조손가정의 아동은 적절한 학습지원을 받기 어려운 환경에 있다. 즉, 조부모는 손자녀가 좋은 학업능력을 보이기를 원하지만, 조부모의 경제적 어려움과 교육에 대한 정보능력 부족 등으로 손자녀에게 적절한 학습환경을 지원해 주는 데 제약이 있고 원천적으로 부족하기 때문에 조손가정의 아동은 또래와의 상호작용, 학습면에서 뒤처지기 쉽다. 조부모가 자신의 자녀를 양육할 때와는 학습환경에 있어서 많은 변화를 가져왔기에 현재 손자녀의 학습환경에 맞추기에는 사회환경, 교육방식, 인식차이, 세대차이로 오는 갈등상황을 불러일으킨다.

3. 조손가정의 실태

여성가족부(2010)는 전국 조손가정 현황을 조사하기 위해 '조손가정 실태조사'를 시행하였다. 정책대상으로서의 조손가정은 '만 65세 이상의 조부모와 만 18세 이하 손자녀로 구성되어 있는 가정'으로 주민등록부 주소지를 통한 산출과 통계상 전국의 조손가정 수를 동·읍·면 단위로 산출하였다. <표 10-1>을 살펴보면, 전국 조손가정은 총 51,852세대이고, 통계청 조사로는 조부모와 손자녀가 함께 거주하는 조손가정의 형태를 띤 모든 세대수를 조사한 가구 수는 총 119,294세대이다. 이러한 결과를 보면 통계상의 조사가 주민등록상의 조사보다 배 이상 상이하게 차이를 보였고, 조손가정이 가장 많은 지역을 보면 경기도가 1995년 4,352세대에서 2010년 통계수치상 22,192세대로 가장 많이 늘어난 것을 볼 수 있다.

〈표 10-1〉 조손가정 실태조사(통계상/주민등록상) (단위: 세대)

행정구역	1995년	2000년	2005년	2010년	
				통계청	주민등록상
전국합계	35,194	45,225	58,101	119,294	51,852
서울특별시	3,875	5,224	7,207	19,159	8,576
부산광역시	1,979	2,658	3,771	8,752	3,672
대구광역시	1,537	2,002	2,685	6,232	2,676
인천광역시	1,195	1,785	2,426	5,960	2,594
광주광역시	984	1,270	1,946	5,960	1,466
대전광역시	873	1,086	1,530	3,759	1,338

행정구역	1995년	2000년	2005년	2010년	
				통계청	주민등록상
울산광역시	-	491	699	1,783	750
강원도	2,147	2,845	3,323	5,708	2,171
경기도	4,352	6,306	9,599	22,193	9,799
충청북도	1,836	2,299	2,661	4,588	1,763
충청남도	2,611	3,269	3,787	6,294	2,627
전라북도	2,654	3,266	3,862	6,572	2,878
전라남도	3,782	4,401	4,711	7,114	3,429
경상북도	3,631	4,079	4,655	8,004	3,643
경상남도	3,330	3,531	4,349	8,038	3,756
제주특별자치도	438	713	890	1,721	714

출처: 통계청(2001). 2011 인구주택총조사 표본집계결과 및 여성가족부(2011), 2010년 조손가족의 실태.

이처럼 해마다 증가추세에 있는 조손가정의실태를 구체적으로 살펴보면 다음과 같다.

첫째, 조손가정의 형성원인은 손자녀의 친부모 이별이나 재혼(53.2%)에 의한 경우가 전체의 반을 넘었고, 부모의 가출이나 실종(14.7%), 부모의 질명 및 사망(11.4%), 부모의 실직 및 파산(7.6%), 부모의 취업(6.7%)으로 가족해체가 가장 큰 직접적인 원인임을 알 수 있다.

둘째, 조손가정의 손자녀 수와 열령을 살펴보면 손자녀 수는 가구당 평균 1.4명, 손자녀 1인을 양육하는 가구는 전체 가구의 66.2%였고, 2명 이상의 손자녀를 양육하는 가구는 33.8%였으며, 전체 손자녀 중 남아는 54.6%, 여아는 45.4%였다. 양육하고 있는 손자녀의 평균연령은 13.3세로 집계되었으며, 7세부터 12세 사이의 손자녀는 2.7%였다. 또한, 조부모는 사춘기에 접어든 손자녀를 양육하는 데 있어 다양한 갈등을 보인다.

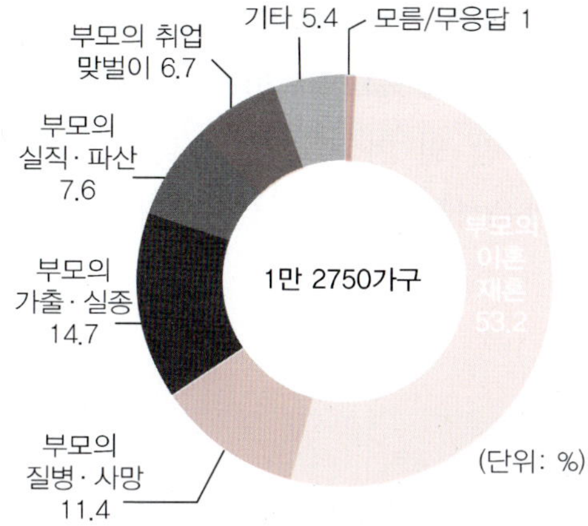

출처: 아시아 경제뉴스(2011).

[그림 10-1] **조손가정 형성원인**

셋째, 조부모의 평균연령과 조부모 생존유무를 살펴보면, 조손가정 조부모의 평균연령은 만 72.6세(조부의 평균연령은 만 73.1세, 조모는 만 72.5세)이다. 조부나 조모 모두 생존하여 손자녀를 양육하는 조손가정은 전체 가구 중 17.1%에 불과한 반면, 조부나 보모 홀로 손자녀를 양육하는 가구는 82.9%로, 조손가족 10가구 중 8가구 이상이 조부나 조모 홀로 손자녀를 양육하고 있다.

넷째, 손자녀 양육을 맡고 있는 조부모의 건강상태를 살펴보면, 응답자 자신이 '6개월 이상 만성질환을 앓고 있다'는 응답도 37.9%로 높게 나타났으며, '크고 작은 잔병이 많다'라는 응답 역시 본인의 경우 33.1%, 배우자의 경우 30.8%로 조부모가 질병이 있는 가족은 10가구 중 7가구를 넘어 조부모가 손자녀를 양육하는 것은 육체적으로 매우 고단한 일임을 짐작해 볼 수 있다.

다섯째, 양육하고 있는 손자녀가 친손자인지 외손자인지를 살펴보면, 전체 손자녀 중 친손자녀는 80.8%, 외손자녀는 약 17.7%로 친손자녀가 5배 정도 많았다. 이는 여전히 가부장적인 친족관계가 강하게 나타나고 있음을 알 수 있다.

여섯 번째, 조부모의 학력을 살펴보면, 국졸 이하(79.5%)가 가장 많았으며, 다음으로 중졸(13.8%), 고졸(5.2%), 대졸(1.5%) 순으로 나타났다. 이는 조부모의 평균나이가 70대로 본다면 이들의 젊은 시절 우리나라는 어려운 국력과 경제력으로 자립에 힘쓰는 시기이기에 학업에 대한 자아성취 구도보다는 생계를 위한 삶을 살아 왔을 시대였기 때문이다.

일곱 번째, 조부모의 월평균소득을 살펴보면, 평균 70만 원 정도이며, 50~70만 원(31.0%), 70~100만 원(21.3%), 30~50만 원(24.8%), 30만 원 미만(4.8%), 100~150만 원(12.8%), 150만 원 이상(5.3%)로 나타났다. 이는 평균 70만 원으로 조부모가 손자녀를 양육하는 데 있어서 경제적으로 힘들어 하는 것을 볼 수 있다.

4. 조손가정아동을 위한 복지현황 및 대책

1) 조손가정을 위한 복지현황

여성가족부에서는 이런 조손가정을 위해 '조손가정통합지원 서비스', 즉 '조손가정 희망사다리'라는 복지지원을 시행하고 있다. 복지대상은 65세 이상의 가구주 또는 그의 배우자와 만 18세 미만의 손자 혹은 손녀가 함께 거주하며 생계를 유지하는 데 기초생활보장수급자로서 최저생계비(180% 이하)로 생활하는 가정, 가구주의 연령이 55세 이상 65세 미만의 조손가정과 저소득 가정은 아니지만 지방자치단체장이나 학교장의 추천으로 지원이 필요하다고 인정한 조손가정을 대상으로 가정·가족역량강화지원사업을 지원하고 있다.

여성가정부에서 시행하는 '가정·가족역량강화지원사업'을 살펴보면 다음과 같다.

- 주거환경개선을 위한 지원사업
- 가정생활의 가사도우미 지원사업
- 교육·문화프로그램 및 자조모임운영지원사업
- 손자녀를 위한 학습 정서지원사업
- 상담, 의료, 장학재단 등의 유관기관과의 연계지원사업

출처: 여성가정부 http://www.mogef.go.kr 참조.

또한, 여성가족부와 (재)한국건강가정진흥원은 조손가정의 조부모 양육 스트레스를 경감하고, 손자녀의 발달 증진과 올바른 생활습관 형성지원을 위해 초등 고

학년용 조손가정 통합지원 프로그램을 개발하여 보급하고 있다.

(1) 조손가정 아동위탁(가정위탁) 지원

조손가정 아동위탁 지원은 보호가 필요한 아동을 보호할 수 있는 가정에 일정 기간 위탁하는 것으로 국민기초생활수급자를 대상으로 지급된다. 국민기초생활수급자 중 18세 미만의 아동을 위탁하거나 시·군·구에서 부모의 질병, 가출, 사망, 실직 등 그 밖의 사유로 보호가 필요함을 인정한 아동, 아동학대로 격리보호가 필요한 아동을 위탁한 경우가 해당된다. 대상가정유형은 친인척(친조부모, 외조부모)에 의한 대리양육가정, 친인척(친조부모, 외조부모)에 의한 위탁가정, 일반인에 의한 위탁가정에게 지원된다. 따라서 조손가정은 수혜대상에 포함되지만, 가정위탁보호사업은 아동복지법과 국민시초생활보장법, 의료급여법 등을 근거로 양육보조금, 부식비, 제수비, 방학 중 학원수강료 등을 지원하고 있기 때문에 조손가정이 국민기초생활보장법에 의한 수급대상자가 아닌 경우에는 위탁가정으로서 정부의 지원을 받지 못하게 된다.

위탁가정의로서 지원내용

- 아동양육비: 만 13세 미만 아동, 1인당 월 12만 원 지원
- 추가 아동양육비: 조손가족 및 모 또는 부의 연령이 만 25세 이상인 미혼 한부모가족 만 5세 이하 아동, 1인당 월 5만 원 추가지원
- 아동교육지원비(학용품비): 중학생 및 고등학생 자녀, 1인당 연 5.41만 원
- 생활보조금: 한부모가족복지시설에 입소한 가족, 가구당 월 5만 원

* 다른 법령에서 유사한 성격의 지원을 받는 경우에는 중복하여 지원하지 않음
* 조손가정의 복지문의: 해당 읍·면·동 주민센터, 한부모가족 상담전화(1644-6621)

(2) 보육비지원

현재 우리나라는 부모의 소득에 따라 차등 보육료가 지급되고 있다. 저소득층은 만 0~4세 아동에게 보육료가 지급되고 초등학교 취학 전 만 5세 아동에게는 무상보육료를 지원하고 있다. 그리고 가정해체 방지 등을 위한 별도가구 인정특례로 조부모 또는 외조부모 집에 거주하는 손자녀의 경우 저소득 보험료 지원대

상자 선정기준을 초과하나 가구를 분리·신청하는 경우 기준을 충족하여 대상자로 선정될 수 있다.

(3) 국민기초생활보장제

국가는 한 가구가 국민의 건강과 문화적인 생활을 유지하기 위해 필요한 최저생계비를 지원하고 있다. 이는 생계비, 의료 및 교육, 주거비 등을 포함한다. 그러나 최저생계비는 가구의 소득을 제외하고 지급되므로 소득이 있으면 더 적은 금액을 지원받게 된다.

(4) 조부모의 기초노령연금

복건복지부(2007)는 2008년 1월부터 70세 이상의 노인을 대상으로 기초노령연금을 지급한다. 그리고 같은 해 7월부터는 65세 이상의 노인으로 확대되어 기초노령연금을 수혜를 받도록 지원한다. 기초노령연금은 기존의 65세 이상의 기초생활수급자 및 저소득노인에게 지급되었던 경로연금이 전환된 것이다.

2) 조손가정을 위한 복지대책

(1) 조손가정을 위한 조례 제정

현재 우리나라는 조손가정만을 대상으로 하는 조례제정이 없기에 지금까지 저소득층 지원정책과 한부모가족지원법, 건강가족지원법 등에 따른 지원정책에서 지원을 받고 있었다. 다양한 가족형태의 하나로 조손가정을 지원할 수 있는 유일한 체계는 여성가족부의 '한부모가족지원법'이다. 그러나 한부모가족지원대상자는 일부의 저소득층 조손가정만을 지원대상으로 한정하며, 그 지원규모가 자녀 또는 손자녀양육지원을 위한 최소한의 지원정책이라는 점에서 대단히 제한적이다.

조손가정을 위한 정부의 복지프로그램을 보면, 여성가족부에서는 '조손가정희망사다리 서비스'를 보건복지부에서는 '드림스타트'와 'IBK' 기업은행과 휴먼네트워크 업무협약 체결을 통해 조손가정을 지원하고는 있다. 또한, 조손가정의 아동을 위해 학습지도사 파견과 가사도우미(키움보듬이)를 파견하여 조손가정을 지원하고는 있지만, 이렇게 파견된 배움지도사나 키움보듬이는 매주 2시간에 한정되어 있다. 이렇기 때문에 정부는 조손가정을 위한 법 제정과 함께 예산과 인력확충을 확대하여 이들을 위해 다양한 사업과 기관을 설치하여 지원을 해야 한다. 또한, 각 지자체에서 그들의 욕구를 파악하여 그에 맞는 조례를 공표하며 다양한 서비스를 시행하여야 한다.

(2) 민간기관의 조손가정 지원서비스 확충

지역대학교나 복지관, 비영리기관 등에서는 조손가정 맞춤형서비스를 시행하고 있다. 한 예를 보면, 한양사이버대학교 사회복지과에서는 서울시 성동구청의 협조 아래 학생자원봉사단을 구성하여 학생 1명당 1가구 조손가정을 전담하여 주 1회씩 가사지원과 함께 아동학습지도, 생활지도 등의 서비스를 제공하고 있다. 이처럼 조손가정을 위한 서비스가 일부 지역에서만의 시행으로 진행되고 있기에 전국에 있는 많은 조손가정 아동에게 공평한 서비스를 제공하지 못한다.

사회현상으로 보았을 때는 조손가정의 아동들은 늘어나고 있는데, 아직까지 민간기관의 지원서비스는 부족한 실정이다. 민간의 지원을 확대하여 조부모에게는 건강과 심리상담 서비스, 손자녀 양육지도 등을 시행하고, 손자녀에게는 건강보건서비스, 상담서비스, 수련활동, 놀이지도, 학습도우미, 다양한 심리치료를 통해 조손가정을 위한 보다 폭넓은 지원이 있어야 한다.

이처럼 국가와 사회의 다양한 지원 확대로 복지정책사업들을 확대시켜 어려운 환경 속에서 손자녀를 건강하게 성장할 수 있도록 지원을 확대시켜 나가야 할 것이다.

5. 토론 및 워크숍

Article

Name: ____________

○ Title: 다음과 같은 조손가정아동의 사례를 보고, 친구와 함께 토론해 보세요.

김덕분 할머니는 12년 동안 키우던 손녀를 최근 부모에게 돌려보냈습니다. 한 달 10만 원 남짓한 노령연금으로는 초등학교 6학년에 올라가는 손녀를 더 이상 키울 수 없었습니다. 하지만 아들도 병을 앓고 있어 키울 형편이 못 되기는 마찬가지입니다.
조손가정의 월평균 소득이 40만 원도 채 안 되는 경우가 강원도에서만 세 집당 한 집꼴입니다. 조부모가 직업이 없고 건강도 나쁘다 보니, 정부지원만으로 생계를 책임지는 경우가 절반일 정도입니다.
하지만 정부지원도 기초생활수급이나 차상위계층지원이 대부분 20년 동안 손녀를 키운 이서운 할머니도 부모 대신 양육을 책임졌지만, 기초생활수급 이외에 다른 지원은 없었습니다.
사정이 이렇다 보니 손자녀를 키우는 조부모들은 높은 우울지수를 보이고 있습니다.
아이들을 잘 키우기 위해서는 조부모에 대한 지원을 늘려야 한다는 주장이 나오는 이유입니다.

"양육자에 대한 혜택이 없고, 실제로는 가족상의 서비스가 되야 하는데, 아동 중심으로 하니까 자꾸 사각지대가 생기고 문제가 생기는 거죠."

하지만 대리양육 위탁가정의 생활 전반을 돕는 지원센터는 도내에 원주 단 한 곳에만 설치돼 있어 실질적인 지원을 받기가 쉽지 않은 게 현실입니다.

-MBC 뉴스 중에서-

○ Keywords: ______________________________

○ 해결방안:

-
-
-
-

MOVIE

성명: ____________

○ Title: 1. 조손가정 2002년 개봉했던 영화 '집으로'를 통해 본 조손가정에 대해 생각해 보세요.

영화내용: 집안형편이 어려워진 남주인공(상호)은 엄마의 손에 이끌려 본적이 없는 강원도 산골에 계신 외할머니 댁에 살면서 할머니와 겪게 되는 다양한 갈등상황의 이야기를 담고 있는 감동적인 영화입니다.

출처: 네이버 영화.

2. 영화를 보고, 조모(장애를 가지고 있는 할머니), 손자(상호)의 상황을 보고, 조손가정에 대한 토론을 해 보세요.

○ Keywords: ________________________________

○ Impression: ________________________________

Group Discussion

성명: ____________

○ TOPIC: 스웨덴의 지원정책에서 부모보험이라는 것이 있는데요. 이 보험이 무엇인지 그리고 조손가족에게 어떤 혜택을 주는지요?

–…

–…

–…

–…

–…

–…

–…

–…

–…

–…

–…

–…

–…

–…

–…

제11장

다문화가정 아동을 위한 권리와 복지

- 1. 다문화가정아동의 개념 및 정의
- 2. 다문화가정아동의 특성
- 3. 다문화가정의 유형 및 실태
- 4. 다문화가정의 아동을 위한 복지현황 및 대책
- 5. 토론 및 워크숍

〈학습목표〉

① 다문화가정아동의 개념 및 정의와 다문화가정아동의 특성에 대해 살펴보아요.

② 다문화가정의 현황 및 실태와 복지대책에 대해 살펴보아요.

1. 다문화가정아동의 개념 및 정의

다문화에 대해 알아보기 위해 먼저 우리는 '다문화'라는 뜻이 무엇인지에 대해 살펴보면 'muiti-culteral', 'inter-cultural', 'cross-cuitural'로 다양한 표현이 되는데, 일반적으로 다문화란 성별 및 종교, 직업, 계층, 인종 등에 따라 각 사회집단의 고유한 문화적 특성이 다양하게 존재하고 있음을 의미한다.

다문화가정이란 다른 민족 혹은 문화적 배경을 지닌 사람들로 구성된 가족을 뜻하는 말로, 일반적으로 국제결혼을 통해 국내에 정착하고 있는 가정을 의미하지만, 취업을 위해 우리나라로 이주해 온 외국인 근로자가정과 새터민가정도 이에 포함된다(김민서, 2011). 다문화가정 유형을 가족구성별 특징에 따라 세 집단으로 구분할 수 있다(서혁, 2007). 첫째, 국제결혼가정으로 한국인 남성과 외국인 여성이 결혼하여 이루어진 가정이나 한국인 여성이 외국인 남성과 결혼하여 이루어진 가정이며, 둘째, 외국인 근로자 가정으로 외국인 근로자의 국내 취업이 점점 늘어남에 따라 생산, 기능직 외국인 근로자가 여러 가지 형태로 가족을 동반하여 거주하거나 국내에서 가족을 형성함으로서 이루어진 가정이다. 셋째, 북한에서 탈주하여 남한사회에서 정착하고 공식적으로 남한 주민등록을 취득한 주민으로 구성된 가정을 말한다.

다문화가정에 대한 개념을 보면 일반적으로 광의적인 개념과 협의적인 개념으로 나눌 수 있는데, 전자의 개념은 자국 내에 거주하는 모든 외국인가정을 포함하고, 후자는 단순히 거주하는 것이 아니라 가족 중 한명이 우리나라 국적을 취득해 구성된 가정이다. 최근 다문화가정의 개념은 한국남성과 결혼한 이주여성가정, 한국여성과 결혼한 이주남성가정, 이주민가정(이주노동자, 유학생, 탈북자)을 포함하여 그 범위를 확대하여 사용하고 있으나, 다문화가족지원법은 현실적 지원을 위하여 협의적 개념을 사용하고 있다.

다문화가정의 정의만큼 다문화아동의 범위도 넓어져 국제결혼, 이중문화를 가진 가정, 서로 다른 인종 사이에서 태어난 아동이라고 일컫는 말로, 과거에 사용하던 혼혈인가정과 그 2세인 혼혈인이라는 용어가 상징적, 차별성이 존재한다는 이유로 차별성을 시정하기 위한 대안으로서 다문화아동이라고 사용되었다. 한쪽

부모가 외국인이거나 한국인 부모 사이에서 태어났으나 부모가 이혼을 하고 외국출신 배우자 여성이 본국에 자녀를 두고 한국남성과 결혼을 한 후 자녀를 입양하는 형식으로 한국으로 데려온 경우 등 다문화아동은 다양한 형태를 포함하고 있다. 양미진(2012)은 '국제결혼으로 다양한 문화적 배경을 가진 가정에서 성장한 아동, 국가 간 이주로 한국사회에 편입하여 문화적 전환을 경험하는 이주아동'으로 정의하였고, 김희경(2012)은 '우리와 다른 문화적 배경을 가진 외국 국적의 배우자와 한국인 사이에서 출생한 자녀'로 정의한다.

2. 다문화가정아동의 특성

1) 다문화아동의 가정환경

국제결혼이 대중화되면서 다문화가정의 이주여성은 한국문화에 대한 충분한 교육 없이 국내생활이 시작됨에 따라 한국 사회적응이나 결혼생활, 자녀양육을 동시에 수행해야 하는 어려움에 처해있다. 이들은 자신의 자녀들이 한국사회의 구성원으로서 잘 성장할 수 있도록 사회·문화적 가치를 전수하는 일차적 양육자로서의 역할을 감당해야 한다. 그러나 다문화가정의 이주여성은 한국문화를 내면화하는 과정에서 여러 가지 인지적 충돌과 심리적 갈등을 경험하면서 아동을 양육하게 될 것이다. 이러한 결과, 자신의 모국에서의 양육경험과 낯선 한국의 양육환경과의 이중구조 속에서 더 많은 갈등을 겪을 것이다. 또한, 한국사회에서 자란 다문화아동과 다문화부모와의 문화적 변용이 다르기 때문에 다문화가정의 아동은 정서적·행동적 발달에 영향을 미치게 된다. 각기 다른 언어와 풍습, 사회관계에서 자란 부모와의 가치관과 생활태도는 성장하는 다문화가정의 아동에게 있어서 어떤 것을 수용해야 할지 갈등과 혼란을 경험하게 한다. 다문화가정의 부모-자녀 간에 문화 차이에서 오는 갈등, 즉 외국인 부모와 자녀 간에 원활하지 않은 언어소통은 서로를 이해하거나 아동 자신을 이해시키는 데 어려움 등의 문제로 갈등을 겪게 한다.

그리고 대부분의 국제결혼은 주로 가난한 나라의 여성이 부유한 나라의 가난한 남성에게 시집감으로써 이루어진다. 여성에게 있어서는 가난을 벗어나는 길이며 남성 측에서도 결혼할 좋은 기회이다. 그러나 부유한 나라의 남성 또한 그 나라에서 가난하기 때문에 대부분의 한국의 다문화가정 역시 살림살이가 그리 좋지 않다는 것은 쉽게 예상할 수 있다.

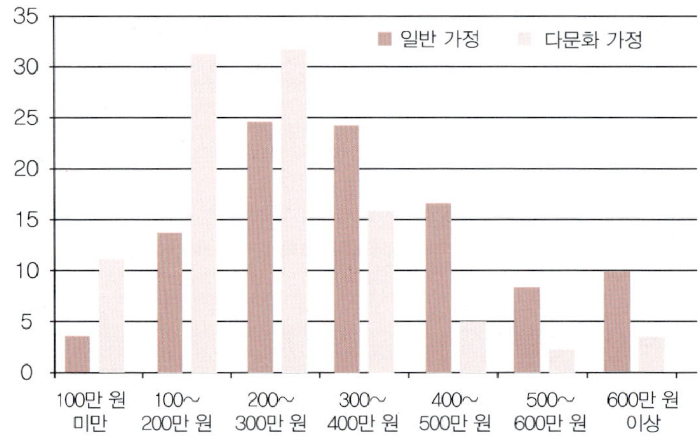

[그림 11-1] **다문화가정과 일반가정 월평균 소득비교**

[그림 11-1]과 같이 확인되듯이 일반가정보다 다문화가정의 월소득이 낮음을 알 수 있다. 재정기획부에서 발표한 가계당 가계수지에서 2012년 전체 가구 평균이 409만 2,551원이라는 점을 고려할 때 다문화가정 소득이 얼마나 낮은지 더욱 잘 알 수 있다. 한국의 사회구조상, 부모의 사회적·경제적 지위를 자녀들이 물려받아 부익부 빈익빈 현상이 생기는 경우가 많이 있다. 이는 다문화 가정의 경제소득이 낮으므로 그 가정 안의 아동 또한 가난한 이로 살아갈 가능성이 크다는 것이다. 이러한 환경 속에서의 성장은 가족, 교우관계 및 학업성취와 성장 후 사회적응문제에서 그 파급효과가 있음을 유의해 볼 때 다문화가정아동 양육에 대한 관심이 필요하다.

2) 다문화아동이 겪는 어려움

다문화가정이 일반가정과 차이가 나는 가장 주된 요인은 이주여성인 어머니로 볼 수 있다. 아동에게 있어서 어머니라는 존재는 아동의 성장발달에 많은 영향을 미치는 요인으로 이주여성 어머니가 한국 적응에 대해 이해하는 것은 다문화가정 아동에게 매우 중요한 요인이 될 것이다. 다문화아동이 한국에서 살아가는 여러 가지 환경 속에서 겪게 되는 다양한 어려운 점을 살펴보면 다음과 같다.

(1) 언어문제

다문화가정아동은 이중 언어를 구사할 수 있는 능력이 큰 강점으로 작용한다. 그런데도 가정 내에서 아동이 어머니 나라의 말을 쓰면 부정적으로 보는 면이 있기에 외국어를 배울 기회가 박탈되기도 한다. 더불어, 다문화아동이 한국말을 배우는 유아기에 한국어가 서투른 외국인 아버지 및 어머니의 영향으로 언어발달이 늦어지는 경향이 있고, 의사소통의 어려움을 겪게 되어 일반아동과 비교할 때 언어능력의 차이를 보인다. 이런 미숙한 언어발달의 이유로 학령기에 접어들면서 아동은 학교생활의 어려움과 자신감 결여, 사회성면에서도 부족함이 나타난다. 특히, 어머니가 대부분의 보육을 책임지는 한국에서 외국인 어머니의 영향 아래서 자란 다문화가정의 아동은 더욱 그렇다. 그렇다면 한국인 아버지가 자녀의 언어교육을 하면 쉽게 해결될 수 있지만, 직장 때문에 혹은 '자녀의 양육에 대한 일차적인 책임은 자녀의 어머니에게 있다'는 사회적 통념으로 다문화가정의 외국인 아내가 자녀교육에서 주변의 도움과 정보의 부족으로 자녀 언어교육에 어려움을 겪고 있다. 다문화가정의 아동의 언어능력 저하는 자신감이나 우울, 불안, 스트레스, 또래관계까지 영향을 준다.

(2) 차별 및 소외

외모의 차이에서 오는 신체적인 특성으로 다문화가정의 아동은 외모가 눈에 띄게 한국인과 다르다는 이유로 차별과 소외를 당하게 된다. 다문화아동은 자신이 외모에서 다른 아동과 다르다는 것을 알기 시작하면서 자기 정체성에 혼란을 느끼게 되며, 내적 혼란 속에서 외적으로는 집단 따돌림과 차별을 경험하게 된다. 여성가족부의 조사에 따르면 <표 11-1>과 같이, 다문화가정 아동이라는 이유로 차별과 무시를 당한 경험을 조사한 결과 14%나 되는 다문화가정아동이 차별이나 무시를 경험한 것으로 나타났다. 특히, 외국에서 성장해서 한국에 들어오게 된 아동의 경우 더욱 심각한 것으로 나타났으며, 외모가 비슷한 중국동포보다는 상이한 외모를 가진 다른 나라 출신 외국인 부모의 아동이 더욱 많이 차별을 경험한다. 이런 외모의 차이를 느끼는 다문화가정아동은 그들의 학교생활이나 사회 적응력인 면에서 일반아동보다 적응 능력이 낮다.

〈표 11-1〉 **다문화가정아동이라는 이유로 차별과 무시를 당한 경험** (단위: 명, %)

구 분	있다	없다	합계
수	9,167	57,369	66,536
비 율	14	86	100
국내 성장	11	89	100
외국 성장	21	79	100

출처: 여성가족부(2016).

(3) 자아정체감

다문화 아동은 주 양육자인 어머니의 원활하지 못한 한국어 능력 때문에 겪고 있는 사회·심리적 갈등을 해결하지 못하여 좌절감과 자아정체감 위기를 겪는다. 이로 인해 다문화아동은 비행적 행동이나 반사회적 행동을 보여 문제아가 될 가능성이 높고, 경제적인 어려움을 겪는 부모를 보면서 가정이나 형제에 대한 책임감이 높으며, 자신의 외모적인 특성을 인식하면 성장하게 된다. 사춘기를 지나고 생활환경이 넓어지면서 사회적 압력과 장래에 대한 불안이 증대되면서 다른 집단의 아동들보다 심한 자아정체감 위기를 맞게 되어 미래에 대한 자신의 목표의식이 낮아진다.

(4) 학습부진

앞에서 다문화가정아동이 언어적인 문제와 환경 및 생김새가 다르다는 이유로 차별과 소외로 큰 어려움을 겪고 있는데, 이러한 외부적인 환경 속에서 성장하는 다문화아동은 학업에 대한 어려움도 같이 겪게 된다. 이들은 의사소통에서는 별 문제가 없으나, 읽기, 쓰기, 독해와 어휘력, 작문능력이 현저히 떨어지는 것으로 나타났다. 이는 학습과 관련하여 학습능력의 부진을 초래하고, 학교적응 수준을 낮아지게 한다.

학교 부적응은 학업에 대한 흥미를 잃고 학교를 그만 두게 되는데, <표 11-2>와 같이 다문화가정아동의 학업 중단 사유를 살펴본 결과, 다양한 이유로 전체 1,029 명의 다문화가정의 아동이 학업을 중단하고 있음을 알 수 있다. 그 중 또래와의 관계와 교사와의 관계가 좋지 않다는 점(24%)에서 학업을 중단했다는 이유가 가장 많았으며, 다음으로 가정형편(19%), 학업문제(10%), 문화차이(5%), 언어(5%) 때문이라는 순으로 답하였다. 이처럼 다문화가정의 아동은 언어학습, 대인관계 형성에 어려움이 있음을 볼 수 있다. 다문화가정의 아동에게 나타나는 다양한 문제는 일반 아동과 괴리감을 느끼게 하며, 사회성 발달에도 저해요인을 만들어 간다. 학습부진은 그들이 속해 있는 집단에서 부적응을 보이게 하는 요인으로 작용하며, 혼자만의 고립된 생활 속에서 인터넷 중독과 게임중독에 빠지게 하는 확률을 높인다. 이러한 문제점은 자연스레 다문화가정아동의 학업에 대한 어려움으로 이어진다.

〈표 11-2〉 다문화가정아동의 학업중단 사유 (단위: 명, %)

구 분	또래관계 교사관계	언어	학업	문화차이	가정형편	가족문제	기타	합계
수	245	51	100	53	191	53	337	1,029
비 율	24	5	10	5	19	5	32	100
동	27	6	6	5	20	6	30	100
읍·면	11	0	23	7	15	3	41	100

출처: 여성가족부(2016).

(5) 법적인 문제

출생과 더불어 자동적으로 한국국적을 취득하는 국제결혼가정에서 태어난 아동과 달리 외국인 근로자 자녀의 부모는 대부분 불법체류자이기 때문에 정규학교에 입학하기가 쉽지 않다. 교육과학기술부는 2003년 5월부터 불법체류 외국인 근로자 자녀에게 거주사실증명서만으로도 국내 입학을 가능하게 했지만, 아직도 국내에서 외국인 근로자 자녀들의 학교 입학은 학교장의 허용여부에 좌우되고 있다. 교육부는 이들에게 교육의 기회를 제공하고 있지만, 법무부 입장에서는 이들을 단속할 수밖에 없는 모순적 상황이 발생하고 있어 외국인 근로자 자녀의 취학률은 상당히 떨어지는 것으로 나타났다. 설사 학교에 입학하더라도 이들은 재적학생이 아닌 별도의 관리대상으로 분류되어 있다. 결혼이민자는 해마다 증가하지만, 그에 비해 국적을 취득하는 여성이민자는 매우 적은 실정이다. 물론, 국가는 결혼이민자의 국적 취득에 대하여 여러 적합한 절차를 요해야 함은 당연한 것이지만, 결혼하기 위해 우리나라에 와서 아이를 낳고 양육하는 결혼이주 외국인 여성에 대해서는 국적신청이나 비자 및 체류연장 등과 같은 법적 제도의 완화가 필요하다.

법적인 서류로 보면 결혼이주 여성은 한국국적을 취득하기 전에는 남편이 없으며 합법적인 체류가 불가능하다. 이런 이유로 한국인 남편은 외국인 부인을 불법체류자로 만든다는 폭력이나 협박을 행사해도 참아야 한다. 이들은 남편의 동의 없이 경제적 활동이나 사회적 활동을 제대로 하지 못하기 때문에 가정형편이 어려운 결혼이주 여성에게는 자녀양육이나 가정생활의 어려움을 가져오게 되어 가정이 해체될 수 있는 문제점을 안고 있다.

3. 다문화가정의 유형 및 실태

1) 다문화가정아동의 유형

다문화가족지원법에 따라 다문화가정아동에 대한 협의적 개념을 가족 형성의 배경과 가정구성원에 따라 범주화한다면 다문화가정을 크게 세 가지 유형으로 나누어 볼 수 있다.

첫째, 결혼이민자가정의 아동으로 한국인 남성과 외국인 여성, 한국인 여성과 외국인 남성 사이에서 태어난 아동이나 한국인 남성 또는 여성의 전 혼인관계에서 태어난 아동, 한국으로 귀화한 외국인 남성과 여성의 사이에서 태어난 아동이 여기에 속한다.

둘째, 외국인 근로자가정의 아동으로 외국인 근로자여성이 한국에서 결혼하여 태어난 아동이나 외국인 남성과 여성이 외국에서 결혼 후 한국으로 이주한 가정의 아동이 여기에 속한다.

셋째, 북한이탈주민가정으로 탈북자 출신의 남성 또는 여성이 한국에서 결혼하여 태어난 아동이나 북한에서 부모 또는 부나 모와 같이 입국한 아동이 여기에 속한다.

2) 다문화가정의 실태

여성가족부(2016)는 다문화가정을 조사한 결과, 전체 305,446명으로 나타났고 남성이 147,382명이고, 여성이 158,064로 나타났다. 이를 다문화가정의 실태조사를 통해 자녀 수, 연령별, 출산국, 거주지역별로 구분해 보면 다음과 같다.

(1) 다문화가정의 자녀 수별 실태조사

최근 5년간 다문화가정의 자녀수를 살펴보면 <표 11-3>과 같이 다문화가정 평균자녀 수는 0.9명으로 나타났다. 다문화가정 가운데 자녀가 없는 가구는 37.3%이며, 자녀가 1명인 가구는 37.1%, 2명인 가구는 20.9%, 3명 이상인 가구는 4.7%를 차지하고 있다(여성가족부, 2012).

〈표 11-3〉 다문화가정의 자녀 수 (단위: 명)

자녀 수	없음	1명	2명	3명 이상	합계	평균
비 율	37.2	37.1	20.9	4.7	100.0	0.9

출처: 여성가족부(2012) 조사.

(2) 다문화가정아동의 연령별 실태조사

우리나라는 1980년대 중반부터 출산율이 낮아지고 농어촌의 남성 결혼문제로 결혼이주여성이 급속하게 증가하였다. 이에 따라 다문화가정의 아동도 함께 증가하게 되었다. 다문화가정 아동을 연령별(만 0세~만 18세)로 살펴본 결과 <표 11-4>와 같이 미취학아동(만 0세~6세 이하)과 초등학생(만 7세~12세 이하)이 대부분 86.8%를 차지하는 것으로 나타났고, 사회의 변화현상으로 보면 앞으로 더욱 다문화가정의 증가로 다문화아동도 증가할 것으로 예상된다.

〈표 11-4〉 다문화가정의 연령별 아동 (단위: 명, %)

구 분	만 6세 이하	만 7세~12세	만 13세~15세	만 16세~18세	합 계
2011년	93,537	37,590	12,392	7,635	151,154
2012년	104,694	40,235	15,038	8,616	168,583
2013년	116,696	45,156	18,395	11,081	191,328
2014년	121,310	49,929	19,499	13,466	204,204
2015년	117,877	56,108	18,827	14,881	207,693
비 율	56.3	27.0	9.5	7.2	100

출처: 여성가족부(2015) 조사.

(3) 부모의 출산국별 실태조사

다문화아동이 태어난 국가별 실태조사를 살펴본 결과, <표 11-5>와 같이 전체 아동 207,693명 가운데 베트남이 57,856명으로 우리나라 남성과 베트남 여성과의 결혼이 가장 많이 이루어졌음을 알 수 있었다. 다음으로 중국 42,791명, 중국(조선족) 39,160명, 필리핀 20,584명, 일본 17,193명의 순으로 나타났다.

〈표 11-5〉 다문화가정의 아동의 출산국 (단위: 명)

구 분	계	만 6세 이하	만 7세~12세	만 13세~15세	만 16세~18세
합 계	207,693	117,877	56,108	18,827	14,881
중국(조선족)	39,160	15,214	13,491	5,690	4,764
중국	42,791	22,822	12,548	3,937	3,484
베트남	57,856	44,507	1,087	1,095	1,167
필리핀	20,584	11,090	6,294	2,274	926
일본	17,195	5,248	5,244	3,779	2,927
캄보디아	7,343	6,500	555	162	126
몽골	2,911	1,710	929	149	123
태국	2,810	1,215	1,129	313	153
미국	1,888	1,227	454	118	89
러시아	1,304	573	550	94	87
대만	1,985	752	524	348	361
기타	11,866	7,018	3,303	871	674

출처: 여성가족부(2016) 조사.

(4) 거주지역별 실태조사

다문화아동이 살고 있는 지역별 실태조사를 한 결과, <표 11-6>과 같이 전체 아동 207,693명 가운데 경기도 지역이 52,810명으로 가장 많은 다문화가정의 아동이 살고 있음을 알 수 있다. 다음으로 서울 29,790명, 경남 15,498명, 전남 13,086명, 경북 12,712명, 인천 12,334명, 전북 10,820명, 부산 9,142명 순으로 나타났다.

〈표 11-6〉 **다문화가정의 아동의 거주지역** (단위: 명)

구 분	계	만 6세 이하	만 7세~12세	만 13세~15세	만 16세~18세
전국	207,693	117,877	56,108	18,827	14,881
서울	29,790	15,631	8,931	2,969	2,259
부산	9,142	5,579	2,196	725	642
대구	6,369	3,844	1,582	499	444
인천	12,334	6,649	3,544	1,209	932
광주	5,067	3,115	1,284	389	277
대전	4,734	2,814	1,219	367	334
울산	4,559	2,767	1,122	359	311
세종	726	438	183	55	50
경기	52,810	28,807	15,028	4,997	3,983
강원	7,015	3,663	1,919	792	641
충북	7,868	4,464	2,108	710	586
충남	12,341	7,156	3,232	1,071	882
전북	10,820	6,269	2,774	1,008	769
전남	13,086	7,607	3,330	1,291	858
경북	12,712	7,741	3,210	974	787
경남	15,498	9,442	3,840	1,224	992
제주	2,817	1,889	606	188	134

출처: 여성가족부(2016) 조사.

4. 다문화가정의 아동을 위한 복지현황 및 대책

1) 다문화가정의 아동복지현황

(1) 다문화가정을 위한 정부의 지원부서

한국의 다문화가정에 대한 정부의 지원부처는 8개와 산하기관으로 이루어져 있다. 중앙정부의 다문화 지원서비스는 <표 11-7>과 같이 다문화가정의 부와 모, 아동, 외국인 여성, 외국인 근로자 등으로 구분하여 지원하고 있다.

〈표 11-7〉 정부의 지원부처별 다문화가정 지원업무

구 분	대 상	주요업무
여성가족부	다문화가정 결혼이민자	다문화가족지원 총괄, 폭력피해 이주여성지원
보건복지부	다문화가정	다문화가정 사회보장지원
법무부	외국인	외국인 정책 총괄
교육과학기술부	다문화가정아동 및 일반아동	다문화가정아동 교육지원
고용노동부	외국인 노동자 및 결혼이민자	취업지원, 직업상담 및 훈련
행정안전부	외국인	외국인 주민 지역사회생활 정착지원
문화체육관광부	외국인 및 일반국민	다문화 인식개선 및 한국어 교재개발
농림수산식품	결혼이민자	영농교육

(2) 정부 및 다문화지원센터에서의 다문화 지원정책현황

① 정부에서는 2006년 4월 국정과제회의 범정부 차원의 '여성결혼이민자 가족 사회통합지원대책'을 수립하고 추진하기 시작하였고, 2007년 12월에는 정부 내에 다문화가정 업무전담지원부서를 설치하고, 2008년에는 '결혼중개업 관리에 관한 법률'을 재정하였다. 또한, 다문화가정 지원정책과 관련된 정부의 핵심부서로는 외국인정책을 총괄하는 법무부 외에 다문화가정 지원을 관리하는 여성학기술부, 한국어교재를 개발하는 문화부, 다문화가정의 복지를 다루는 보건복지부 등이 있다. 다문화가정을 지원하고 있는 정부의 8개 부서별 지원사업업무를 살펴보면 다음과 같다.

- 여성가족부에서는 다문화가정을 지원하고, 결혼이민자 현지 사전정보제공 및 국제결혼중개업 관리, 다문화가족지원센터 운영지원, 다문화가정의 언어 및 교육지원, 글로벌 다문화 센터 건립, 폭력피해 이주여성지원, 다문화 농어촌정착지원 등의 주요사업을 총괄하고 있다.
- 보건복지부에서의 주요사업은 다문화가정의 영유아를 지원하고 있다.
- 법무부의 지원사업으로는 외국인 사회통합 지원 및 사회통합이수제 등의 사업을 지원하고 있다.
- 교육과학기술부에서의 주요사업으로 유·초·중·고·대학교 다문화교육과 역량강화 사업, 대학생 근로장학금 지원 및 시·도교육청 맞춤형 교육지원 등을 지원하고 있다.
- 고용노동부의 지원사업으로는 여성결혼이민자 취업지원 프로그램 개발연구 및 취업지원, 민간위탁 등을 지원하고 있다.
- 행정안전부의 지원사업으로는 외국인이 주민의 사회적응 및 자립지원을 돕고 있다.
- 문화체육관광부의 지원사업으로는 다문화가정의 한국어 교원양성 지원, 다문화가정을 위한 도서관 서비스 개선, 디지털 도서관, 다문화지식정부 구축, 다문화사회 문화환경 조성, 다문화교육 및 공연프로그램 운영, 다문화가정 생활체육 지원, 다문화사회 문화 다양성 조사, 다문화가정 대상을 초청하는 축제 및 공연 등의 지원사업을 지원하고 있다.
- 농림수산식품부의 지원사업으로는 이주여성농업인 교육 등을 담당하고 있다.

그 밖의 방송통신위원회에서는 다문화가정을 위한 프로그램을 제작하고 있다.

② 다문화지원센터는 다문화가족지원법의 시행에 따라 지역의 결혼이민자 가족지원센터에서 다문화가정의 안정적인 정착과 가정생활을 지원하기 위한 한국어교육, 가족상담, 자녀지원, 직업교육 및 다문화 인식개선 등 다양한 프로그램을 통합적으로 연계·지원하는 원스톱 서비스기관이다. 이곳에서는 다문화가정을 대상으로 한국어교육, 다문화사회이해교육, 가정교육, 자조집단 육성 및 다문화가정역량 강화 등의 종합서비스를 지원하여 다문화가정의 조기적응 및 사회경제적

자립지원을 도모하는 목적으로 사업을 진행하고 있다.

전국의 171개의 다문화지원센터에서는 다문화가정아동을 위해 방문교육사업을 추진하면서 다문화가정의 언어교육, 다문화가정의 양육지원 등을 하고 있다. 이를 위해 다문화가정아동의 언어발달을 도와주는 전문인력인 다문화 언어지도사를 센터에서 파견하고 있다.

2) 다문화가정의 아동복지대책

다문화가정이 늘어날수록 그들의 안정적 한국사회적응을 위하여 정부 및 지역사회에서는 다문화가정에게 다양한 지원이 필요하며, 경제적 어려움과 심리적 어려움, 지리적 접근성의 문제로 집합교육에 참석하지 못하는 이들을 위하여 맞춤형 전문지도사를 양성하여 맞춤형 서비스가 제공되어야 할 것이다, 이러한 문제를 위하여 다문화 교육을 시행하고 부모나라에 대한 자긍심 교육, 한국적인 효교육, 기본예절교육 등, 문화적 역량을 갖출 수 있는 교육지원 방향과 대한을 제시하고자 한다.

(1) 다문화가정의 한국어 교육의 개선방안

첫째, 한국어기초학력향상 지원을 확대해야 할 것이다. 다문화적 언어교육의 학습자인 이주여성은 보편적으로 생활언어를 학습하는 것이 일반적이지만, 한국어 능력이 초급을 조금 넘어선 경우에는 한국어능력시험을 위한 학습언어에 대한 요구가 크다. 이를 위해서는 이주여성을 위한 언어교육프로그램과 자녀가 있는 경우에는 자녀를 위한 탁아프로그램, 다문화아동프로그램을 별도로 편성·운영하는 방안도 적극 검토할 필요가 있다.

둘째, 다문화가정의 아동 한국어 보충수업을 맞춤형으로 확대 지원해야 할 것이다. 다문화가정의 아동, 특히, 이주민여성의 가정인 경우 다문화아동은 한국어교육에 취약하다. 취학 전에 부모에게 교육을 받는 것이 일반적인 한국인 부모를 가지고 있는 아동에 비해 다문화 아동은 한국어가 부족하여 정규수업을 따라가기 힘들어 하고, 교사와 또래관계에서도 문제가 있다. 이들을 위해 일반아동과 정규수업을 듣고 별도로 시간을 만들어 한국어 보충수업을 확대해야 한다. 여성가족부(2016)의 조사에 따르면, 다문화가정아동이 저소득층가정아동보다 학습능력이 낮은 수준으로 나타났다. 아동마다 개인차가 있기 때문에 한국어 실력을 정확하게 진단·평가하여 수준에 맞게 소수의 집단으로 편성하여 일대일 맞춤형 한국어 수업을 진행 할 수 있도록 해야 할 것이다. 소수정원으로 하는 수업은 다문화 아동에게 보다 집중력 있는 수업으로 한국어 학습효과를 높일 수 있다. 정부지원과 학교에서의 지원, 지역아동센터의 교육프로그램을 강화하여 다문화 아동을 위한 기초학습지도를 진행하고 개별적인 맞춤형 지도를 확대해 나아가야 할 것이다.

(2) 다문화가정아동 교육을 위한 정보공유 확대

다문화가정아동 교육을 위한 정보공유가 필요하다. 정부는 다문화아동을 위한 교육을 시·도교육청별로 적은 수로 연구학교를 운영하였다. 그러나 수가 적기에 교육청 담당자들은 연구학교 운영과 관련하여 다문화아동에 대한 다양한 정보나 자료확보가 부족하고, 다문화가정 유형별 지원방법 및 아동수준에 맞는 개별화된 교육지원체제 등이 미약하여 노력에 비해 성과가 적다. 이에 시·도 교육청별 정보공유를 하여 많은 연구지원을 확대해서 이를 보완·보충해야 할 것이다. 한국의 교육상황에 낯선 여성결혼이민자를 위해 학교에서는 자녀교육에 대한 정보제공을 배려해야 한다. 이들의 자녀가 소외되지 않도록 배려하여 아동들이 자신의 사회(학교, 집단 등)에서 겪는 다양한 어려움에 대해 상담하고 이들의 고민을 해소해 줄 수 있는 친구가 필요하다. 지역아동센터에서 다문화아동들이 방과후나 주말 등을 이용하여 부모와 함께 다문화 프로그램을 참가하여 비슷한 환경의 친구들을 만나 서로 위안을 얻고 지역아동센터 종사자들과 상담이나 다문화지원센터, 아동상담센터 등과 연계하여 다문화아동이 겪는 문제를 해결해 나갈 수 있도록 지원확대와 함께 다문화 관련기관에서는 다양한 지원에 대한 정보공유를 위해 노력을 기울여야 할 것이다.

(3) 문화적 역량증진교육 확대

우리 사회의 문화적 다양성을 인식하고 다문화가정에게 효과적인 서비스를 제공하여 문화적 역량을 키워야 한다. 문화적 대응력을 증진시키기 위해서는 복지

교육차원에서 국제적 기준에 맞는 다양성 교육을 해야 한다. 기존의 교과목에 다양성의 이슈를 추가적으로 다루고, 특정 문화집단의 이해와 관련실천기술을 다루는 교과목을 개발 할 필요가 있다. 즉, 과목에 문화적 다양성을 반영한 교육과정을 운영하여 현장 실습에 문화와 민족의 다양성에 관한 이슈를 다루고, 이에 대한 지식수준을 높이는 모색을 강구해야 할 것이다.

문화적 역량을 향상시키기 위해서는 장기간의 노력이 요구된다. 문화적 역량을 훈련하기 위해서는 강의 위주의 교육보다는 개인의 생각과 태도를 인식하고 변화할 수 있도록 하는 질문하기, 사례연구, 역할극, 시뮬레이션, 게임, 집단 토의 등의 워크숍 형태의 다양한 훈련 등이 이루어져야 한다. 그래서 이러한 교육이 모든 아동들이 접할 수 있는 교육으로 이루어질 수 있도록 교육편성이 필요하다. 다문화 반편견교육이 이루어진다면 사람들의 편견을 최소화하고, 인종차별에 대한 태도가 감소될 것이며, 문화적 역량강화에 도움이 될 것이다.

(4) 정체감형성에 대한 교육확대

발달단계에 있는 다문화 아동들의 정체성의 혼란에 대한 감정은 자신의 부모에 대한 부정적 감정을 갖게 하고, 자신들의 성장발달의 장애요소로 작용할 가능성이 높다. 이런 아동이 겪는 부정적 감정을 해소할 수 있는 다양한 프로그램으로 이중문화에 대한 장점을 제공하고, 그의 다인종적 배경에 대해 가르쳐 그들의 정체성 확립을 도와 자신을 긍정적으로 바라 볼 수 있게 지원해야 한다. 즉, 이중문화를 겪는 이들에게 건강한 자아형성을 도와주고 이중문화의 장점을 제공하여 각 인종집단의 긍정적 부분과 통합의 장점을 강조하는 기술이 습득하게 한다면 다문화가정의 아동은 자신의 정체성을 확립하고 질 좋은 문화를 배울 기회를 통해 그들의 전인적 발달에 긍정적인 효과가 있을 것이다.

이들이 한국사회에서 살아간다는 것은 자신들의 정체성을 버리는 것이 아니라 자신의 특수한 다문화 환경, 신체적 특성 등을 자연스럽게 나타내는 소양을 키워 이 사회에서 성공적인 삶을 살아갈 수 있도록 하는 것을 의미한다. 또한, 세계화에서 하나의 기준으로 통일하는 것이 아니라 다양한 문화의 공존과 상호소통이 이루어져야 하는데, 그러기 위해서는 다양한 문화와 언어를 배워 이중언어를 구사하는 자부심과 부모의 모국을 방문하여 국제적 감각을 키움으로써 자부심을 갖게 할 필요가 있다. 또한, 가족단위의 보살핌으로 아동만의 상담 및 지도가 아니라 부모와 가정을 상대로 한 맞춤형 상담 및 지도 등의 다문화 교육을 강화해서 자신의 가정과 배경 등을 바르게 이해하고, 긍정적인 자아정체성을 형성할 수 있도록 외국인 멘토링, 결혼이민자, 다문화 아동의 모국어 교육 및 출신국 문화의 이해를 지원하여 다문화인재를 육성한다면 아동들의 정체성 확립에 대한 긍정적인 효과를 불러일으킬 수 있을 것이다.

(5) 사회성 증진을 위한 실천방안

다문화아동의 교육에 대한 소외와 방지를 위해 학교교육 및 교육복지 지원을 통해 사회적 귀속감을 증대하며, 법적·사회적 기반이 취약한 다문화가정의 아동의 경제적 어려움, 외국인 부모의 한국어 능력 부족, 한국문화 부적응 등의 이유로 자신이 속해 있는 사회(예: 학교 , 가정 지역사회 등)에서 이탈하는 경향이 많다. 이를 자세히 살펴보면 다음과 같다.

① 가정환경

물리적 가정환경요인으로 볼 수 있는 경제적 생활수준이 낮을수록 아동의 퇴행행동이 높아지는 등의 부적응 행동이 나타고 부모의 양육태도가 다문화가정의 아동정서에 큰 영향을 미치게 되기에 다문화가정의 부모와 아동을 대상으로 맞춤형 교육이나 상담 등을 제공해야 한다. 그러나 다문화가정의 부모는 자녀에게 관심은 많지만, 경제적인 이유, 부족한 정보, 맞벌이, 낮은 경제수준 등 다문화가정이 처한 열악한 환경으로 자녀를 방치하고 있는 실정이다.

이를 위해 지역사회자원을 연계하여 다문화아동의 교육비나 생계비 등의 보조와 함께 다문화부모들도 일반가정부모들과 함께 만나 자녀교육에 관한 정보를 교환하고, 일상적인 대화를 나눌 수 있도록 지원을 마련해야 한다.

② 학교생활

학교에서는 일반가정아동과 다문화가정아동을 대상으로 다문화교육을 적극적으로 확대시켜야 할 필요가 있다. 다문화가정아동들이 친구와 좋은 관계를 유지할수록 학교 부적응 정도가 낮기 때문에 학교에서 같이 생활하는 친구들이 다문화에 대한 이해를 넓혀 이를 포용할 수 있는 자세를 가지는 것이 매우 중요하다.

학교에서는 다문화 아동의 학교수업 진도여부, 교사와 학생의 관계, 친구관계 등의 학교생활에 있어서 관심을 가지고 지원해야 하며, 이를 지도하는 교사들은 다문화가정에 대한 선입견과 인식 등을 교육을 통해 변화할 수 있도록 이끌어야 한다.

③ 지역사회

지역사회에서는 다문화 친화적 분위기를 조성할 필요가 있다. 지역주민들의 다문화에 대한 선입견과 편견을 바꾸기 위해서는 '긍정적인 다문화 감수성'을 함양할 수 있도록 지역사회의 지지가 필요하다. 지역사회의 적극적 지지는 다문화가정과 일반주민과의 유대감을 높일 수 있고, 이와 함께 일반 아동과 다문화아동의 유대관계도 향상시킨다. 또한, 다문화아동이 지역사회환경에 대해 잘 알고 활용하는 능력이 높을수록 학교부적응 정도와 문제적 행동이 낮아지는 경향이 있다. 지역사회에서는 아동의 생활교육과 가정지원으로 사회적 보호망 안에서 안전하게 보호 받을 수 있도록 도와주는 역할을 한다. 이들이 지역사회에서 안전한 생활을 영위하는 데 있어 다양한 문화시설, 프로그램, 전문가의 도움으로 학습능력, 정서적 감정, 사회적 문제 등을 해소할 수 있도록 지역사회의 다양한 지원을 확대해야 한다.

(6) 다문화가정 지원전문가 양성 확대

다문화가정을 지원하기 위해서는 실무자로서의 기본 자질을 배양하고 의사소통능력과 문화적 역량을 증진시키기 위한 교육이나 실습을 통해 언어와 문화적 능력을 갖춘 인력자원을 확대시켜야 한다. 특히, 실무자에 대한 보수교육과 기관 내 훈련, 자문, 학회차원의 연수과정을 통하여 이중언어와 이중문화의 능력이 있는 서비스 차원을 확대시켜야 한다. 이처럼 전문종사자의 역량을 강화하고 다양한 전문가 양성교육에 대한 의무화 교육·재교육을 실시하여 전문역량을 갖춘 다문화 전문가들을 양성해야 할 것이다. 전문종사자에게 다문화이해교육, 집단 따돌림 예방교육 등을 포함하여 체계적인 지원 역량강화 교육으로 다문화가정이 겪고 있는 어려움에 대해 전문종사자들의 서비스 차원을 확대시켜야 한다.

또한, 다문화 부모의 역량을 개발시켜 부모의 문화도 알리고, 아동에게도 그들의 부모에 대한 자긍심을 높일 수 있도록 하는 연계프로그램을 개발하여 다양한 곳에서 함께 문화적 역량을 키워나갈 수 있도록 하는 것도 좋다. 이중언어를 하는 다문화부모를 통해 일본어나 중국어 등을 배우며 다문화에 대한 이해를 높일 수 있다. 이에 다문화아동을 위한 프로그램 개발이 시급하며, 교육위주의 프로그램보다 다문화가정아동의 전인발달을 고려한 프로그램, 다문화가정 또는 일반가정아동과의 통합프로그램이 많이 개발되어야 하고, 이를 지도할 수 있는 전문가 양성교육을 확대시켜야 한다.

5. 토론 및 워크숍

Group Discussion

성명: ____________

○ TOPIC: 1. 다음 다문화 아동의 왕따사건에 대한 인터뷰를 읽고 생각해 보세요.

〈앵커멘트〉
학교에서의 집단 따돌림과 폭력이 갈수록 심해져 사회문제가 되고 있는 가운데 원주의 한 중학교에서 다문화가정의 학생이 집단 따돌림에 폭행까지 당하는 사건이 일어났습니다.

〈리포트〉
중학교 2학년인 김 모 군은 지난달 같은 반 친구에게서 폭행을 당했습니다. 코와 뺨 아래 뼈가 부러져 수술까지 받아야 했습니다. 자신을 괴롭히는 친구에게 우발적으로 문구용 칼을 꺼냈다가 오히려 심하게 폭행을 당한 것입니다.

〈녹취〉 김모 군
"(자꾸 괴롭혀서) 주머니에 뭐가 있어서 꺼냈더니 칼이에요. 수업 끝나자마자 (저를) 때렸어요."
다문화가정 출신인 김 군에 대한 친구들의 집단 따돌림과 폭행은 지난해부터 계속됐고, 이미 여러 차례 병원치료를 받기도 했습니다. 한국문화에 낯선 탓에 학교생활에 어려움이 있었는데도 학교 측의 대응은 미온적이었다고 하소연합니다.

〈녹취〉 김군 아버지
"아이들이 자꾸 더럽다고 해요. 다문화적인 게 좀 있지 않을까 싶어요. 제가 그 얘기를 네가 다문화가정이기 때문에 애들이 놀린다고 얘기를 할 수 없잖아요."
이에 대해 학교 측은 이른바 왕따나 학교 폭력은 전혀 없었다고 밝혔습니다. 같은 반 친구끼리 장난을 친 수준이지, 조직적인 학교폭력이나 집단 따돌림은 아니라는 겁니다.

〈인터뷰〉 조장행 학생부장/○○중학교
"때린 사람도 피해자고 (흉기를) 휘두른 사람도 피해자죠. 다시 말해 두 학생 모두 학교폭력의 가해자이면서 피해자인 거죠."
학교 측은 자치위원회를 열어 김 군 등 폭행사건에 연루된 2명을 모두 전학 조치하기로 했습니다. 다문화가정학생들을 대상으로 한 학교폭력을 줄이는 교육당국의 대책 마련이 시급합니다.

KBS 뉴스 정면구입니다.

2. 위의 다문화 학생과 일반 학생과의 학교 폭력으로 일어난 왕따사건입니다. 이를 가해자, 피해자, 가해자부모, 피해자부모, 학교측입장, 그 외 학생들의 입장으로 나누어 토론해 보세요.

• 가해자는 누구입니까? 그 이유는?

• 가해자는 누구입니까? 그 이유는?

• 다문화부모의 입장을 생각해 보세요(가해자, 피해자)?

• 일반아동의 부모입장을 생각해 보세요(가해자, 피해자)?

• 학교측의 의견 및 해결방안?

• 학교 왕따사건(다문화아동; 일반아동)으로 인한 다른 학생들 의견?

MOVIE

성명: ____________

○ Title: 다문화가정의 아동의 성장통을 그린 영화 '완득이'를 보고, 주인공 '완득이'가 겪었을 사회·심리적 상황을 생각해 보세요.

○ Keywords: ________________________________

○ Impression: ________________________________

출처: 네이버 영화.

제12장

새터민가정을 위한 아동복지

- 1. 새터민가정의 개념
- 2. 새터민가정의 특성
- 3. 새터민가정의 실태
- 4. 새터민가정을 위한 복지현황 및 방향
- 5. 토론 및 워크숍

〈학습목표〉

① 새터민아동의 개념 및 정의를 알고, 아동의 특성과 현황을 이해하고 설명할 수 있어요.

② 새터민아동을 위한 복지정책 및 복지실천 방향에 대해 살펴보아요.

1. 새터민가정의 개념

'북한이탈주민'을 가리키는 용어는 남북관계의 변화 그리고 탈북동포를 바라보는 관점의 변화에 따라 달리 규정되어 왔다. 관련법에서 규정하고 있는 탈북동포에 대한 용어를 살펴보면, 남북한 사회가 이념적으로 대립하는 시기인 1962년 제정된 '국가유공자 및 월남귀순자 특별원호법'에서 '월남귀순자', 1979년 개정된 '월남귀순용사 특별보상법'에서는 '월남귀순용사'로 정의하고 있다. '탈북이탈주민'이라는 용어는 비교적 탈이데올로기적 성격을 갖는 용어로 볼 수 있다. 즉, 북한이탈주민의 성격과 탈북상황, 거주지역에 대한 고려가 있어야 한다는 전제 아래 '북한출신 남한이주자', '자유북한인', '자유이주민', '통일인' 그리고 '국외 북한이탈주민' 및 '국내 북한이탈주민'등으로 다양하게 사용되고 있다.

이렇게 다양하게 명칭을 가지고 있는 북한이탈주민이라는 말을 1996년 12월 17일 '북한이탈주민지원법'을 개정하고, 1997년 북한이탈주민의 보호 및 정착지원에 관한 법률을 개정하면서 지금까지 알려져 있던 용어의 부정적인 이미지 때문에 통일부에서는 국민의 의견을 수렴하여 '새터민'이라는 순우리말로 '새로운 터전에서 삶의 희망을 품고 시작하는 사람'이라는 뜻으로 지칭하면서 현재 법률용어인 '북한 이탈주민'과 함께 사용하고 있다(통일부, 2005).

당시 일부의 탈북단체들은 새터민에 대한 용어 자체가 생소하고 정부는 관련 법령용어도 고치고, 국어사전에도 새로 올릴 것이라며 홍보했으나, 결국 '새터민' 이라는 단어는 일반국민뿐만 아니라 당사자들에게까지도 호응을 얻지는 못하였지만 법적 근거와 사전적 의미로 '새터민'이라고 정의 한다.

2. 새터민가정의 특성

새터민가정의 아동들은 오랜 탈북과정을 겪고, 그 과정에서 정신적·육체적인 고통 등을 경험하여 아동기의 발달과업을 탐색할 여유조차 없이 여러 가지 불안정한 상황에 처해있다.

새터민가정의 아동의 특성은 삶에서 가장 중요한 심리·사회적 부적응, 학교부적응, 가정의 어려움 등의 혼란스러움으로 불안한 정서와 새로운 인간관계 형성에 대한 어려움을 가지고 있다. 이를 살펴보면 다음과 같다.

1) 심리·사회적 부적응

새터민아동의 심리·사회적 부적응은 북한에서 겪은 기아의 고난과 가족의 죽음, 생이별의 경험, 탈북과정에서의 어려움, 제3국 체류기간에 겪은 다양한 공포 등으로 심리적 불안감과 언어적인 문제, 타인과 어울리지 못하고 고립된 생활로 다양한 부적응이 나타난다. 이러한 관계로 발달단계에 있는 새터민아동은 남한사회에서 개인적인 심리상태가 불안하여 새로운 친구와의 유대관계를 형성하는 것에 어려움을 느낀다. 새로운 것에 대한 불안은 공감대와 환경이 같은 새터민인과의 관계형성으로 그들만의 고립된 생활을 만들어가고, 타인에 대한 강한 불신과 더불어 지나친 경계심, 정서조절 곤란으로 대인관계에 갈등을 나타낸다. 새터민아동이 겪는 이러한 특성들은 언어적응과 새로운 인간관계 형성, 친구관계 등에 어려움을 느끼며 고독감과 소외감으로 불안정한 심리적 행동이 나타나는 것이다. 새터민아동이 남북한의 문화적 가치관 차이 탓에 겪게 되는 심리적 혼란과 갈등을 초래하고, 자아 통제력의 발달을 저해하는 요인으로 나타나는 심리적 불안감은 행동적으로도 공격적이고 폭력적인 행동이 나타난다.

2) 학교생활 부적응

새터민아동은 다른 아동보다 나이가 많거나 심한 북한 사투리를 사용하기 때문에 남한의 다른 아이들과 친밀한 관계를 맺지 못하는 경우가 많고, 남한의 교사나 아동들의 편견과 따돌림으로 소외감을 느끼고 고립된 경험으로 새터민아동이 학교생활에 적응하기 어렵게 만든다. 새터민아동은 남한아동보다 학습공백과 학력차이 때문에 비교적 낮은 학력수준을 보이며, 자신의 나이보다 낮은 학급에 배정되어 어린 친구들과 함께 생활한다. 언어의 이질화, 나이 차이로 인한 스트레스, 소외감, 열등감, 문화적 차이 등으로 학교생활에 흥미를 읽게 되고, 수업시간에 교사와의 갈등을 자아내어서 학교부적응이 나타난다.

아동은 학업성취에 대한 만족도에 따라 학교적응뿐 아니라 이후의 직업선택 및 인생진로에 중요한 역할을 수행하는 데 영향을 미친다. 아동은 대부분의 시간을 학교에서 보내며, 학교에서의 다양한 경험과 함께 학업성취의 경험은 긍정적인 자아정체감 형성에 큰 영향을 미친다. 즉, 학업성취부분에서 성취감을 맛보면 학교생활이 즐거워지고 적극적으로 적응하려고 노력하는 반면, 그렇지 못하면 자신감을 상실하게 되어 점차 부적응양상을 보이고 일탈행동으로 이어지게 되는 것이다. 이러한 학업성취는 남한아동이나 새터민아동 모두에게 발달과 성장에 큰 의미가 있다.

새터민아동도 일반적으로 학교에서의 정규교육과 성취를 남한사회에서의 정착과 자아상승의 중요한 과정으로 인식하지만, 그들의 다양한 어려움들이 학교 부적응으로 나타나며, 단기적으로는 낮은 학업성취도 수준이나 학교 내 폭력행동으로 이어진다. 이는 교사와 부모의 부정적인 피드백을 유발하는 악순환의 시발점이 될 수 있으며, 새터민아동의 자존감 형성에 부정적인 영향을 미칠 수 있다. 장기적으로는 새터민아동이 미래 남한사회에 지속적이고 막대한 영향을 미칠 것이다. 이들이 향후 남한사회의 통일문화 형성을 주도하는 중요한 본보기가 될 수 있다는 점에서 볼 때 이들의 학교부적응은 통일문화 형성에 악영향을 미칠 가능성이 많다.

3) 가정의 어려움

학업성취는 가정과 주변 환경에 의해 많은 영향을 받는다. 가정과 학교에서의 적극적인 지원이 이루어질 때 아동은 올바른 성장과 발달이 이루어지고 교육의 성과는 더 크게 나타날 수 있다. 그런데 새터민 아동의 가정환경은 안정적이지 못하다. 이들은 혼자 사는 경우도 있고, 부모와 살기는 하지만 부모가 직업전선에 뛰어들어 아동들을 돌봐주지 못하는 경우, 부모가 직업이 없어 힘들어 하여 아동에게 신경을 못 쓰는 경우 등이 대부분이다. 이런 가정 아래 자라나는 아동은 경제적으로 어려움을 겪게 되고, 생계에 신경 쓰느라 아동을 돌보아 주지 못하게 된다. 새터민부모 중에도 자식교육에 많은 신경을 쓰고 자녀가 올바른 교육을 받아 잘 자라서 훌륭한 사람이 되기를 원하는 부모도 많다. 그러나 정작 자녀의 정서나 학교생활에 관심을 갖기에는 심리적으로나 시간적으로 여의치가 못하다.

3. 새터민가정의 실태

1) 새터민 입국실태

새터민에 관한 통일부(2017) 조사에 따르면, 1995년 41명이 입국한 이후 지속적으로 증가추세를 유지하고 있으며, 2012년 이후부터는 연간 1,500여명이 매년 급격한 증가를 보이면서 2016년도에는 1,418명이 입국하였다. <표 12-1>의 조사 결과를 보면, 새터민 입국현황은 남한으로 입국한 새터민의 수는 2016년 총 30,212명으로 1998년의 947명보다 약 30배로 급격하게 증가하였고, 새터민을 성별로 살펴보면, 여성의 입국은 2002년을 기점으로 남성을 추월하여 현재 총 이탈주민의 71%를 차지하고 있다. 2017년 2월 기준으로 한 새터민 입국실태를 살펴보면 다음과 같다.

〈표 12-1〉 **새터민 입국실태** (단위: 명)

구분	~98년	~01년	~06년	~10년	11년	12년
남(명)	831	565	2,549	2,404	795	404
여(명)	116	478	5,188	8,269	1,911	1,098
합계(명)	947	1,043	7,737	10,673	2,706	1,502
여성비율	12%	46%	75%	75%	71%	73%

구분	13년	14년	15년	16년	합계
남(명)	369	305	251	299	8,802
여(명)	1,145	1,092	1,024	1,119	21,410
합계(명)	1,514	1,397	1,275	1,418	30,212
여성비율	76%	78%	80%	79%	71%

출처: 남북하나재단(2017년 3월 자료): http://koreahana.or.kr.

2) 새터민 연령별 실태

새터민 수가 점차 증가하는 원인은 과거보다 다변화된 입국경로와 국내 연고의 가족들의 도움으로 쉬워진 탈북과정이다. 이 때문에 아동의 수도 빠르게 증가하고 있는 상황이며, 연령별로 살펴보면, 20~29세에 해당하는 성인이 8,773명으로 가장 많이 차지하고 있으며, 10~19세에 해당하는 아동은 3,517명, 0~9세 1,251명으로 국내 입국한 탈북자 중 성인의 보호와 돌봄이 필요한 미성년자도 상당수 많은 부분을 차지다. 가족단위의 새터민의 수가 증가하는 것을 고려해 본다면 새터민아동의 남한으로의 유입은 앞으로도 증가할 것으로 예상한다. 새터민 연령대별로 살펴보면 <표 12-2>와 같다.

〈표 12-2〉 **새터민 연령대별 실태** **(단위: 명)**

구분	0~9세	10~19세	20~29세	30~39세	40~49세	50~59세	60세 이상	계
남	629	1,582	2,426	2,042	1,306	497	326	8,808
여	622	1,935	6,161	6,731	3,858	1,173	927	21,407
합계(명)	1,251	3,517	8,587	8,773	5,164	1,670	1,273	30,215

출처: 남북하나재단(2017년 3월 자료): http://koreahana.or.kr.

3) 재북 당시 직업 유형

새터민이 북한에 있을 당시 출신도 매우 다양하다. 과거에는 주로 군인, 당정원등이 높은 비율을 차지하고 있으나, <표 12-3>과 같이 2000년대에 들어서는 노동자와 무직자들의 비중이 매우 높아지는 현상이 나타나고 있다. 이는 생활고, 가정불화, 동반탈북 등이 대표적인 탈북 동기로 대두되고 있는 현상과 무관하지 않아 보인다. 이러한 현상으로 새터민가정의 아동은 남한생활의 적응과 정착에 대한 어려움을 보이는 요인으로 볼 수 있다.

〈표 12-3〉 재북 직업별 입국실태 (단위: 명)

구분	관리직	군인	노동자	무직 부양	봉사 분야	예술 체육	전문직	비대상 (아동 등)	계
남	387	653	3,834	3,129	74	75	213	443	8,808
여	118	88	7,671	11,268	1,121	184	475	482	21,407
합계(명)	505	741	11,505	14,397	1,195	259	688	925	30,215

* 최근 입국하여 보호시설 등에 수용 중인 일부인원은 제외된 수치로 입국인원과 차이가 있음.
출처: 남북하나재단(2017년 3월 자료): http://koreahana.or.kr.

4. 새터민가정을 위한 복지현황 및 방향

1) 하나원의 복지지원

1994년 이후 새터민의 증가로 정부는 1997년 7월 14일 '북한이탈주민의 보호 및 정착지원에 관한 법률'을 시행하였다. 또한, 이때 100명을 수용할 수 있는 새터민 지원사무소를 착공하여 1999년 7월 8일 북한이탈주민정착지원사무소인 '하나원'을 개소하였다. 새터민가정을 위한 정부의 지원내용은 하나원에서의 보호 및 지원과 초기정착지원, 사회편입 후 지원의 3단계로 나뉠 수 있다.

첫째, 하나원 내 보호 및 지원으로는 새터민을 위한 정착지원사무소인 하나원에서 2개월 동안 다양한 교육을 통해 남한사회 적응 시 필요한 기본적인 사항들을 배우고 있으며, 새터민들의 불안정한 정서를 해소하기 위해 정서순화 교육에 힘쓰고 있다. 2002년 이후 여성과 가족단위의 새터민의 증가에 따라 성별과 연령에 맞는 다양한 새터민 교육프로그램을 운영하고 있으며, 비영리 단체, 민간단체, 자원봉사 등으로 새터민 아동을 위한 별도의 프로그램도 운영하고 있다.

둘째, 새터민의 초기정착지원의 경우 정부에서는 2005년 이전에는 초기정착지원안내를 신변보호담당관이 담당하였지만, 북한이탈주민이 급증함에 따라 하나센터 대한적십자사 등 민간단체에서 정착도우미사업을 담당하였다. 그리고 현재는 전국 23개 지역적응센터(하나센터)에서 초기정착 지원안내를 하고 있다. 새터민의 정착을 위해 민간단체 자원봉사자들로 구성된 도우미들이 하나원 수료자를 거주지까지 안내하고, 수시방문 및 생활안내를 통해 정착을 돕고 있다. 정부는 새터민에게 정착금을 지원해 주고 있는데, 현재는 새터민의 증가로 기존 보호 중심 정착지원에서 자립자활 중심의 정착지원으로 정책을 바꾸어 지원하고 있다.

정부에서는 자립지원을 위한 초기정착 내용

하나원을 수료한 새터민에게 전입초기에 필요한 생활용품(생활안정키트, 가스레인지)과 100만 원 상당의 가전제품 교환권을 제공함으로써 안정적 정착할 수 있도록 지원

- 지원대상: 하나원 수료자(세대별 지급)
- 지원내용: – 식료품: 쌀, 잡곡 등
  – 생활용품: 냄비, 프라이팬 등 生(상기 물품은 수급사정에 따라 변경될 수 있음)
  – 가전제품: 100만 원 상당 교환권 및 가스레인지

더불어, 주택임대에 필요한 주거지원을 연령과 세대 구성원을 고려하고 지원하고 있으며, 새터민들의 초기정착에 대한 많은 어려움을 돕기 위해 새터민 전용 '24시간 콜센터'를 2011년 5월 30일부터 운영하고 있다. 여기에서는 취업, 생활심리, 법률, 의료, 주택, 교육 등 분야별로 전문적인 상담서비스를 제공하고 연중무휴로 전국어디에서나 이용 가능하다(국번없이: 1577-6635).

마지막으로, 사회 편입 후 지원은 취업지원과 교육지원으로 나누어 볼 수 있는데, 취업지원은 노동부 산하 각 지방노동청과 지방노동사무소의 고용안정센터에서 새터민 취업지원창구를 개설하여 담당자가 새터민과 사업장을 연결시켜주고 있다. 교육지원은 남북한의 학제차이와 탈북과 입국사이에서의 장기간 동안 교육을 받지 못해서 생긴 학력차이에 따라 학력 인정문제가 발생하고 있는데, 이는 각 학교에서 북한 또는 제3국에서 이수했던 학력을 인정받아 재외국민특별전형으로 본인이 원하는 학교에 편·입학할 수 있다.

생활이 어려운 사람은 누구나 국민기초생활보장법에 따라 정부의 지원을 받고 있는데, 새터민 또한 수급자로 선정이 되면 생계비 등을 지원받을 수 있고, 생활이 어려운 새터민은 의료급여법이 정하는 소득인정액 기준에 따라 의료보호 1종 수급권자로 지정되어 진찰 및 치료 등의 의료혜택을 받는다.

2) 새터민가정을 위한 복지지원

우리나라에서는 탈북아동·청소년과 그의 가정이 남한사회에서 건전한 구성원으로 성장할 수 있도록 다양한 복지를 살펴보면 다음과 같다.

(1) 새터민가정의 아동을 위한 교육복지

새터민가정의 아동은 학교적응·중도이탈·방과후 방임 등의 예방을 위한 교육복지와 다양한 장학 복지를 시행하고 있다.

① 학교적응·중도이탈·방과후 방임 등의 예방을 위한 교육복지

- 대상: 민법 제32조에 의한 비영리법인 또는 비영리민간단체지원법 제4조 규정에 의한 비영리민간단체
- 방법: 공모심사를 통한 교육시설 선정 후 계약체결
- 형태: 대안교육시설, 방과후 공부방, 그룹홈
- 내용: 시설운영비 지원(최대 2년)
  시설운영 관리·감독을 통한 교육 인프라 구축
- 시설현황: 대안교육시설, 방과후공부방, 그룹홈

② 아동·청소년을 위한 교육복지

〈장학지원〉
- 대상: 중·고등학생 및 대학(원)생
- 내용: 안정적인 학업수행을 위한 학비 및 생활비 보조
- 시기: 연 2회(상/하반기)

〈탈북대학생 해외연수 지원〉
- 대상: 국내소재 탈북대학생
- 내용: – 미국(WEST), 호주, 영국 등 해외연수 지원
  – 각 프로그램별 내용 및 선발방법은 홈페이지 공지사항 참조

〈화상영어교육 지원〉
- 대상: 9세 이상 탈북 청소년 및 북한이탈주민 자녀
- 방법: – 인터넷을 이용하여 문법, 발음, 회화 등 1:1 실시간 교육
  – 개별 레벨평가 실시하여 수준별 맞춤 학습지도(주당 60분)
- 신청시기: 매년 2월

• 서비스기간: 만 1년

〈학습지원〉
• 대상: 만 3세~초등학생까지 탈북아동 및 북한이탈주민 자녀
• 방법: – 희망하는 1개 과목 학습지 지원
  – 담당강사가 주 1회(약 15분) 가정으로 방문, 교재 제공 및 개별 학습관리
• 신청시기: 매년 2월
• 서비스기간: 만 1년

〈북한이탈주민 정보화교육〉
• 대상: 북한이탈주민
• 내용: 정보화 기초교육, 실용교육, 심화교육

③ 통일미래육성을 위한 교육복지

새터민 학생을 대상으로 적응 역량강화를 위한 프로그램과 활동지원을 통한 통일 미래리더를 육성함에 목적을 두고 교육을 실시하고 있다.

〈진로진학지도〉
• 대상: 탈북청소년 및 진학지도 교사, 학부모 등
• 시기: 매년 6~8월
• 내용: 대학 진학을 희망하는 탈북청소년에게 입학관련 기본정보 및 수준별 맞춤정보 제공

〈예비대학 운영〉
• 대상: 대학 입학(식)을 앞둔 예비대학생
• 시기: 매년 11월~익년 2월
• 내용: 예비 대학생의 대학 적응능력과 학업능력 향상

〈대학생 리더 육성〉
• 대상: 남북 청소년 및 대학생
• 시기: 매년 6~10월
• 방법: 남북청소년들이 팀을 구성, 프로젝트 수행

〈통일 미래리더 네트워크 구축〉
• 대상: 탈북 대학생
• 시기: 연중(※ 진행상황에 따라 변경 가능)

• 내용: 탈북대학생 멘토링, 탈북대학생 동아리 및 협의체 현장교육

〈탈북학생 전담코디네이터 운영〉
• 목적: 탈북 학생 밀집학교에 상담·학습을 지원하는 전담코디네이터 배치하여 학교적응력 향상 제고
• 대상: 탈북학생 15명 이상 재학 중인 초·중·고교
• 내용: – 재북 시 교육경력이 있는 탈북민을 전담코디로 채용
  – 학생상담, 부모상담, 기초학습지도 등 역할 수행

(2) 새터민가정을 위한 복지

① 주택 미배정자 공동생활시설(쉼터)

• 사회적 보호가 필요한 무연고 탈북 청소년들을 위해 공동생활가정, 대안가정 등 공동생활시설 운영지원
• 멘토링 교육, 심리상담, 현장학습 등 각종 교육 프로그램 병행시행
• 현재 서울 6개, 경기 4개, 경북 1개, 전북 1개, 강원 1개 등

② 무연고 청소년 그룹홈(Group home)

• 1998년 이후 보호결정을 받은 북한이탈주민으로서 법적인 혼인관계가 인정되는 서류제출자, 하나원 수료 이후 배정된 주택에 입주하지 못한 북한이탈주민들이 주택에 입주할 때까지 임시적으로 거주할 공동생활시설 운영지원
• 취업 및 생활 정보교육, 심리상담 등의 프로그램 운영
• 현재 서울 5개, 경기 3개, 대전 2개, 인천 1개, 부산 1개, 울산 1개, 광주 1개 등 총 14개소 운영

(3) 새터민을 위한 생활안전지원 복지

우리나라는 새터민들을 취약계층으로 지정하여 취약계층에 맞는 생활안정을 위한 복지지원을 시행하고 있다.

① 긴급생계지원

- 새터민(취약계층) 지원대상– 2002년 입국 후 당해 연도(2017년) 신체·정신적 및 경제적 어려움으로 생계가 곤란한 북한이탈주민 (또는 가정)
- 지원기준
  - 소득인정액이 2017년 기준 중위소득 50% 이하이고, 2017년 재단의 취약계층지원 업무처리기준에 따라 당해 연도 취약계층지원이 필요한 자
  - 위 기준에 따라 경제적 어려움 등의 문제로 위기에 놓인 가정으로 당해 연도 긴급생 계 지원이 필요한 자

    ※ 보건복지부 고시 제2016-127호, '17년 취약계층지원 업무처리기준 참조(별첨)

- 선정절차

  하나센터 추천 → 재단 검토·지원 → 사후관리

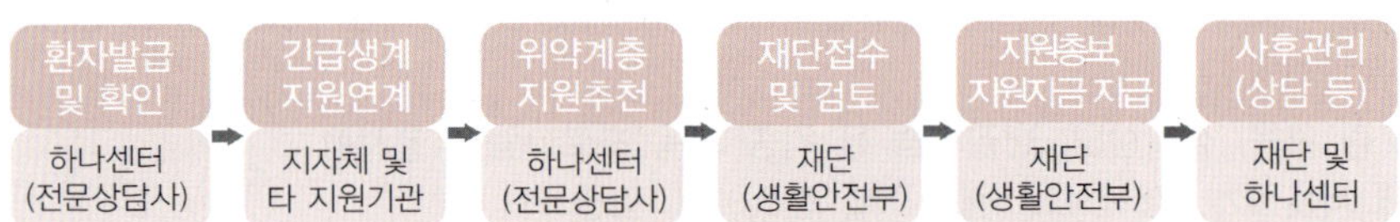

[그림 12-1] **새터민 긴급생계 지원절차 방법**

② 위기가정 위로방문

- 지원대상: 무연고, 독고노인, 다자녀, 한부모, 비보호, 중증질환 등 복지사각지대에 놓인 생계가 곤란한 북한이탈주민가정
- 지원범위: 한 가정당 20만 원 상당 위로물품 지원(온누리상품권 등)
- 방문절차: 하나센터 대상 추천 → 재단 검토·통보 및 물품 발송 → 하나센터별 위로방문 시행 → 결과보고(하나센터–재단)

③ 사망위로금 지원

- 지원대상: 당해 연도(2017년) 질병·사고 등으로 사망한 북한이탈주민
- 지원기준: 1인 30만 원(조의금 및 조화 포함)

④ 비보호자 긴급생계비 지원

- 지원대상: 당해 연도(2017년) 비보호 결정통지를 받은 북한이탈주민
- 지원기준: 1인 1회, 긴급생계비 100만 원 지원

⑤ 무연고 장제비 및 납골안치 지원

〈장제비 지원〉
- 장제비 지원은 무연고 북한이탈주민 사망 시, 지자체 예산집행 외 사항을 공문협조에 따라 통일부 확인 후 예산범위 내 지원

〈납골안치 지원〉
- 무연고 사망자 처리는 관련법에 따라 지자체 집행이 우선이고, 거주지 담당기관(구청, 주민센터 등) 사전 공문협조 요청 검토 후

3) 새터민가정을 위한 복지방향

1990년도 초반까지 매년 10여명에 불과했던 새터민은 1990년대 중반 이후부터 증가하면서 대한민국에 대한 적응이 중요한 사회적 관심사로 대두되고 있다. 특히, 남북한의 동질성 회복이라는 측면에서 앞으로의 세대를 책임질 새터민아동이 당면하고 있는 문제를 파악하고, 적절한 지원방안을 모색하는 것이 필요하다. 새터민 복지방향에 대한 개선·확대를 살펴보면 다음과 같다.

첫째, 남한사회에서의 사회문제를 해결해야 한다. 그렇지 않으면 새터민아동이 사회나 학교에서의 부적응으로 남한사회에서 발생할 수 있는 중장기적 사회문제는 곧 내 이웃의 문제로 받아들여지게 된다.

둘째, 북한주민에 대한 남한사회의 이질적 해소를 위해 노력해야 한다. 남한사회에서의 새터민 부적응은 북한주민 및 북한 지도부에서 남한에 대한 부정적 인식 및 선전요인으로 작용 될 수 있다.

셋째, 남한주도의 통일과정에 대한 준비과정으로 생각해야 한다.

넷째, 사회적 소수자인 새터민 아동들의 적응과정에 대한 관심을 가져야 한다. 새터민아동이 경험하는 학교생활의 어려움은 나아가 무한경쟁체제에서 생존해야

하는 사회적응문제를 가져오게 된다.

다섯 번째, 경제적인 면에서 정부의 지원을 확대하여야 한다. 스스로 자립할 수 있는 맞춤형 직업훈련의 내실화와 함께 고용의 질 개선 및 장기근속기간 등의 취업대책방향을 전환해야 한다. 한국사회의 주민으로 자리잡기 위해서는 경제활동이 필수적이기에 정부의 고용지원센터의 지원확대로 새터민의 자립을 적극 지원해야 한다.

여섯째, 지역과 연계된 정착지원을 확대한다. 이는 새터민의 주거지에서 상시적으로 이루어져야 하기에 지역사회의 정착지원의 확대가 필요하다.

일곱째, 자본주의 경제교육을 통해 스스로 자력갱생에 힘을 길러주어야 한다. 이들은 모든 면에서의 자유를 통해 자본주의 체제에 대한 이해와 적응능력을 키워주어야 한다. 자본주의 경제교육을 시켜 자립으로 살아갈 수 있는 능력을 길러준다.

여덟째, 새터민 자신의 노력이 가장 중요하다. 새로운 환경에 적응하려는 의지와 국민으로서의 의무감이 없다면 어떠한 제도적인 지원이라도 무용지물이 될 것이다.

아홉째, 새터민을 바라보는 남한인의 우월감, 선입견을 버려야 한다. 새터민을 불쌍한 사람, 무능력한 사람으로 보는 남한인의 우월감은 새터민에게 심리적으로 불안정감과 스트레스를 주어 스스로 희망과 의지를 좌절시키게 할 수 있다.

열째, 새터민의 법적 지원체계를 확대하여야 한다. 그들에게는 다양하게 발생할 수 있는 심리·사회적인 문제에 대한 개개인 맞춤형지원 확대가 필요하다.

마지막으로 오랜 시간 동안 계속됐던 새터민의 문제와 그 해결방안을 모색하기 위해 북한인권과 새터민 문제해결에 관심을 가져왔던 전문가들과 함께 다양한 의견을 교환해야 하며, 사회의 취약계층인 새터민에게 정부와 민간단체와의 활발한 교류, 기업과의 협력을 통한 지원정책을 확대하고 정착해야 한다.

5. 토론 및 워크숍

Article

Name: ____________

○ Title: 다음 뉴스의 내용을 가지고 생각해 보세요.

"남한사회 부적응자 북으로 보내주는 것도 한 방법이다"

7월 15일 손정훈 북한이탈주민비전네트워크 대표가 공개적으로 '국적 포기'를 선언했다. 다시 북으로 돌아가겠다는 것이다. 여생을 북에 남은 노모 곁에서 보내고 싶다는 것이 손 대표가 밝힌 첫 번째 이유다. 최근 건강 악화로 시한부 선고를 받은 그는 자궁암에 걸린 탈북 여성을 돕다가 브로커 비용까지 떠안게 되면서 집은 물론 세간까지 모조리 압류당한 것으로 알려져 생활고도 영향을 미쳤을 것으로 보인다. "이 나라는 오기도 힘들고, 와서도 생활하기 힘든 나라"라는 것이 그의 주장이다.

코리안드림 현실은 냉혹하다는 그의 발언에 대해 김형덕 한반도평화번영연구소 소장은 "탈북자라면 누구나 공감할 만한 이야기"라고 설명했다. 김 소장 역시 1994년 북한을 탈출해 중국, 홍콩, 베트남 등지를 떠돌다 천신만고 끝에 한국에 들어온 탈북자다. 1996년 그 역시 남한을 탈출하려는 시도를 한 적이 있기에 탈북자들의 재입북 이야기는 결코 남의 일 같지 않다.

그는 손 대표와의 길고 긴 통화 이후 탈북자 출신의 지인들에게도 물어봤다고 한다. 다시 북한으로 돌아가고픈 마음이 있느냐는 그의 질문에 지인들 대답은 모두 '예스(Yes)'였다고 한다. "과거 많은 한국 사람이 아메리칸드림을 꿈꾸며 미국으로 넘어갔습니다. 그들 중 미국에 정착해 잘 사는 사람은 제가 알기로 1%도 채 되지 않습니다. 일단 언어가 다르고, 일자리를 구하는 것도 생각만큼 쉽지 않기 때문이죠. 미국까지 건너가 막노동하면서 살고 싶은 사람이 어디 있겠어요. 그런데 미국에선 막노동도 비자가 있어야 할 수 있다고 하니, 결국 그마저도 못 하고 되돌아오는 사람이 부지기수입니다. 탈북자들도 마찬가지예요. 모두 자신의 삶을 업그레이드하고 싶어 하지만 현실은 냉혹하죠."

김 소장은 "지금에 와서 생각해보니 다른 탈북자들에 비해 남과 북이 탈북자를 어떻게 이용하는지 빨리 깨달은 것부터가 다행"이라고 털어놓았다. "북한에서 재입북자를 선전용으로 이용하는 것처럼 남한 역시 탈북자를 정치적으로 이용할 뿐이라는 사실을 일찌감치 깨달았다"는 것.

북한에서 연좌제 덫에 걸려 아무런 희망 없이 살아가던 김 소장에게 남한 사회로의 망명은 곧 기회와 자유를 의미했다. 하지만 막상 남한에 와보니 북한에서의 출신성분이 탈북자의 지위를 규정짓는 또 하나의 보이지 않는 연좌제로 작용했다고 한다. 북한에서 왔다고 하면 일자리 하나 얻기가 쉽지 않고, 그나마 일자리를 구해도 자본주의 사회의 조직시스템에 적응하지 못해 겉돌기 십상인 게 그들의 현실이었다는 것.

김 소장은 "북한에서 소위 잘나가던 사람은 남한에 와서도 여기저기 불러주는 곳도 많고, 이런 저런 기회를 잡기가 그나마 쉬웠지만, 그렇지 않은 평범한 사람이나 출신성분이 좋지 않은 사람은 사회부적응자, 신용불량자가 되기 일쑤"라면서 "이런 이유로 남한에 넘어오면서 자신의 학력과 이력, 배경 등을 위조하는 사례도 공공연히 발생한다"고 말한다.

"지금 시대에 이데올로기 때문에 북한에서 내려오는 사람이 얼마나 되겠습니까. 제 또래인 30~40대만 해도 그런 건 관심도 없습니다. 먹고살기 힘들고 어려우니까 살려고 내려오는 거죠. 그런데 막상 와보면 사는 게 막막하긴 매한가지거든요. 게다가 아는 사람도 하나 없고, 심지어 피붙이와 평생 연락 한 번 주고받기 어려운 처지가 되니까 다시 가고 싶어지는 겁니다. 정부정책이요? 물론 문제는 있습니다. 하지만 탈북자 자체를 정부가 책임질 수 있는 건 아니에요. 남한 사람들도 일일이 책임지지 못하는 게 현실인데, 탈북자들을 어떻게 책임집니까?

서울에서 쓰는 평양이야기 중에서

○ Keywords: ______________________________

○ 해결방안:

•
•
•
•
•
•

Group Discussion

성명: ______________

○ TOPIC: 새터민가정지원이 다문화가족정책에 속해 있을 때의 장·단점에 대해 생각해 보세요.

–…

–…

–…

–…

–…

–…

–…

–…

–…

–…

–…

–…

–…

–…

–…

Child
Rights
and
Welfare

제 13 장

방과후 아동을 위한 권리와 복지

- 1. 방과후아동의 개념 및 정의
- 2. 방과후교육의 필요성 및 운영
- 3. 방과후과정의 아동을 위한 복지방향
- 4. 토론 및 워크숍

〈학습목표〉

① 방과후아동의 개념 및 정의와 실태에 대해 살펴보아요.

② 방과후아동을 위한 복지대책에 대해 모색해 보아요.

1. 방과후아동의 개념 및 정의

방과후아동이라는 용어를 설명하기 전에 교육과학기술부(2007)에서 말하는 방과후학교라는 개념은 기존의 초·중·고에서 이루어지는 특기, 적성교육, 평생교육, 초등학교 방과후교실, 고등학교의 수준별 보충수업, 진로지도교육 등을 모두 묶어서 통칭한다. 방과후아동이라는 개념은 정규교육과정 이외의 시간에 다양한 형태의 교육프로그램을 운영하는 교육체제 속에서 아동과 부모의 수요에 맞게 선택하여 교육을 받는 아동을 방과후아동이라고 한다. 즉, 미래사회를 대비하는 창의적이고 건전한 심신의 인재육성을 위하여 수요자 중심으로 운영하는 정규교육과정 이외의 학교교육활동으로, 방과후에 교과의 특기, 적성, 보육 등의 다양한 프로그램을 개설·운영하면 수요자인 아동이 원하는 프로그램을 선택하여 수강하는 아동이라고 정의하였다(교육인적자원부, 2007). 또한, 서울시교육청(2006)은 기존의 특기, 적성교육, 방과후교실(초등), 수준별 보충학습(고교), 평생교육 등으로 사용된 각각의 명칭으로 진행되는 프로그램을 참여하는 아동이라고 하였다. 또한, 방과후아동은 기존에 학교에서 수행되어 오던 수준별 보충수업, 특기, 적성교육, 초등학교 방과후교실에서 다양한 교육을 받는 아동을 일컫는 말로, 2006년부터 사용한 용어이며 방과후교육은 아동들에게 정규교육과정에서 지도하기 어려운 교과 및 다양한 특기, 적성 프로그램을 제공하고 있으며, 저소득층 및 농어촌 지역의 아동들에게 무료나 저렴한 비용으로 다양한 프로그램을 지원하고 있다.

2. 방과후교육의 필요성 및 운영

1) 방과후교육의 필요성

(1) 여성의 사회적 진출 증가

여성의 사회적 참여가 확산되면서 기혼여성의 취업률이 증가하였으며, 이로 인해 보육에 대한 필요성이 요구되었다. 여성들이 결혼 후에 혹은 자녀출산 후에 취업을 포기하는 데 가장 큰 원인이 자녀의 양육을 들 수 있다. 여성의 자녀양육 및 교육에 대한 어려움의 호소가 사회적 문제로 대두되면서 1991년 영유아보육법을 제정하여 보육에 대한 사회적 책임과 안전한 대리양육 보호환경에 대한 인식을 새롭게 하였다. 만 0~5세까지 어린이집에 아동을 맡기는 가정이 늘어나게 되었고, 맞벌이가정의 지속적인 증가와 다양한 가족형태의 증가로 아동의 방과후 시간활용에 대한 관심이 늘어나게 되었다.

(2) 학령기 아동을 위한 방과후보호

영유아보다 상대적으로 방과후교육의 관심이 저조하였던 학령기 아동의 방과후 아동지도의 중요성이 부각되면서 영유아로 한정되어 있었던 보육서비스를 학령기 아동으로 확대하여 시행하게 되었다. <표 13-1>과 같이 살펴본 결과 방과후에 혼자 있는 시간(일일평균)이 한 시간 정도가(16.8%), 2시간(10.3%), 3시간(5.6%), 4시간 이상(4.3%)에 해당하였다. 그리고 가족구성형태에 따라 시간별 나홀로 아동비율은 다르게 나타났는데, 방과후 3시간 이상을 혼자 보내는 아동은 한부모+자녀가정(38.4%), 부부+자녀(8.5%), 부부+양친+자녀(7.9%) 순으로 나타났다. 한부모가정의 자녀일수록 성인의 돌봄이 없이 홀로 있는 공백의 시간이 심각한 것으로 나타났다. 이런 결과는 초등학교 저학년일수록 학교에서 보내는 시간이 짧고 학교 밖에서 보내는 시간이 길어 이들에 대한 보호가 시급하여 학령기 아동을 대상으로 일정 시간 방과후지도서비스를 받으며 적절한 보호와 지도를 하는 방과후교육에 대한 필요성이 증가하였다.

〈표 13-1〉 초등학교 아동의 방과후 혼자 있는 시간(일 평균) (단위: %)

가족구성	전체	거의 없다	1시간	2시간	3시간	4시간 이상
합계	100	63.0	16.8	10.3	5.6	4.3
부부+자녀 가정	100	61.6	18.2	11.7	5.2	3.3
한부모+자녀 가정	100	36.3	15.5	9.8	16.9	21.5
부부+양친+자녀 가정	100	81.6	8.0	2.6	2.6	2.6

출처: 여성가족부(2016).

2) 방과후교육의 운영

교육과학기술부는 2009년 6월 3일을 '공교육 경쟁력 향상을 통한 사교육비 경감대책'을 발표하였는데, 이중 사교육 대체서비스 강화를 목적으로 '방과후학교 서비스 강화'를 포함시켰다. 그 내용을 학교운영시스템 체계화, 방과후학교프로그램 다양화, 돌봄서비스 및 저소득층 지원을 하고 있다. 다시 말해, 학교운영시스템 체계화를 위한 과제로는 방과후학교 참여확대를 위한 학부모 방과후 학교 코디네이터 활용 초등학교 저소득 및 맞벌이가정아동을 위한 엄마품 멘토링제도 도입, 대학생 멘토링제도와 도서지역의 우수 군장병을 강사로 활용하기 위한 대학생 및 군장병 활용확대와 방과후학교 질 관리를 위한 방과후학교지원센터 기능강화사업이 있다. 그리고 방과후학교프로그램 다양화를 위한 과제로는 학업능력 및 성취수준의 차이와 학습욕구의 다양성을 고려한 수준별 교과보충 심화프로그램 운영과 문화, 예술 동아리활동 지원 등이 포함된 문화, 예술, 체육 프로그램 확대, 초등학교 보육기능 강화와 저소득층 방과후학교 자유수강권 지원을 위한 교육·돌봄서비스 및 저소득지원을 위한 사업을 포함시켰다(교육과학기술부, 2009). 즉, 방과후학교는 수요자 요구를 반영하여 수요자 중심을 운영되며, 정규교육과정 이외의 학교교육활동으로 다양한 인재를 활용하여 교육의 질을 향상하고 사교육비를 절감해 공교육의 신뢰를 회복하기 위한 교육사업이다.

(1) 방과후교육의 정책목표

정규교육과정을 보완하고 다양한 교육경험을 제공하는 방과후학교교육은 학교교육기능 보완, 사교육비 부담완화, 교육복지구현, 학교의 지역사회화 등의 네 가지 정책목표를 설정하여 추진하고 있다.

첫째, 학교교육기능 보완을 위하여 학교교육현장에서는 현재 교과학습 보충 프로그램 운영, 정규교육과정의 연계추진, 기초학력 제고를 위한 프로그램 운영, 다양한 특기·적성 프로그램 운영을 추진한다. 이는 방과후프로그램 운영을 통해 정규교육과정의 시간적·공간적 제한성을 보완하고 다양한 교육활동을 제공하여 아동의 전인발달을 도모한다. 또한, 학교 안팎의 인적·물적 자원을 폭넓게 활용하여 분야별 전문가에 의한 질 높은 방과후학교프로그램을 운영함으로써 아동의 특기·적성소질을 개발하고 희망하는 수준에 따라 아동 및 부모의 요구를 적극 수용하고 있다. 이러한 목적은 나아가 공교육에 대한 국민의 신뢰도 및 만족도를 제고하는 데도 그 목적을 두고, 자율적인 학습으로 자기주도적 학습능력을 신장하는데 있다. 수익자 부담의 원칙에 따른 학교의 방과후교육프로그램은 공부 잘하는 아동에게는 심화학습으로 능력을 최대한 발휘할 수 있도록 기회를 제공하고, 학력부진아동은 보충학습의 기회를 부여함으로써 학교교육기능을 보완하게 된다.

둘째, 사교육비 경감을 위한 목표로 아동과 부모의 요구에 부합하는 프로그램을 개발하고, 지속적으로 프로그램의 질적 수준을 향상시켜 교육을 참여하는 아동의 기대성과를 얻을 수 있도록 관리하고 있다. 보육 등 질 높은 다양한 프로그램 운영으로 학교 밖 사교육 수요를 학교 안으로 흡수한다면 저소득층, 맞벌이 가정의 아동 등의 보육을 위한 과외 수요를 억제하여 사교육비 부담을 줄일 수 있으며, 잠재된 여성인력 활용을 극대화할 수 있어 정부에서는 사교육비 경감을 위해 질 높은 방과후프로그램을 실시하고자 노력하고 있다. 이렇게 사교육비용에 대한 가정의 부담을 덜게 한다면 공교육에 대한 국민의 신뢰가 회복되고 학교가 우수한 방과후 학교프로그램을 운영하여 사교육 프로그램에 대해 경쟁력을 갖출 수 있게 된다. 이는 수요자의 최소한의 비용으로 아동의 학습을 보충할 수 있을 뿐 아니라 다양한 활동의 기회를 제공하여 그들의 미래사회의 역할에 대한 인식제고와 전인적 측면 발달을 제공할 수 있다.

셋째, 교육복지실현을 위하여 학교현장에서 종일돌봄교실로 대표되는 사업들을 수행하고 있으며, 이를 통하여 저소득층 가정을 지원하고, 이들 가정아동의 방과후 안전을 지켜주고 있다. 교육적 소외가 개인의 자기개발 기회를 제한 한다고 하고 사회적인 불평등구조를 재생산하는데, 이를 구조적으로 개선하기 위하여 방과후교육을 하여 교육복지구현 및 교육을 통한 사회적 불평등구조개혁을 이루고자 한다. 방과후교육을 실시함으로써 저소득층, 소외계층 아동의 학습 및 인성지도로 학교생활 적응력 향상과 학력신장을 통한 계층 간·지역 간 교육격차를 해소하는 데 그 목적이 있다.

넷째, 학교의 지역사회화를 실현하기 위하여 학교와 지역사회 연계하는 네트워크를 구축하고, 민간기관의 인적·물적 자원을 최대한 이용하여 교육을 통한 지역주민의 공동체의식, 민주의식을 형성할 수 있게 도움을 주어야 한다. 방과후학교는 지역별로 특성화된 교육수요를 학교교육활동에 반영하고, 지역사회 연계망 구축 및 지자체기관, 대학 등의 지역의 인적·물적 자원을 적극적으로 활용하기 위하여 힘쓴다. 규정된 하나의 정규교육과정 운영의 한계를 보완하기 위하여 지역교육환경의 특수성을 반영한 개별화된 교육프로그램을 자율적으로 운영하여 교육의 수월성 및 전문성을 달성하고자 한다. 이러한 노력으로 지역사회 내에 존재하는 모든 사회교육기관이나 학교의 활성화에도 영향을 미칠 뿐만 아니라 더 나아가서는 아동에게도 좋은 영향을 미치게 될 것으로 기대된다.

방과후교육은 인적·물적 자원을 폭넓게 활용하고 다양한 교육경험을 제공하여 사교육 수요를 학교 내로 흡수함으로써 사교육비 경감을 시키고자 한다. 또한, 저소득층 및 소외계층에 대한 집중지원과 보육 및 아동보호와 선도를 통해 교육복지를 실현하여 교육격차를 해소하고, 지역사회 유관기관과의 연계구출, 평생학습을 통한 지역사회화를 추구하고자 한다.

(2) 방과후교육 운영의 기본방향

방과후교육의 정책목표를 중심으로 방과후교육 운영의 기본 방향을 방과후교육 질 제고를 위하여 운영체제 구축, 수요자 중심 운영체제 구축, 교육복지구현 등 세 가지 내용으로 살펴보면 다음과 같다.

첫째, 방과후교육 질 제고를 위하여 운영체제를 자율화, 다양화, 개방화하는 방안이다. 방과후교육 운영체계인 운영관리, 지도강사, 교육대상, 교육비, 교육장소, 프로그램 등을 정규교육과정 운영에 지장이 없는 범위 내에서 확대하고, 학교실정에 적합한 교육프로그램으로 학교운영위원회 심의를 거쳐 확대·개방하여 운영·실시하는 것이다.

둘째, 수요자 중심 운영체제를 구축하여 교육활동의 다양성을 확보하는 것이다. 수요자 중심 운영체제는 교육수요자와의 상담을 통하여 진로, 적성, 취미, 등에 대한 탐색이 이루어지고, 아동에게 다양한 프로그램을 안내하고, 아동이 자신에게 적합한 프로그램을 소속학교나 인근학교 또는 지역사회시설로 선택범위를 확장하여 참여할 기회를 제공하는 것이다. 교육을 참여하고 싶으면 상담–선택–참여 세 단계를 거쳐 자신이 선택한 프로그램에 참여한다. 상담은 교육수요자인 아동이 학교나 교육청에 직접 신청하거나 온라인을 통하여 할 수 있다. 교육은 이러닝(e-Learning) 등 다양한 콘텐츠로 구성되며, 이 프로그램은 오프라인(Off-line)과 온라인(On-line)에서도 참여할 운영체계로 구축되어 있다.

셋째, 교육복지구현을 위하여 제도적, 체계적 지원체제를 구축한다. 이를 위하여 방과후학교는 교육인적자원부, 행정자치부, 문화관광부, 법무부 등 아동과 관련된 정책을 수행하는 관련부서와 함께 연계체제를 구축·운영하여야 하고, 이를 국가정책으로 추진하여야 한다.

(3) 방과후교육의 운영방식

방과후교육 운영관리는 학교운영위원회 심의를 거쳐 학교장 중심 운영관리체제로 운영하며, 필요 시 학부모회나 비영리기관 등에 위탁하여 운영관리를 할 수 있도록 확대하고 있다. 방과후교육을 위탁할 시 지역의 인접대학에 위탁운영이 가능하며, 학교여건과 지역실정에 맞게 방과후학교 위탁운영계획을 수입하여 선정·운영하도록 한다.

① **방과후교육 대상**: 학교급별 및 지역사회 여건을 고려하여 타 학교 학생까지도 참여할 수 있게 확대시행하고 있다. 학교 및 교육청 지정 우수프로그램 또는 학교간 연합프로그램을 운영할 경우에는 타 학교학생의 참여가 가능하다. 초등학교에서 중학교, 중학교에서 고등학교로 진학할 경우에는 입학예정자가 상급학교의 겨울방학 및 학년말 방학프로그램에 참여 가능하게 개방하고 있다. 학교 및 지역사회 여건에 따라 검정고시과정, 평생교육 프로그램 등을 운영하여 학업중단아동에서 성인까지 점진적으로 확대 운영하고 있다.

② **방과후지도강사**: 현직교원, 교원자격증 소지자, 예체능 전공자(자격증 소지자), 학원강사, 예비교사, 관련강좌 전공학부모, 지역사회인사, 국내체류 외국인 유학생(외국어 프로그램), 공인된 특기자 등 다양하고 우수한 인적자원을 활용할 수 있도록 지역교육청별 인력풀을 구성하고 있다. 또한, 인적자원을 구축하기 위하여 방과후프로그램을 참여한 교사, 사범대 재학생의 봉사학점을 인정해 주고, 농·어촌 및 도서벽지학교에는 외부강사 운영에 필요한 강사비, 보건 및 교통비를 지원하고, 현직교원 참여시 지역교육청, 학교별 실정에 맞는 인센티브를 부여하도록 하여 강사를 확보하고 있다.

③ **방과후교육장소**: 방과후에 사용할 수 있는 교실이나 특별실, 학급별 시설공유 및 지역사회 공공시설 등을 연계하여 다양하게 활용한다. 또한, 방과후학교 활성화를 위해 학교마다 한 가지 특성화된 시설을 권장한다.

④ **방과후시간운영**: 학교와 지역사회의 특성을 고려하고, 아동의 개개인의 심신건강을 보장하는 범위로 한다. 또한, 아동과 부모의 요구에 따라 탄력적으로 운영하도록 하고 있으며, 방학 및 토요일, 휴일 등에도 자율적으로 운영하고 있다.

⑤ **방과후프로그램**: 아동과 부모의 요구를 수용한 다양한 프로그램을 개설하도록 하고, 프로그램의 홍보 및 상담을 통한 수요자의 선택권을 최대한 보장하도록 하고 있다. 초등보육프로그램은 수요자가 있고, 여건이 갖추어진 학교로부터 저학년 위주로 운영하되, 필요에 따라 모든 학년으로 확대하고 있다.

3. 방과후과정의 아동을 위한 복지방향

본격적인 방과후교육이 2006년부터 실시되면서 방과후학교에 관한 선행연구는 대부분 긍정적인 시각과 바판적인 시각으로 나타났는데, 그 중 방과후아동을 위한 복지 개선방향을 질 높고 지도 서비스 제공, 우수한 인력 확보, 지역자원을 활용한 돌봄서비스 연계구축으로 나누어 살펴보고자 한다.

1) 질 높은 지도서비스 제공

부모의 부재 시 아동이 홀로 있지 않고 정부의 지원으로 부모가 일과 가정의 양립을 할 수 있도록 체계적인 지원이 필요하다. 이를 위해 정부는 방과후아동을 위한 돌봄교실을 운영할 수 있도록 예산지원 확보로 방과후교육이 필요한 아동을 위해 체계적인지원이 되어야 할 필요가 있다. 정부에서는 2016년 학령기 아동(1~6학년) 신청자 전원에게 초등 돌봄교실 이용을 무상으로 제공하겠다고 하였는데, 교육부의 누리과정 예산집행이 파행되면서 무상 초등돌봄교실 또한 예산부족으로 진행되지 못하였다.

질 높은 방과후교육을 운영하기 위해서는 정부의 예산이 먼저 확보하고 질적 수준이 높은 아동교사가 방과후아동을 돌 볼 수 있게 지원해 주어야 한다. 방과후아동을 돌보기 위해서는 쾌적한 환경으로 이루어진 전용 돌봄교실이 마련된 이후 맞춤형 학습지원과 함께 다양한 프로그램을 제공되어야 한다. 전용 돌봄교실을 설치하기 위해서는 정부의 지원이 필요한데, 정부의 예산부족으로 학교는 전용 돌봄교실을 마련하지 못한 채 빈교실에서 돌봄전담사의 보호위주의 돌봄과 함께 강사에 의한 특강형식의 교육, 숙제를 지도해 주는 형식으로 진행되고 있는 실정이다. 질 높은 방과후 아동지도프로그램 운영하기 위해서는 아동과 부모의 수요를 반영한 프로그램과 함께 인성교육과 안전한 보호, 사회성과 정서발달을 도모할 수 있는 체계적인 프로그램을 개발하여 지도해야 할 것이다. 즉 현재 실시되는 방과후아동지도에서 계속적으로 부모와 아동이 만족할 만한 통합적이고 전문적인 프로그램의 개발 및 교과목의 심화보충학습과 예체능과목 등에서 다양하고 흥미 있는 프로그램 확충이 마련되어야 한다.

정부가 방과후아동을 위한 수혜자를 전체학년으로 확대하는 것에 관심을 가지는 동시에 돌 교실의 질적 수준을 높인다면 부모는 안심하고 공교육에 대한 신뢰성을 갖고, 사교육비를 줄일 수 있으며, 안심하고 자녀의 믿고 맡길 것이다.

2) 우수한 인력 확보

방과후프로그램을 담당하는 돌봄전담사는 많은 시간 아동과 함께 지내는 만큼 서비스의 질은 교사의 질에 따라 결정되고, 아동은 이들의 영향을 많이 받게 된다. 돌봄전담사는 인내심을 가지고 친절하게 아동을 대해야 할 것이며, 전문적인 지식을 가지고 프로그램의 성격에 따라 아동을 위한 교육자로서, 보호자로서, 친구로서의 역할과 함께 아동이 안전하게 프로그램을 진행할 수 있도록 다양하고 전문적인 능력을 갖추어야 한다. 그러므로 방과후 아동을 지도하는 돌봄전담사는 이에 대한 전문적인 교육을 통해 효과적으로 방과후 아동지도를 수행할 수 있도록 해야 한다.

현재 초등교실에서 돌봄을 제공하고 있는 사람은 돌봄관리교사, 돌봄전담사로 나누어진다. 돌봄관리교사는 초등학교 교사 중 돌봄교실에 관한 행정적인 업무를 담당하는 사람이고, 돌봄전담사는 돌봄교실에서 아동에게 보육을 제공하는 사람이다. 돌봄전담 강사, 돌봄강사 등으로 명명하였다가 현재는 돌봄전담사로 불리고 있다. 이들은 보육교사, 유치원교사, 초·중등교사 자격증 가진 사람만이 방과후 아동을 돌볼 수 있다. 그러나 최근 2~3년 동안 돌봄교실이 확대되면서 일부지역에서는 교사를 구하지 못해 방과후프로그램 강사가 돌봄교실을 담당하는 곳도 있다. 이들의 전문성 확보를 위해 2급 이상의 보육교사, 유치원, 초·중등교사 자격증 소지자가 1일 8시간 이상 근무하고, 담당교육청에서 이들의 전문성 확보를 위한 직무교육을 체계적으로 실시하여야 한다.

현재 돌봄전담사 1명당 20명의 방과후 아동을 돌보고 있기에 업무적인 부담이 생기고 아동을 제대로 보호하고 지도할 수 없게 되어 만족스럽지 못한 결과를 보이게 된다. 교사와 아동비율이 적게 될 수 있도록 보조인력 충원을 마련해야 할 필요가 있다. 이를 위해 지역인근의 대학이나 지역의 인력을 자원봉사로 활용할 수 있는 대안이 마련되어야 한다.

3) 지역자원을 활용한 돌봄서비스 연계구축

교사나 학부모 모두 방과후 아동 돌봄의 장소로 초등학교가 적합하다고 인식을 하여서 학교에서부터 방과후 돌봄교실이 시행되었고, 수요자의 맞춤형 돌봄

교실을 운영하기 위해 지역자원을 활용하여 아동의 가정 근처에 더욱 많은 소규모 아동지도시설을 설치·운영을 확대하여야 한다. 지역돌봄협의체는 시·도·군·구 단위의 돌봄지원 협의회, 돌봄 실무팀 등으로 구성되어 있으나, 이들 간의 협의가 활성화되지 못하여 농어촌지역처럼 열악한 많은 아동돌봄교실이 문을 닫거나 갈등이 발생하고 있다. 지역아동센터와 아동돌봄교실은 모두 국가가 지원하는 아동서비스나 지역의 지원예산으로 이루어진다. 이에 따라 질적 수준이 발생할 소지가 있기에 이를 공정하게 완화하기 위해서는 돌봄교실이 효율성을 가지고 자율성, 책임한계, 운영방법 등을 계속 수정·보완할 제도적 장치를 마련할 필요가 있다. 또한, 전달체계의 합리성을 위해 수혜자인 아동의 입장에서 지역사회와의 특성을 살려 어떠한 시설을 이용하든 균일한 서비스를 받을 수 있게 노력해야 할 것이다.

4. 토론 및 워크숍

Article

Name: ____________

○ Title: 읽어보기

이아돌봄 이용자 "아이돌봄 서비스 이용 불편해"

여성가족부가 운영하는 아이돌보미 서비스가 장시간 대기와 낮은 접근성 등으로 개선이 필요한 것으로 나타났다.
송희경 새누리당 의원은 아이돌보미 서비스 이용자들의 불만이 커지고 있다고 주장했다.
송 의원이 여성가족부로부터 제출받은 자료에 따르면, 최근 3년간 아이돌봄 서비스 이용가구는 2014년 5만 4362가구, 2015년 5만 7687가구, 2016년 상반기에만 5만 5334가구로 급격한 증가추세이지만, 아이돌보미는 1만 7089명으로 33% 수준에 불과한 것으로 드러났다. 이로 인해 종일돌봄 서비스를 대기 중인 가정은 2016년 6월 기준으로 567가구에 달한다.
아이돌보미 신청 및 이용과정에서 이용자들의 불만도 폭증하고 있다.
아이돌보미 홈페이지는 공인인증서를 통한 로그인 과정에서 잦은 오류가 발생하고 있어, 2016년 상반기에만 4번의 서버점검으로 홈페이지 접속이 중단됐다. 모바일 애플리케이션도 운영하지 않아 모바일 신청이 불가능한 것도 문제다.
유선전화 고객센터 역시 이용자가 많아 대기하라는 안내 멘트만 나올 뿐, 실제 통화연결까지 10분~20분이 소요되고 있다. 아이돌보미 서비스 이용금액에 대한 소득공제 및 현금영수증 발급도 불가하다.
여성가족부는 몇 년 전부터 아이돌보미 서비스에 소득공제 혜택을 적용할 것이라고 밝혔지만, 여전히 지지부진한 상태다.
송희경 의원은 "정부가 보육을 위해 좋은 취지의 제도를 만들었지만, 사실상 이용이 힘들어 현장의 불만이 커지고 있다. 복잡한 신청절차와 낮은 접근성으로 아이돌봄 서비스에 대한 체감만족도가 낮아 정부의 서비스 개선이 필요하다"고 밝혔다.

-베이비뉴스 중에서-

○ Keywords: ______________________

○ 해결방안:

-
-

Group Discussion

성명: ____________

○ TOPIC: 아동복지 사각지대(방과후 방치되는 아이들~~)의 아이들의 각기 다른 생활모습들을 통해 아동복지의 현 실태와 대안을 생각해 보기.

• 대상 1. 방과후 방치되는 아이들
2. 학원에 시달리는 아이들
3. 열악한 교육환경 해방구
4. 희망 키우는 방과후교실

산간·폐광지역 아이들은 방과후 적성개발을 위한 교육 등 복지혜택을 받지 못하고 있다. 도시 아이들이 학교 끝나기가 무섭게 피아노 미술 등 사설학원으로 몰려가는 것과 대조적이다. 주민들은 아이들에게 교육환경을 제공하기 위해 마을단위 공부방 등 자구책을 시도하고 있다. 그러나 정부와 자치단체의 관심과 지원은 턱 없이 부족한 실정이다.

–…

–…

–…

–…

–…

–…

–…

–…

–…

–…

–…

Child
Rights
and
Welfare

제14장

빈곤아동을 위한 권리와 복지

- 1. 빈곤아동개념 및 정의
- 2. 빈곤가정의 발생과 빈곤가정과 아동발달
- 3. 빈곤가정의 실태
- 4. 빈곤가정을 위한 복지방향

〈학습목표〉

① 빈곤아동의 개념을 정의하고, 빈곤아동의 문제 및 현황을 살펴보아요.

② 빈곤아동을 위한 복지지원서비스 내용을 살펴본 후 개선 방안에 대해 검토해 보아요.

1. 빈곤아동개념 및 정의

일반적으로 빈곤은 사회적, 심리적 또는 시대적 가치관에 따라 그 의미가 달라질 수 있는데, 일반적으로 절대적 빈곤과 상대적 빈곤으로 구분된다. 먼저, 절대적 빈곤은 고전적인 빈곤개념으로, 인간의 신체적 생존에 필요한 최소한의 욕구가 자신 혹은 가계의 소득만으로는 충족되지 못한 상태를 의미한다. 하지만 신체적 생존을 유지하기 위한 욕구의 개념은 시대적, 역사적, 공간적 상황에 따라 변화되기 때문에 절대적 빈곤개념만으로는 빈곤에 대한 정의를 내리는 데에 제한을 갖는다. 따라서 빈곤개념을 설명할 때 물질적인 결핍에 한정하지 않고 사회적 가치의 전반적인 상대적 결핍상태인 상대적 빈곤개념을 포함한다.

상대적 빈곤은 사회·문화적 관점에서 사회적 불평등, 심리적·문화적 상대적 박탈감을 모두 포함하는 빈곤개념으로, 경제적 특성인 소득의 차이만이 아니라 주거조건, 직업의 안정성, 교육기회 등을 포함한다. 한 사회의 재화가 평등하게 분배되지 않는 한, 빈곤층은 언제나 존재하므로 현대사회에서는 절대적 빈곤보다는 상대적 빈곤개념이 주로 사용되고 있다.

1) 빈곤아동

빈곤아동은 최저생계비 이하의 소득을 가진 가정에서 생활하는 만 18세 미만의 아동으로 정의할 수 있다. 아동의 빈곤예방 및 지원 등에 관한 법률에서는 아동빈곤을 일상적인 생활여건과 자원이 결핍하여, 최저한도의 건강하고 문화적인 생활을 유지하는 데 필요한 의·식·주 및 기타 생활상 필요한 자원이 결핍되어 충분한 부양을 받지 못하는 요보호아동을 의미한다.

현대사회는 경제적 성장과 소득증대로 복지국가로의 진입이 시도되고 있지만, 비자발적 외부요인으로 건강한 발달권을 보호받지 못하는 빈곤아동은 지속해서 증가하고 있다. 빈곤아동의 대표적 유형으로는 소년소녀가장세대와 저소득한부모가정의 아동과 법적 지원체계에서 벗어나 차상위계층에 속하는 결손·결식가정의 아동들이 빈곤아동에 포함될 수 있다.

2. 빈곤가정의 발생과 빈곤가정과 아동발달

1) 빈곤가정의 발생

빈곤은 인간다운 생존이 위협받는 상태, 즉 의식주의 기본적인 욕구를 충족하기에 불충분한 소득을 가진 상황을 의미한다. 빈곤의 원인은 사회구조적 차원과 개인·가족의 책임 어느 한쪽에 있다기보다는 개인, 가족, 사회 모두에 있는 것으로 어느 한 요인에 의해 한 가족이 빈곤하게 되면 빈곤의 요인은 자연히 중복하여 이것은 빈곤의 악순환을 초래할 수 있다. 최근 개인의 노력보다 부모로부터 양도받은 경제적 지위에 따라 사회적 계급이 구분되는 경제적 불평등현상은 우리 사회의 새로운 문제로 대두되었다. 이러한 경제적 불평등현상은 기본적인 욕구충족만의 문제가 아니라, 상대적 빈곤감과 박탈감을 심화시키며, 지속적인 저성장과 소득의 양극화는 아동기의 빈곤이 성인기의 빈곤으로 이어져 빈곤의 만성화 경향을 가속할 가능성이 높다(전병유·신진욱, 2016).

2) 빈곤가정과 아동발달

아동의 경우 자신의 '의지'와는 상관없이 가족의 경제상태에 따라 빈곤여부가 결정되므로 부모의 보호와 양육에 의존할 수밖에 없는 아동은 빈곤의 영향을 가장 직접 받게 되는 취약한 위치에 있다.

빈곤은 아동 발달에 필요한 주거환경, 영양, 건강, 양육, 교육 등에서 재화 및 서비스 이용을 제한하며, 아동에 대한 충분하지 않은 투자와 빈곤경험은 성장기의 발달을 저해하게 된다(정은희 외, 2013). 특히, 빈곤이 일시적인 현상이 아니고 장기적으로 지속된다면 아동의 삶에 부정적인 영향을 미치는 요인으로 작용할 수 있다.

하지만 단순하게 빈곤이 모든 아동에게 부정적인 영향을 준다고 단정하면 빈곤아동이 모두 문제아동으로 간주될 수 있으므로, 빈곤가정이라는 같은 환경 속에서도 위험 상황을 잘 극복하며 건강하게 성장하는 아동들도 있다는 좀 더 폭넓은 이해가 필요하다. 이를 위해서는 빈곤가정아동의 개별적인 이해를 바탕으로 아동의 기본권과 발달권 침해를 최소화하는 방안을 검토해야 하며, 가난의 대물림으로 사회통합의 저해요인 등을 전반적으로 파악하여 이를 보완하기 위한 근본적이고 종합적인 정책을 마련하고 신속히 시행하여야 한다.

아동빈곤지표에서 나타난 우리나라 빈곤아동 현황을 살펴보면 빈곤한 환경에서 성장한 아동들이 그렇지 않은 환경에서 성장한 아동들보다 신체건강발달과 심리·정서적 안정, 학습 인지적인 발달에 있어서 취약한 것으로 확인되었다.

아동 스스로가 빈곤한 환경을 만들거나, 빈곤한 환경을 선택하여 태어난 것은 아니지만, 아동이 책임지거나 선택할 수 없는 빈곤환경이 아동의 건강한 성장발달에 부정적인 영향을 미치고 있음을 주목하여야 하며, 문제 해결을 위한 대책마련에 대한 노력이 필요하다.

(1) 신체발달

신체발달 측면에서는 빈곤한 가정의 아동들은 태내기부터 건강한 성장발달에 필요한 충분한 영양섭취가 어려워, 저체중아 출생, 출생 후 발육부진 등과 같은 신체발달의 문제가 발생하여 빈곤하지 않은 아동들보다 신체적 건강상태가 좋지 않은 경우가 많다(Guo & Harris, 2000). 또한, 열악한 주거환경으로 인한 중금속 중독이나 피부병(아토피), 천식 등의 문제를 발달시키기 쉽다. 이러한 아동기 영양의 불균형은 성인기에 골다공증, 위암, 뇌졸중, 당뇨 등의 문제를 일으킬 수 있다.

(2) 심리정서 및 행동발달

심리정서 및 행동발달 측면에서는 빈곤가정의 부모들은 생계유지에 몰두하여 자녀양육에 투자할 시간과 정신적 여유가 부족하기 때문에 자녀의 정서와 행동발달에 특별한 관심을 쏟기 어려운 경우가 많다. 또한, 부모의 낮은 교육수준은 자녀에게 필요한 아동발달에서 일관성 있는 훈육과 권위 있고 애정적인 양육태도의 필요성에 대한 인식이 낮아 자녀 양육방식의 질을 저하하며, 이로 인해 자녀에게 비일관적이고 강압적 태도로 신체적 체벌을 자주 사용하여 부모–자녀관계를 악화시키게 된다.

이처럼 부모의 정서적 지지를 충분히 경험하지 못하는 빈곤아동은 우울·불안 등 내면화된 문제 및 공격성, 주의력 결핍 등의 외면화된 문제를 비빈곤아동보다 더 많이 경험하는 것으로 나타난다. 또한, 행동발달상의 측면에서는 빈곤으로 평균적인 수준의 조기교육을 제공하지 못하거나, 부모와의 충분한 상호작용이 부족하여 적절한 생활습관의 부재와 과잉행동 등이 나타날 가능성이 높다(김순규, 2006).

(3) 학습인지적 발달

학습인지적 발달측면에서는 빈곤은 부모의 자녀양육방식의 질을 저하시키고 자녀교육태도에 부정적 영향을 주어 간접적으로 인지발달의 지연을 초래하여 학업성취도 저하 및 학교부적응 등의 문제를 가져올 수 있다(Borman & Overman, 2004). 또한, 빈곤가정의 부모들은 밤늦게까지 일을 해야 하므로 자녀와 접촉할 기회가 적어 그로 인한 관리감독의 소홀로 학업성취 및 학교적응을 저해하게 된다. 그 외에도 중산층 이상의 부모들보다 자녀에 대한 기대가 상대적으로 낮아 교육투자에 미온적이어서 학습공간의 부족 및 학업에 필요한 교육자료 등의 결핍을 초래하게 된다. 이처럼 아동에 대한 충분하지 않은 투자와 빈곤경험은 학습인지적 발달측면의 발달을 지연시킨다.

학교는 아동이 가정 다음으로 가장 많은 시간을 보내는 장소이며, 아동이 필요로 하는 신체적, 인지적, 정서·사회적 발달을 도모할 수 있는 곳으로 학교적응은 빈곤아동의 사회적 적응과 성취를 위해 필수적이다. 따라서 빈곤아동은 학업성취가 낮을 것이라는 교사의 편견과 또래집단의 소외는 아동의 자존감을 떨어뜨려 비행촉발의 요인이 될 수 있으므로 빈곤아동에 대한 교사와 또래집단의 긍정적 지지를 중심으로 학교적응을 도와야 한다.

4. 빈곤가정의 실태

1) 빈곤아동 현황

총인구에서 아동인구가 차지하는 비율은 지속적으로 감소하고 있지만, 아동인구 대비 빈곤아동은 증가하고 있다. 아동빈곤은 소득기준을 이용하여 빈곤가구를 구분하고자 한다. 소득을 기준으로 빈곤을 측정할 때 시장소득, 경상소득, 가처분소득을 활용한다. 가처분소득은 경상소득에서 사회보장부담금과 조세를 제외한 소득이다(김미숙 외, 2007). 가처분소득은 가구 내 실제 사용가능한 소득을 의미한다는 점에서 실질 소득을 반영하는 개념이기 때문에 가처분소득을 활용하여 일반적으로 빈곤율을 살펴볼 수 있다(임완섭·노대명, 2013).

빈곤지표는 절대빈곤과 상대빈곤 개념을 활용한다. 한국보건사회연구원의 「빈곤통계연보」에 따르면, 정부에서 발표하는 최저생계비 기준의 절대빈곤율은 9.45%로 나타났으며, 중위소득의 50%를 기준의 중위소득은 상대빈곤율은 10.62%로 나타났다.

〈표 14-1〉 **아동가구 빈곤율**

구분		사례 수	비율
절대빈곤율	가처분소득기준	3528	9.45
상대빈곤율	가처분소득기준	3528	10.62

출처: 보건복지부(2013).

이 중에서 가족유형별 빈곤율은 2013년 기준 취약한 계층세대인 한부모·조손가구의 경우, 63.54%이며, 더욱 안정된 가구인 양부모가구의 경우, 3.22%로 부모가 모두 있는 가구의 경우보다 한부모가구이거나 조손가구인 경우의 빈곤율이 19배가량 높게 나타난다. 이는 소득원 수와 소득원이 참여한 노동시장 특성이 반영된 결과라고 볼 수 있다. 즉, 한부모가구의 경우에는 양부모가구보다 소득이 낮을 가능성이 높기 때문이다. 특히, 조손가구의 경우, 노인의 노동시장 참여 가능성이 낮고, 참여하는 노동시장의 임금 또한 높지 않기 때문에 소득이 낮을 가능성이 높다고 볼 수 있다(보건복지포럼, 한국 빈곤현황과 정책포럼, 2015). 따라서 한부모·조손가구의 소득을 보장할 수 있도록 가구원의 소득활동 지원을 강화하는 방안이 필요하다.

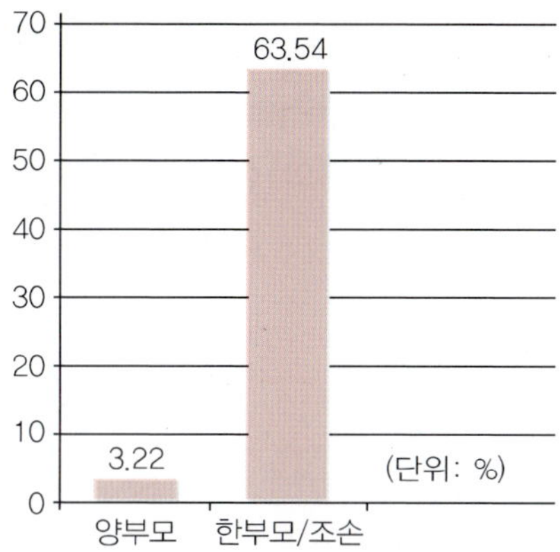

출처: 보건복지부(2013).

〈그림 14-1〉 **가족형태별 빈곤율**

아동가구의 거주지역에 따른 빈곤율을 살펴본 결과, 대도시의 빈곤율이11.72%로 가장 높고, 그 다음은 농어촌(10.25%), 중소도시(7.33%)순이다. 대도시보다 농어촌 빈곤율이 낮게 나타나는 것은 농어촌지역을 위한 다양한 탈빈곤정책이 빈곤율 감소에 효과를 거두고 있다고 볼 수 있다.

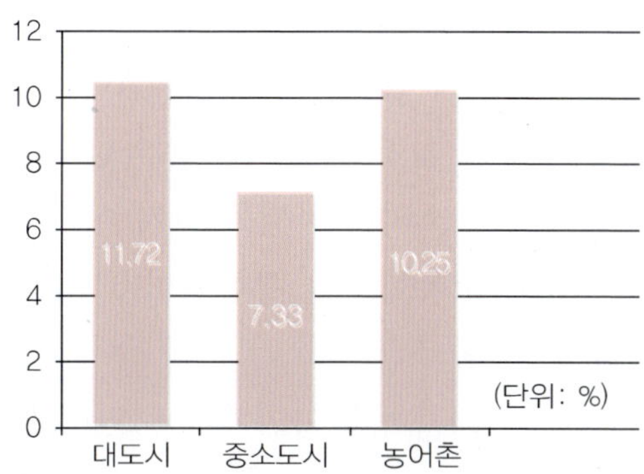

출처: 보건복지부(2013).

〈그림 14-2〉 **거주지역별 빈곤율**

또한, 아동의 빈곤율을 연령대별로 살펴본 결과, 아동의 연령이 어릴수록 빈곤율이 낮게 나타났다. 아동의 연령이 0~5세 사이의 아동이 있는 가구의 빈곤율은 12~17세 사이의 아동이 있는 가구의 빈곤율보다 낮은 것으로 나타났다. 여기엔 일·가정 양립 정책에 따른 아동수당 및 보육료 지원과 같은 보편적 현금지원방식이 아동빈곤율을 낮추는 데 일정부분 기여한 것으로 판단되며, 중고등학교의 경우 사교육비 부담 등으로 가계지출 증가에 기인한 것으로 추정된다. 따라서 빈곤율 감소를 위한 정책은 다양한 형태의 현금지원을 높이는 방안이 효과적일 수 있다.

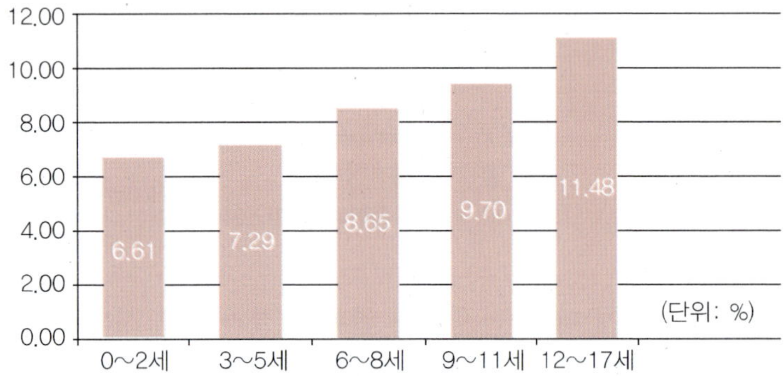

출처: 보건복지부(2013).

〈그림 14-3〉 아동의 연령별 빈곤율

2) 빈곤아동 복지대책

「아동의 빈곤예방 및 지원 등에 관한 법률」은 특별히 아동빈곤을 예방하고 빈곤아동을 지원하기 위해 제정된 법령이다. 이는 취약한 가정의 아동과 가족에게 복지·교육·문화 등의 분야에서 소외와 차별을 받지 아니하고 한 사회의 구성원으로 건강하게 자랄 수 있도록 종합적인 통합서비스 지원하는 취약계층아동에 대한 지원근거를 마련하고 있다.

우리나라 빈곤아동서비스는 최근까지 국민기초생활보장법에 따른 경제적 지원 중심의 절대빈곤층에 속하는 소년소녀가정 지원사업과 한부모빈곤가족 지원사업이 대부분이었다. 하지만 지속적인 저성장과 소득의 양극화로 가족해체 증가 및 아동빈곤율의 증가가 사회문제로 대두되면서 절대빈곤층인 국민기초생활보장법의 수급권자는 아니지만 빈곤층인 차상위 계층과 빈곤아동에 대한 지원이 필요하다는 관심이 높아져 정부정책도 바뀌고 있다.

(1) 드림스타드 사업

드림스타트 사업은 최근 증가하고 있는 취약계층아동에게 물질지원의 확대만으로는 빈곤문제를 해결할 수 없다는 인식하에 빈곤의 대물림에서 벗어날 수 있도록 공평한 출발기회를 보장함으로써 아동의 건강한 성장과 발달을 도모하기 위한 맞춤형 통합서비스이다.

사업대상은 0세(저소득 임산부)~만 12세 취약가정아동으로 국민기초생활제도 수급자, 차상위계층, 결손가정, 성폭력피해아동, 한부모가족자녀에 대한 우선지원을 원칙으로 한다. 사업지역은 2017년 현재 전국 시·군·구 내 취약계층 밀집지역을 중심으로 사업을 시행하고 있다. 사업내용은 보건·교육의 통합서비스로 아동들의 전인적 발달을 지원하고, 부모들에게는 직업훈련 및 고용촉진서비스 제공을 통해 양질의 양육여건을 마련하여 건강한 가족기능 회복에 도움을 주는 프로그램들로 구성되어 있다.

(2) 디딤씨앗통장

우리나라는 아동복지시설아동, 가정위탁아동 등을 대상으로 이들이 사회진출 시 필요한 자립금을 마련하는 데 도움을 주기 위하여 자산형성 지원사업으로 디딤 씨앗 통장을 지원하고 있다. 서비스 대상은 만 18세 미만 아동으로 아동복지시설아동, 가정위탁아동, 소년소녀가정, 공동생활가정 및 장애인시설 생활아동, 기초생활수급가정의 아동 일부가 지원대상이다. 사업내용은 대상아동이 만 0세부터 만 17세까지 후원자의 후원으로 월 3만 원 이내의 금액을 저축하면 국가가 같은 액수를 지원(1:1 매칭펀드)하여 적립한다. 이렇게 마련된 적립금은 만18세 이후 학자금, 주거마련자금, 취업준비비용 등 자립을 위한 용도로 사용이 가능하다.

(3) 지역아동센터 지원사업

지역아동센터는 1984년 서울지역 민간기관에서 처음으로 시작되어 대도시를 중심으로 전국적으로 확산된 자생적인 공부방이 2004년 아동복지법 개정에 따라 명칭이 변경되고, 정부지원의 아동복지시설로 제도화되었다. 지역아동센터는 지역사회 아동의 건강한 성장을 돕기 위한 종합적인 복지서비스로, 주요사업은 빈곤아동에게 방과후 보호·보육을 위한 정서지원 및 학습지원 제공, 건전한 놀이와 급식 제공, 보호자와 지역사회연계 등이다.

4. 빈곤가정을 위한 복지방향

최근 우리 사회 아동복지서비스는 아동에 대한 최선의 보호는 가족을 통해서 가장 효과적으로 이루어질 수 있다고 본다. 특히, 가족해체로 요보호아동의 증가는 과거차상위 계층의 아동과 고아들에 대해서 소득지원을 하면 된다고 생각했던 아동복지서비스의 기본방향에 변화를 요구하고 있다.

빈곤은 아동이 정상적인 발달과업을 성취하는 것을 방해할 뿐만 아니라 성인기 발달에까지 영향을 미쳐서 빈곤이 대물림 되는 결과를 가져온다. 이는 빈곤부모와 아동에게 좌절을 경험하게 하고, 거시적으로는 사회통합을 저해한다(윤혜미 외, 2005).

즉, 빈곤아동에 대한 지원은 현재 가족이 당면하고 있는 문제를 해결하기 위한 방안에 국한되기보다는 장기적으로는 빈곤의 대물림을 방지하는 근본적인 예방책의 중요성이 강조하고 있음을 알 수 있다. 따라서 빈곤아동에 대한 복지의 방향은 심각한 상태에 빠진 아동에 대한 구호적 차원의 서비스뿐만 아니라 이들을 안전하게 보호하고, 교육하는 돌봄(care)과 사회문화적 서비스로 점점 그 영역을 확대하여 가정생활을 강화해주는 방식으로 서비스를 전달하려는 가족 중심 아동복지의 경향을 보이고 있다.

빈곤아동에 대한 복지서비스는 아동복지정책 중 가장 중요한 부분을 차지하고 있는데 대상은 빈곤가정의 아동과 부모가 없어 사회적 보호를 받고 있는 시설보호아동이다. 빈곤아동을 지원하는 다양한 서비스에 대한 지속적인 관심과 투자는 아동복지정책이 내포하고 있는 가치와 기본적 정책방향 내에서 진행된다.

빈곤아동이 최적의 환경에서 성장할 권리를 보장하기 위해서는 결핍상황을 좀 더 폭넓게 이해하고 주목하여 아동의 잠재적인 능력과 적응유연성을 강화하기 위한 근본적이고 종합적인 정책을 마련하고 신속히 시행하여야 한다. 특히, 아동기에 대한 투자를 통해 세대 간 빈곤의 악순환을 끊고 아동의 삶의 질을 향상하여야 한다. 물론, 이러한 서비스에 아동의 안전과 아동의 정서적 연계와 가족의 욕구 및 가족의 강점에 대한 충분한 고려가 필요하다. 더불어, 빈곤아동에 대한 아동복지 서비스는 빈곤아동 개인의 문제해결이라는 미시적 측면만이 아니라 구조적이고 거시적인 차원에서 이해되어야 한다.

1) 아동수당 지급

아동수당은 보편주의적 사회복지관점에서 정부가 2013년부터 아동을 양육하고 교육하는 데 소요되는 비용을 보조하기 위해 가족에게 지급하는 수당이다. 하지만 이를 매우 제한적으로 실시하고 있어서 최저생계비 이하 또는 차상위계층이나 특정집단 아동으로 수급대상을 매우 제한하고 있고, 급여수준이 최소한의 지원이어서 현실적으로 아동양육을 지원하기에는 매우 미흡한 수준이다. 따라서 수급자를 확대하고 급여수준을 개선하여 아동의 기본생활이 보장될 정도로 현실성 있는 지원을 하여야 한다.

2) 신체적·정신적 건강관리 지원 강화

아동의 건강한 성장은 아동복지의 전제이다. 하지만 빈곤아동은 비빈곤아동보다 발달정도가 부진하고, 건강상태가 부진하며, 심리·정서적인 어려움을 더 많이 경험하는 것으로 나타난다. 하지만 아동의 신체·정신의 발달단계에 따른 체계적인 건강관리 개념이 없이 국민기초생활보장수급권자, 의료급여법에 따른 수급권자, 18세 미만 아동 등을 대상으로 부분적으로 지원을 하며, 지원수준이 질병으로 인한 저소득가정의 경제적 부담을 완화할 수 있을 만큼 충분하지 않다.

빈곤아동의 건전한 성장·발달에 균형적인 도움을 제공하기 위해 우선 급식지원서비스를 개선이 필요하다. 아동급식지원사업의 지방이양으로 인한 지방별 재정불균형의 상황에서 안정적인 급식지원예산의 확보가 절실히 요구되며, 빈곤층 산모와 영유아의 건강에 대한 체계적인 관리를 위하여 보호자의 양육기능을 강화하는 포괄적인 서비스로서 제공되어야 할 것이다.

한편, 아동의 신체·정신의 발달 단계에 따라서 빈곤아동의 건강지원을 위한 체계적인 의료서비스의 접근성을 높이는 건강관리 체계를 도입이 필요하다. 특히,

발병 후 사후치료보다 중요한 사전예방서비스를 제공할 수 있는 공공의료체계를 강화해야 한다. 예방접종과 건강진단서비스를 제공하여 빈곤아동 질병이 만성화되지 않도록 정부의 적극적인 의료비 지원이 이루어져야 할 것이다. 또한, 임산부, 영유아에 대한 건강과 영양관리 및 빈곤가정아동 대부분이 경험하는 심리·정서적인 어려움을 극복할 수 있는 정서적 발달을 위한 상담과 치료를 지원하는 제도가 필요하다.

3) 방과후 보호 및 교육·문화·복지 지원사업의 확대

우리 사회는 계층 간 소득격차의 심화, 가정기능의 약화 등이 초래하는 사회통합위기에 대해 적극적으로 대처할 필요성이 대두되고 있다. 따라서 빈곤의 대물림을 단절하고 출발점 평등을 통해 교육기회를 실질적으로 보장하기 위해 현재 지역아동센터를 운영하고 있으나, 아직 제도화된 기간이 짧아서 미흡한 부분이 많다.

국가차원의 빈곤아동지원을 확대하기 위해서는 아동이 빈곤으로 신체, 인지, 정서발달이 지체됨을 예방하고, 아동의 건전한 육성을 위한 종합적인 아동복지서비스가 확대되어야 한다. 이를 위해 전문인력을 충분히 배치하여 아동발달에 적합한 프로그램을 개발하고, 교육환경이 아동 안전시설 기준, 식품위생법 기준 등을 충족할 수 있도록 시설환경개선 지원이 시급히 해결되어야 할 과제이다. 그리고 빈곤층의 교육·문화·복지수준을 총체적으로 제고하기 위해 학교를 중심으로 지역사회가 지원하는 교육공동체를 구축하여 종합적인 서비스를 제공할 수 있도록 뒷받침해야 한다.

4) 가족기능 강화 및 사회적 지지체계의 강화

빈곤아동들은 자주 부모의 부적절한 양육행동, 지도 감독 및 가족문제로 인하여 부정적인 영향을 받는다. 또한, 학교, 또래나 지역사회에서 적절한 기대와 지지가 부재할 때 아동은 자존감을 향상시킬 기회를 가지지 못하고, 미래에 대한 희망이나 긍정적인 동기를 상실한다. 따라서 보호자를 비롯한 빈곤아동가족에 대한 다양한 지원서비스가 필요하며, 학교사회복지나 지역사회복지기관들의 협의체인 지역복지협의체를 통하여 빈곤아동에 대한 사회적 지지세력과 자원을 개발하여야 할 것이다.

복지는 빈곤예방이 일차 목표이지만, 생애주기별로 소득을 안정화시켜 주는 게 제일 큰 기능이다. 이는 단순히 저출산대책이 아니라 아동의 발달권, 보호권을 비롯한 아동권리를 보장하기 위한 디딤돌이 될 수 있도록 재정적으로 안정되고 안전한 환경에서 성장할 수 있도록 보장하는 정책이 절실하다.

Article

Name: ____________

○ Title: 송파 세 모녀 생활고 끝에 자살… 마지막 월세만 남긴 채

○ Keywords: ______________________________

• 글을 읽고 빈곤가정 지원정책에 대해 토론해보자.

○ 해결방안:

•
•
•
•
•
•
•

Group Discussion

성명: ____________

○ TOPIC: 따뜻한 집에서 살고 싶어요

'6살 민서네 가족은 노숙자처럼 떠돌며 구걸생활을 하는 걸인가족이다. 민서는 이렇게 밖에서 지내는 생활이 불만족스럽다. 민서의 작은 소원은 따뜻한 집에서 살아보는 것이다. 민서의 작은 소원인 구걸생활을 접고 일반가정처럼 집에서 생활할 수 있는 방법이 어떤 것일지 토의하여 봅시다.'

○ 해결방안:

-
-
-
-
-
-
-

Child
Rights
and
Welfare

제 15 장

시설보호아동을 위한 권리와 복지

- 1. 시설보호아동의 개념 및 정의
- 2. 시설보호아동의 특성
- 3. 시설보호아동의 현황
- 4. 시설보호아동시설 및 복지방향
- 5. 시설보호서비스의 복지방향
- 6. 토론 및 워크숍

〈학습목표〉

① 시설보호아동의 개념을 정의하고, 특성을 살펴보아요.

② 시설보호아동의 현황과 내용을 검토하고, 시설보호아동을 위한 복지서비스 개선과제에 대해 알아보아요.

1. 시설보호아동의 개념 및 정의

1) 시설보호의 개념 및 특성

최근 빈곤, 이혼, 가출 등으로 가족구조가 취약해짐에 따라 부모가 아동을 양호·보호할 능력을 상실하였거나, 그 역할을 회피할 때 아동복지법에 따라 공적인 보호조치를 시행한다.

보호대상아동의 공적인 보호조치 유형은 입양, 가정위탁, 시설보호가 있다. 이들 중 시설보호는 아동과 혈연적으로 무관한 성인이 24시간 함께 거주하면서 아동을 사회적으로 보호하는 아동복지사업의 일종이다. 시설보호서비스는 대리적 보호서비스로 가장 마지막에 선택되어야 할 서비스이지만, 현재 우리나라 아동복지서비스 중 가장 대표적인 것이다.

시설보호의 목적은 보호를 필요로 하는 아동을 입소시켜 보호, 양육하는 것으로 시대에 따라 변화해 왔다. 과거에는 시설보호사업이 주로 아동을 양육, 지도하는 데 일차적 목적이 있었지만, 최근 아동문제가 점점 복잡한 양상을 띠게 됨에 따라 가급적 시설에서의 집단수용을 지양하고 일시적으로 보호하면서 아동에게 적절한 대리보호 서비스를 제공한다. 이는 아동의 욕구를 다각적으로 분석하고 평가하여 심리·정서적인 부분을 포함한 교육 및 치료적 접근이 가능한 소규모 가정방식의 보호서비스를 제공함으로써 아동을 가족으로 복귀시키는 것이 최선의 방법이라 판단하기 때문이다.

장인협과 오정수(2001)는 시설보호서비스의 목적을, 첫째, 아동의 건강한 성장과 발달지원, 둘째, 과거 부정적 경험으로 인한 치료 및 변화, 셋째, 아동의 인격발달이나 기능에 장애를 가져오게 한 사회적·정서적 문제치료로 설명하였다.

(1) 시설보호개념

아동을 위한 시설보호는 다양한 차원의 포괄적 개념을 내포하고 있으며, 세부적으로 살펴보면 다음과 같이 구분할 수 있다(이소희 외, 2003).

① 역할론적 개념: 부모로부터 보호받지 못하는 아동의 경우 부모양육을 대신

해 줄 수 있는 대리보호서비스를 의미한다.

② **장소적 개념**: 아동이 부모와 함께 가정이라는 공간에서 생활하는 것이 불가피한 경우 가정이 아닌 시설이라는 공간에서 시설보호사업이 이루어짐을 의미한다.

③ **시간적 개념**: 아동이 영유아기 이후부터 자립할 때까지 시설에 장시간 거주함으로써 시설보호가 이루어짐을 의미한다.

④ **형태적 개념**: 아동이 가정에서 자신의 부모로부터 보호가 개별적으로 이루어지는 것이 아니라 집단적 수용하여 보호하게 되는 것을 의미한다.

⑤ **제도적 개념**: 아동에 대한 보호의 주체가 특정 개인이 아닌 사회 전체임을 의미한다.

2. 시설보호아동의 특성

1) 시설보호아동

시설보호아동은 아동복지법에서 아동으로 규정하는 만 18세까지 부모가 아동에 대한 역할을 수행할 능력이나 의사가 없는 경우, 부모를 전적으로 대리하여 아동을 일시적 또는 장기적으로 집단 보호하는 시설에서 생활하는 아동을 말한다(Kadusin, 1980). 이들은 만 18세가 되면 퇴소해야 하나, 교육이나 보호가 계속 필요한 특별한 상황인 경우에는 시설보호를 연장받을 수 있다.

2) 시설보호아동의 특성

아동의 가족환경과 사회에 속해 있는 여러 가지 물리적, 심리적, 사회적 요소는 아동의 신체적, 인지적, 사회·심리적 성장발달에 중요한 영향을 미친다. 이 시기에 아동의 성장과 발달의 터전인 가정이 부모의 이혼, 빈곤, 실직, 학대나 부모의 부재로 인해 해체되면 아동은 부모의 상황을 이해할 수 없기 때문에 부모와의 분리를 사랑이 철회된 것으로 해석하는 경향이 있다. 시설보호아동들이 공통적으로 분리에 대해 느끼는 감정은 상실, 거절, 굴욕, 무기력, 무가치 등의 감정과 함께 버려졌다는 느낌, 버려진 것에 대한 분노감, 죄책감과 부끄러움 등이다(석주영, 2004).

이러한 감정들은 아동의 바람직한 성장발달 및 건전한 성격발달에 매우 부정적인 영향을 미치게 된다. 하지만 시설보호아동들이 가족의 해체로 가정에 보살핌을 받을 수 없어 취약한 환경 속에서 생활하고 있다고 해서 모든 아동들의 발달이 부정적이거나 결함을 가지는 것은 아니라는 것을 다음의 연구결과로 알 수 있다.

시설보호아동들은 다양한 환경적 한계 속에서도 주어진 환경에서 스스로를 격려하고 보호하며, 부모로부터 심리적, 정서적으로 결핍된 점을 원내의 다른 아동들과 접촉이나 교육을 통해 긍정적 관계를 형성하고, 문제를 해결하며, 어릴 때부터 공동의식을 가질 수 있고, 다양한 행동특성을 수용하게 해주어 아동의 자기 충동을 조절하는 것을 도와주고 자신을 통제할 수 있다고 했다(성낙연, 2009).

이처럼 환경이 사람에게 행사하는 영향력이란 가히 무한하다. 이러한 환경의 영향을 볼 때 어떤 환경적 여건이 구성되는가에 따라 아동들의 심리적, 정서적, 행동적, 인지적 능력의 개인차는 존재할 것이다. 또한, 가족의 해체로 가정에 보살핌을 받을 수 없는 시설보호아동들은 집단거주의 형태로 다수의 아동들이 동시에 보호를 받기 때문에 일반가정과는 다른 여러 가지 문제점을 가지고 있을 가능성이 높다. 시설에서 보호되는 아동들이 일반아동보다 양육시설에서 오랜 기간 생활하면서 겪는 다양한 어려움을 실증연구를 통해 살펴보면 다음과 같다.

첫째, 신체·발달적 측면에서 시설보호아동들은 초등학생의 경우 영양이나 발육상태는 일반아동과 별 차이가 없는 것으로 조사되었다(이순형 외, 2002).

둘째, 정서발달 측면에서 시설보호아동은 일반아동보다 통제된 집단환경 속에서 자신의 욕구보다는 전체의 기준이나 목표에 맞춰서 상호작용하므로 관계 맺기에 제약점이 많다. 이로 인해 심리적 욕구를 충족시킬 만한 경험이 매우 부족하여 욕구불만을 참지 못하고 만족을 유예하는 능력이 제한되어 감정을 조절하는 충동통제력이 부족해 비행, 공격성 등의 외현화된 행동이 일반아동보다 높게 나타났다. 또한, 자아존중감이 낮아 적절히 자신의 의견을 표현하지 못하며, 상대적 박탈감으로 친밀하고 따듯한 관계 맺기를 어려워해 소외감을 인식하는 것으로 보고된다(유안진, 2001).

셋째, 인지발달측면에서 시설보호아동이 자신의 욕구가 좌절되거나 문제가 발생했을 경우 감정조절기술이 미숙하고 타인과의 관계를 형성하는 데 어려움이 있어 상황대처능력과 문제해결력에도 영향을 미치고 있다. 특히, 집단생활로 개별적인 지적 자극을 충분히 경험하지 못하는 경우가 많아서 인지발달지체, 집중력부족, 학습장애 등이 나타나 학교생활의 적응에서도 어려움을 겪는다(성미영·이순형·이강이, 2001).

넷째, 사회성 발달 측면에서 아동이 보이는 사회적 관계의 특성은 개별적 양육이 필요한 어린 시절부터 대규모 집단 속에서 공동생활을 하면서 획일화된 규칙과 물품의 배급제, 외부단체나 후원자에 대한 반복 노출 경험들로 시설보호아동은 일반아동보다 성인들의 관심과 인정을 보다 많이 추구하는 성인 지향적이다(김주아·류현수, 2010). 또한, 또래관계에서도 신뢰로운 관계 맺기를 어려워하여 친구로부터의 정서적 지지에 의존하는 경향이 적었으며, 또래관계의 질도 일반아동보다 낮은 것으로 나타났다.

하지만 이러한 문제들이 모든 시설보호아동에게 나타나는 것은 아니다. 비록 시설에서 보호되는 경우라도 보육사의 양육태도가 친밀하고 합리적이며 민주적으로 양육을 인식할 때, 아동은 자존감이 높고 긍정적 정서와 적절한 행동을 보였다는 보고(김수민, 2004)에 나타난 바와 같이 시설의 정서적 분위기, 시설의 사회적 성숙을 촉진하는 환경여부 등은 아동발달에 긍정적 영향을 미치는 것으로 나타났다. 따라서 시설보호아동 개개인의 특성을 이해하여 아동의 정서적 욕구를 충분히 표현하고, 사회적응력을 극대화할 수 있는 기회를 제공하여 아동의 건전한 성장을 위한 환경조성에 역점을 두어 개선해 나아가야 한다.

3. 시설보호아동의 현황

과거에는 시설보호아동 발생원인이 대부분 미혼모, 부모의 사망 등 가족의 구조적 해체에 따른 이유가 대부분이었다. 그러나 최근에는 부모는 생존해 있지만 외환위기 이후 실직으로 경제상황이 악화되면서 자녀양육을 포기하거나, 학대, 별거, 이혼 등에 따른 가족해체로 서로 자녀를 맡지 않으려는 부모가 늘면서 시설보호아동 수가 늘고 있다.

2015년 기준 요보호아동은 4,976명이 발생하였고, 발생원인 중 학대는 1,094명, 부모이혼 등의 사유는 1,070명, 미혼모아동은 930명으로 여전히 가족해체에 따른 원인이 높은 비중을 차지하고 있는 것을 알 수 있다. 시설보호아동의 발생원인을 연도별로 살펴보면 <표 15-1>과 같다.

〈표 15-1〉 **연도별 요보호 발생원인** (단위: 명)

구분 / 년도	총 아동 발생 수	귀가 및 연고자인도	요보호아동의발생원인			
			계	기아	미혼모 아동	미아
2015	4,976	472	4,503	321	930	26
2014	6,014	1,020	4,994	282	1,226	13
2013	6,834	814	6,020	285	1,534	21
2012	8,003	1,077	6,926	235	1,989	50
2011	8,436	953	7,483	218	2,515	81
2010	9,960	1,370	8,590	191	2,804	210

구분 / 년도	요보호아동의발생원인					
	비행, 가출, 부랑	학대	부모빈곤실직	부모사망	부모질병	부모이혼 등
2015	360	1,094	279	301	122	1,070
2014	508	1,105	308	450	65	1,037
2013	512	1,117	338	545	133	1,535
2012	708	1,122	448	533	166	1,675
2011	741	1,125	418	536	154	1,695
2010	772	1,037	586	772	203	2,015

출처: 보건복지부(2016).

최근 빈곤, 실직, 학대 등으로 우리나라는 매년 7천여 명의 요보호아동이 발생하고 있으며, 2015년 기준 4,976명의 요보호 발생 중 귀가 및 연고자 인도 472명을 제외한 나머지 4,503명 중 2,682명이 아동양육시설에 입소하여 보호되고 있으며, 나머지 239명은 입양, 1206명은 가정위탁 되어 생활하고 있다.

2000년 이후 아동복지정책이 가정보호 우선정책으로 변화됨에 따라 시설입소

비율이 감소하는 추세이기는 하지만, 시설입소 유형 중 아동양육시설이 전체에서 가장 높은 비중을 차지하고 있어서 아직도 우리나라 아동보호서비스체계에서 시설보호가 중요한 비중을 차지하고 있음을 알 수 있다.

시설보호를 연구하는 학자들의 견해는 대부분 시설보호가 성장기 아동을 집단으로 수용보호한다는 점에서 아동의 인권과 건강한 성장에 부정적 영향을 미친다고 한다. 따라서 앞으로 요보호아동에 대한 보호는 가정 내 보호를 강화하는 것이 제일 중요하며, 대리서비스로는 아동보호원칙을 수립하여 우선적으로 가정위탁보호를 다음으로 공동생활가정, 아동양육시설 순으로 아동들이 가정과 같은 심리·정서적으로 안정감을 갖고 생활할 수 있도록 보호서비스를 진행하는 것이 바람직하다(보건복지부, 2013).

〈표 15-2〉 **연도별 요보호 보호조치현황** (단위: 명)

구분 년도	총 아동 발생 수	귀가 및 연고자인도	조치내용		
			시설입소		
			소계	양육시설 등	일시보호시설
2015	4,976	472	2,682	1,412	799
2014	6,014	1,020	2,900	1,818	566
2013	6,834	814	3,257	1,731	801
2012	8,003	1,077	3,748	2,272	676
2011	8,436	953	3,752	2,246	862
2010	9,960	1,370	4,842	2,445	1,751

구분 년도	조치내용					
	시설입소		가정보호			
	장애아동시설	공동생활가정	소계	소년소녀가장	입양	가정위탁
2015	13	458	1,821	–	239	1,206
2014	10	506	2,094	13	393	1,300
2013	39	686	2,763	20	478	1,749
2012	25	775	3,178	117	772	2,289
2011	32	612	3,731	128	1,253	2,350
2010	23	623	3,748	231	1,393	2,124

출처: 보건복지부(2016).

4. 시설보호아동시설 및 복지방향

1) 시설보호아동시설의 유형

우리나라 시설보호아동시설의 유형은 아동복지법 제52조에 규정하고 있다. 유형분류는 서비스와 기능에 따른 분류로, 아동복지시설이 설립되기 시작한 초기에는 시대적 요구에 따라 고아를 단순히 수용·보호하는 차원에서 아동양육시설이 설치되었다가 시대변화에 따라 요보호아동이 줄어들고, 그 특성이 바뀌면서 다양한 아동복지시설이 분화되어 왔다.

아동양육시설에 입소하기 전에 요보호아동을 발견하고 상담하기 위해 아동상담소가 설치되었고, 이들을 일시보호하기 위해서 아동일시보호시설이 설립되었다. 성장한 요보호아동의 자립을 촉진시키기 위해서 직업훈련시설이 설립되고, 연장퇴소아동의 주거문제를 해소하면서 자립하도록 자립지원시설이 설치되었다. 최근에는 기존의 시설보호에서 탈피하고 가정보호형태의 강조 및 지역사회 중심의 아동보호를 위한 새로운 보호형태로 논의하면서 공동생활가정이 추가되었다.

〈표 15-3〉 **시설보호아동유형**

종류		목적
보호시설	아동양육시설	보호대상아동을 입소시켜 보호, 양육, 및 취업훈련, 자립지원 서비스 등을 제공하는 것을 목적으로 하는 시설
	아동일시보호시설	보호대상아동을 일시보호하고, 아동에 대한 향후의 양육대책 수립 및 보호조치를 행하는 것을 목적으로 하는 시설
	아동보호치료시설	아동에게 보호 및 치료서비스를 제공하는 다음 각 목의 시설 불량행위를 하거나 불량행위를 할 우려가 잇는 아동으로서 보호자가 없거나 친권자나 후견인이 입소를 신청한 아동 또는 가정법원, 지방법원소년부지원에서 보호 위탁된 19세 미만인 사람을 입소시켜 치료와 선도를 통하여 건전한 사회인으로 육성하는 것을 목적으로 하는 시설 정서적·행동적 장애로 인하여 어려움을 겪는 아동 또는 학대로 부모로부터 일시 격리되어 치료받을 필요가 있는 아동을 보호·치료하는 시설
	공동생활가정	보호대상아동에게 가정과 같은 주거여건과 보호, 양육, 자립지원 서비스를 제공하는 것을 목적으로 하는 시설

종류		목적
보호시설	자립지원시설	아동복지시설에서 퇴소한 사람에게 취업준비기간 또는 취업 후 일정 기간 보호함으로써 자립을 지원하는 것을 목적으로 하는 시설
이용시설	아동상담소	아동과 그 가족의 문제에 관한 상담, 치료, 예방 및 연구 등을 목적으로 하는 시설
	아동전용시설	어린이공원, 어린이놀이터, 아동회관, 체육·연극·영화·과학실험전시 시설, 아동휴게숙박시설, 야영장 등 아동에게 건전한 놀이·오락, 그 밖의 각종 편의를 제공하여 심신의 건강유지와 복지증진에 필요한 서비스를 제공하는 것을 목적으로 하는 시설
	지역아동센터	지역사회 아동의 보호·교육, 건전한 놀이와 오락의 제공, 보호자의 지역사회의 연계 등 아동의 건전육성을 위하여 종합적인 아동복지서비스를 제공하는 시설

출처: 보건복지부(2016).

2) 시설보호아동의 조치

(1) 입소대상자

① 보호자가 없거나 보호자로부터 이탈된 아동

② 보호자로부터 학대받은 아동

③ 보호자의 학대로 아동보호전문기관에 신고되어 동 기관이 시·도지사 또는 시장·군수·구청장에게 보호조치를 의뢰한 아동

④ 국민기초생활수급자로서 보호자의 질병, 가출 등으로 가정 내에서 보호하기 어려운 아동

⑤ 시·도지사 또는 시장·군수·구청장이 특별히 보호가 필요하다고 인정하는 아동

(2) 시설보호대상아동의 보호조치 경로

보호대상아동의 보호조치는 아동복지법 제15조에 따라 가정복귀 및 대리양육 → 가정위탁 → 입양/아동복지시설/치료시설 입소 등으로 과거와 달리 아동복지시설로 우선조치를 하지 않는다.

〈표 15-4〉 **보호가 필요한 아동의 보호조치 경로**

① 아동발견 또는 보호자 의뢰⇒② 아동과 보호자 상담·지도⇒③ 보호자 가정 복귀 ④ 또는 연고자 가정에 대리양육⇒⑤ 아동보호 희망 가정에 위탁⇒⑥ 입양/적합한 아동복지시설 입소, 전문치료기관·요양소 입원·입소

① 보호대상아동 발생

- 시·도지사 또는 시장·군수·구청장은 보호대상아동을 발견하거나 보호자의 의뢰를 받은 때에는 필요한 보호조치 방법을 결정아동과 보호자에 대한 상담·지도를 통해 아동의 최상의 이익을 위한 보호조치 결정
- 시·도지사, 시·군·구청장은 담당구역 안에서 약물 및 알코올중독, 정서장애, 발달장애 등의 문제발생 가능성이 있는 아동의 가정에 대하여 예방차원에서의 적절한 조치를 강구

② 보호조치방법

- 친가정 복귀 또는 연고자 가정 대리양육 조치(우설 실시)
- 가정위탁 조치: 아동의 보호를 희망하는 자에게 가정위탁
- 입양 알선: 국내입양 우선추진(국외입양은 차선책으로 고려)
- 아동복지시설 입소
- 전문치료기관 입소: 약물 및 알코올중독·정서장애·발달장애 등으로 특수한 치료나 요양 등의 보호대상아동에 대하여 전문치료기관에 입소시킴.

(3) 자립지원 대상아동

① 시설퇴소아동 중 취업 중인 아동을 우선

② 시설퇴소아동 중 취업준비 중인 18세 이상 25세 미만인 자

③ 국민기초생활수급권자로서 25세 미만인 자

④ 취업하여 퇴소한 후 기숙사에서 생활하다가 실직하여 거처가 없는 25세 미만인 자

〈표 15-5〉 자립기술의 8대 영역 내용

영역	내용
1. 일상생활기술	일상생활에 필요한 세탁, 청소, 예의범절, 요리하기 등 기술습득
2. 자기보호기술	개인위생관리, 응급처치방법, 성교육, 약물중독교육을 통한 자기보호기술 습득
3. 지역사회 자원활용기술	지역 내 활용가능한 서비스, 사회자원 방문조사 및 활용
4. 돈 관리기술	교육을 통한 올바른 경제관념을 형성, 효율적인 용돈관리기술 습득
5. 사회적 기술	집단활동을 통한 긍정적인 대인관계기술 습득, 봉사활동을 통한 사회구성원으로 역할 습득
6. 진로탐색 및 취업기술	적성검사를 통한 상급학교 진학 및 직업탐색
7. 직장생활기술	이력서 작성법, 면접방법, 대처방법 등 직장생활기술 습득
8. 다시 집 떠나기	집 구하기, 계약, 이사 등의 거주지 마련방법 습득

출처: 보건복지부(2013).

(4) 아동양육시설종사자 현황

시설보호아동시설의 종사자들은 가정의 부모와 같은 역할을 담당하는 자들로 종사자의 자질과 규모는 아동양육의 질을 결정짓는 중요한 요인이 된다. 우리나라는 아동복지법 시행령에 따라 시설종사자의 배치기준과 자격기준이 결정되고, 보건복지부는 2012년부터 아동인권 존중이념을 기반으로 하는 전문적인 서비스 제공을 위하여 시설종사자의 배치기준을 한 단계 올림으로써 자격요건이 많이 개선되었다.

〈표 15-6〉 우리나라 아동양육시설의 종사자 배치 및 자격기준

직종별	배치기준
시설장	1.시설당 1명
사무국장	2. 30명 이상 시설: 1명(아동 30명 초과 시 1명 추가) 3. 30명 미만 시설: 기준 없음
보육사	4. 0~2세까지: 아동 2명당 1명 5. 3~6세까지: 아동 5명당 1명 6. 7세 이상: 아동 7명당 1명
생활복지사	7. 30명 이상 시설: 1명(아동 30명 초과 시 1명 추가) 8. 30명 미만 시설: 기준 없음
직업훈련교사/상담지도원	9. 30명 이상 시설: 필요인원 10. 30명 미만 시설: 기준 없음
임상심리상담원	11. 30명 이상 시설: 1명 12. 30명 미만 시설: 기준 없음

직종별	배치기준
조리원	13. 30명 이상 시설: 1명(아동 30명 초과 시 1명 추가) 14. 10명 이상 30명 미만 시설: 1명 15. 10명 미만 시설: 기준 없음
위생원	16. 30명 이상 시설: 1명 17. 30명 미만 시설: 기준 없음

5. 시설보호서비스의 복지방향

1) 요보호대상아동의 발생예방

아동의 권리보장과 복지증진을 위해서는 보호자로부터 적절한 보호와 지도를 받지 못하여 대리보호서비스가 필요한 요보호아동 발생 수를 감소시켜야 한다. 또한, 보호자가 있음에도 시설에 장기간 보호되고 있는 아동들이 증가됨에 따라 시설에 일시보호나 장기보호 중인 아동들의 원 가족 복귀를 활성화할 수 있는 제도적인 접근이 요구된다.

가정해체를 경험하는 아동들은 심리사회적 문제를 이미 지닌 채 가정외 보호대상이 되므로 우선 시설보호 이전의 원가족이 처한 상황이나 맥락에 맞추어 가정해체를 사전에 예방하는 가족안전망을 구축하기 위한 법적인 가족지원서비스 정책마련이 필요하다. 이를 위해 지역사회 종합복지관과 최근 설치되는 건강가정지원센터 및 지역아동센터 등이 연계해 가정의 자녀양육 기능을 강화시킴으로써 가족해체를 사전에 예방하여 요보호대상아동의 발생을 예방하여야 한다.

2) 가정 중심의 아동보호서비스 강화

현재까지 요보호아동이 발생하면, 주로 시설로 배치되었는데, 앞으로는 시설보호 이전에 일반가정과 유사한 환경에서 보호아동에게 적합한 보호서비스를 제공하기 위해 국내입양의 확대와 가정위탁사업의 활성화가 요구된다.

입양과 가정위탁사업을 통해 시설보호대상아동의 수를 줄여 나가기 위해서는 먼저 입양사업에 대한 홍보활동을 전문화하고, 다음으로 입양아동 및 입양가정에 대한 정부의 지원을 확대하여 입양에 대한 사회적 편견을 변화시키고 부담감을 감소시켜야 할 것이다. 그리고 가정위탁지원센터를 통한 위탁가정 발굴 및 위탁가정에 대한 체계적 관리를 활성화하고, 위탁가정에 대한 아동양육수당의 지원을 입양가정 수준으로 현실화하여 위탁가정을 확대해야 할 것이다.

3) 아동보호시설의 가정위탁시설과 공동생활가정(그룹홈)으로의 전환

앞으로의 아동보호시설은 기존의 부모의 역할을 대신해 주는 단순보호 차원에서 벗어나 가정보호정책중심으로 정부의 아동복지정책 변화와 특수보호가 필요한 아동 증가 등의 사회·환경 변화에 대응하여 아동보호와 상담 및 치료차원의 포괄적인 전문화된 서비스를 제공하는 지역사회 아동복지의 중추적인 역할을 하는 시설로 재정립돼야 한다.

또한, 대규모시설에서 보호받는 아동들보다 소규모시설에서 보호받는 아동들이 발달상의 문제가 훨씬 더 양호하고 일상생활과 학업에 대해서도 더 긍정적인 태도를 갖고 있다. 그러므로 시설보호 서비스의 질을 향상시키기 위해 현재 대규모로 운영하고 있는 시설을 치료적 기능을 갖춘 치료전문 시설이나, 소규모의 가정위탁시설과 공동생활가정(그룹홈)으로 전환할 필요가 있다. 또한, 대규모 보호시설이 갖는 부정적 영향을 최소화하기 위해 가정과 유사한 형태의 보호서비스를 제공할 수 있는 공동생활가정을 지역사회에 확대하여 현재의 아동양육시설의 대안으로 활용해야 한다. 그리고 사회복지사의 수를 증가·배치하여 가정단위의 보호방식으로 전환하는 경우 증가되는 보호비용과 물리적 환경개선을 위한 건축비용에 대한 정부지원을 강화해야 한다.

4) 아동보호시설인력의 처우개선 및 전문성 강화

시설보호아동들에 대한 양질의 대리보호 서비스의 전문성을 확보하기 위해서는 유능한 전문인력의 역할이 매우 중요하다. 전문인력 확보를 위해서는 정부의 재정적 지원을 보완하여 시설인력의 처우를 개선하고, 업무체계를 정립할 수 있는 교육 및 훈련의 정도를 강화해야 할 것이다.

시설보호아동들은 대부분 입소 이전에 이미 심리적 외상을 심각하게 가진 채 입소하므로 아동복지시설에 상담치료를 제공할 전문인력 배치가 요구된다. 또한, 시설인력의 자격을 강화하고, 사회복지사가 실무과정에서 접하는 어려움들에 대한 맞춤형 교육 및 훈련이 제공될 수 있는 재교육체계를 갖추어 전문지식과 기술을 습득할 수 있도록 해야 할 것이다.

5) 아동보호시설의 서비스 및 프로그램의 표준화

우리나라 아동보호시설의 서비스 및 프로그램이 표준화되어 있지 않아, 대부분 프로그램들이 아동보호시설마다 임의적으로 운영되고 있는 현실이다. 따라서 영유아를 위한 전문적 프로그램을 통한 체계적인 양육이 이루어지도록 프로그램 소요비용 등의 재정지원을 확대하여 서비스 및 프로그램을 표준화할 필요가 있다.

현재 3년마다 아동복지시설 평가가 이뤄지고 있지만, 매번 새로운 평가지표에 의한 평가시행에 따른 문제점을 최소화하기 위한 아동보호시설 매뉴얼이 개발되어야 할 필요가 있다. 더불어, 아동의 인권상황을 파악할 수 있는 지표는 거의 없는 실정이므로 아동의 권리와 관련된 지표를 개발하여 평가지표에 포함하는 것이 필요하다.

5. 토론 및 워크숍

Article

Name: ____________

○ Title: 아동공동생활가정 사회복지사 처우개선 등 현실적 지원 필요

○ Keywords: ______________________________

• 글을 읽고 아동보호시설 종사자의 처우개선에 관하여 생각해보자.

지역아동센터 경북지회장 주해남 소장은 "공동생활가정 보육사의 급여와 처우가 열악해 이직율이 높고, 근무를 기피하고 있다. 생활공동가정에(그룹홈)으로 입소할 아동들은 많지만, 수용공간이 턱없이 부족해 우리 지역의 아동들이 타 지역의 보호시설로 가야 하는 현실이 안타깝다"고 말했다.

6일 주해남 소장은 서울 광화문1번가에서 1인 릴레이 침회에 참가했다. 주 소장은 공동생활가정의 보육사들의 처우개선과 아동의 보호주체는 국가이기에 아동학대, 방임, 가정해체로 사회적 돌봄이 필요한 아동들을 안전하게 보호하고 건강한 사회인으로 길러낼 수 있도록 정부에서 현실적인 운영비를 책정해 지급해 줄 것을 요구하며, 1인 시위에 참여하고 있다.

-2017.7 브레이크뉴스-

Group Discussion

성명: ____________

○ TOPIC: 사람들과의 정이 그리운 시설보호아동들에게 일회성 자원봉사가 아닌 체계적인 아동복지 실천방법에 대해 토론해 봅시다.

○ 해결방안:

-
-
-
-
-
-
-

제16장

가정위탁아동을 위한 권리와 복지

- 1. 가정위탁아동의 개념 및 정의
- 2. 가정위탁 유형 및 절차
- 3. 가정위탁 현황
- 4. 가정위탁의 복지방향

〈학습목표〉

① 가정위탁아동의 개념을 정의하고, 위탁가정 유형을 살펴보아요.

② 가정위탁 현황 및 문제점을 이해하고, 가정위탁아동을 위한 복지서비스 개선방안에 대해 검토해 보아요.

1. 가정위탁아동의 개념 및 정의

현대사회는 여성의 경제활동 증가, 이혼·재혼, 별거, 한부모, 조손, 다문화가정 등 가족형태가 다양해지면서 부모의 직접양육 참여 및 기회가 축소되며, 아동 돌봄·양육 등 전통적 가족기능의 상당부분이 사회로 이전되고 있다. 이로 인해 아동의 건강한 성장·발달을 저해하는 위험요인이 증가하면서 사회적 보호가 필요한 아동이 일정하게 존재한다.

특히, 우리나라는 저출산의 영향으로 전체 인구에서 아동인구가 차지하는 아동인구비율은 급속도로 줄어들고 있다. 이처럼 아동의 인구가 줄어든다는 것은 사회적으로 아동 한 명 한 명의 가치가 더 중요해진다는 것을 의미하는데, 부모의 학대·방임·질병·기타 사정으로 친가정에서 아동을 양육할 수 없는 요보호아동 발생은 오히려 증가하고 있다.

요보호아동에 대한 보호서비스는 친부모가 아동에게 필요한 최소한의 양육활동과 보호를 제공할 수 없게 된 경우 친부모 역할의 일부 또는 전부를 대신하는 서비스로 아동시설, 공동생활가정, 입양, 가정위탁 등으로 분류할 수 있다. 이들 중 다른 보호 서비스와 달리 가정위탁보호는 위기상황에 놓인 아동들에게 가정이라는 안정적인 환경에서 양육서비스를 제공할 수 있다는 점과 친가정 복귀라는 개념이 강조되어 다른 대리서비스보다 긍정적 평가를 받고 있다.

우리나라는 2003년부터 가정위탁지원센터를 설립하여 시설보호 중심에서 가정위탁보호로의 전환을 통해 가정위탁보호사업의 정착과 발전을 위해 노력하고 있으며, 위탁아동의 수는 빠르게 증가하고 있다. 이처럼 가정위탁보호조치 비율이 높아지고 있다는 것은 가정보호 우선에 대한 사회 인식의 향상으로 해석할 수 있으며 바람직한 현상이라 볼 수 있다.

현대사회의 급격한 사회변화에 따라 영유아 발달환경의 위기가 심화되어 아동과 부모 모두의 삶의 질에 부정적 영향을 미치고 있다. 그러므로 현실적으로 보호가 필요한 아동들에게 얼마나 안정적인 양육환경이 보장될 수 있는 지에 대한 사회적 보호수준의 질적 향상의 필요성에 대한 인식이 높아질 필요가 있다.

1) 가정위탁사업의 정의

우리나라 아동복지법에 의하면, 가정위탁이란 '친부모의 사정으로 친가정에서 일시적 또는 장기적으로 아동을 양육할 수 없거나, 입양이 바람직하지 않고 불가능할 경우, 대리보호를 희망하는 가정에서 일정기간 위탁가정을 제공하여 보호하고 양육하는 아동복지제도이다. 가정위탁보호는 아동이 자신의 가정을 떠나 보호된다는 면에서는 입양과 같지만, 그 기간이 일시적이라는 점에서 입양과는 구별된다.

가정위탁보호는 요보호아동들에게 안정적인 양육환경을 제공하여 그들이 건강하게 성장할 수 있도록 하고자 하는 목적이다. 따라서 아동에 대한 최선의 복지는 요보호아동이 발생하지 않는 것이 가장 바람직하겠으나, 부득이한 이유로 발생했을 때는 아동의 건강한 성장에 초점을 두어 아동복지법이 정하는 기준에 적합한 성범죄, 가정폭력, 아동학대, 정신질환 등의 문제가 없는 가정에 위탁되고 보호되는 게 바람직하다.

2) 가정위탁사업의 주체

(1) 위탁아동

부모가 여러 가지 사정으로 자녀를 정상적으로 양육할 수 없을 때 일시적 또는 자립 시까지 가정위탁보호가 필요한 만 18세 아동을 의미한다. 세부기준으로는 보호자가 없거나 보호자로부터 이탈된 아동, 아동학대 및 방임 등 분리보호가 필요한 아동 등 그 보호자가 아동을 양육하기에 저당하지 아니하거나 능력이 없는 경우의 아동을 말한다. 특히, 요보호아동 발생 시 만 2세 미만은 가정위탁으로 우선배치할 것을 규정하고 있다(보건복지부, 2015).

(2) 친부모

위탁아동의 친권을 갖고 있는 아동의 생물학적 친부모로 배우자의 사망, 질병, 이혼, 별거, 빈곤 등에 따라 아동의 정상적인 보호, 양육이 어렵게 되어 일정기간 가정위탁보호를 요청한 부모를 말한다. 한편, 친부모는 아동을 위탁했다고 해서 부모의 의무가 없어지는 것은 아니며, 아동 이 위탁되어 있는 동안 다시 아동을 양육할 수 있도록, 그리고 부모와 가정의 기능을 회복할 수 있도록 최선의 노력을 해야 한다.

(3) 위탁부모

위탁부모는 보호가 필요한 아동을 위탁받아 일정기간 동안 돌봐주면서 친부모의 역할을 대신하는 부모로서, 위탁아동을 보호, 양육하며 친가정 복귀를 돕는 부모(가정) 이다. 이들은 가정위탁 보호의 성공여부를 결정하는 중요한 요인이라고 볼 수 있다. 따라서 무엇보다도 아동의 아픔을 이해하고 수용할 수 있는 이해력과 민감성을 지니고 있어야 하며, 일반 아동들보다 경험하였을 정서적 상처를 감안하면 생활 속에서의 치료적 개입도 겸할 수 있어야 한다.

(4) 가정위탁센터

시·도 및 시·군·구의 가정위탁보호 업무를 지원, 협력하며, 위탁아동이 건강하고 안정적인 가정 내에서 보호 양육될 수 있도록 지원하는 기관이다. 가정위탁센터는 부모의 보호가 어려운 아동에게 위탁가정을 제공하여 건강한 성장과 발달을 돕고, 위탁 부모를 모집하고, 교육하고, 가정위탁보호 아동의 전문적인 관리와 지원을 담당하여 위탁아동이 안정적으로 적응하여 생활할 수 있도록 적절한 도움을 제공할 책임을 갖는다.

구체적인 업무로는 가정위탁보호 연계부터 복귀하는 시점까지의 계획을 수립하여 관리하기 위하여 가정위탁사업의 홍보 및 가정위탁을 하고자 하는 가정의 발굴, 가정위탁을 하고자 하는 가정에 대한 조사 및 가정위탁 아동의 상담·자립계획 및 사례 관리, 가정위탁 대상 아동에 대한 상담, 가정위탁을 하고자 하는 사람과 위탁가정 부모 및 친부모 교육, 담당구역 내 가정위탁 관련정보 제공, 지역사회의 가정위탁아동에 대한 후원장려 및 연계 등을 수행하도록 하고 있다.

2. 가정위탁 유형 및 절차

1) 가정위탁 유형

우리나라 가정위탁의 유형은 위탁가정과 위탁아동의 혈연관계와 비혈연관계 및 유형에 따라 크게 일반가정위탁, 대리양육가정위탁, 친인척가정위탁 세 가지로 나누어진다.

(1) 일반가정위탁

혈연관계가 없는 일반인 가정에서 보호하는 위탁유형으로 아동복지법에 명시된 위탁가정의 자격규정은 다음과 같다.

① 위탁아동을 양육하기에 적합한 수준의 소득이 있는 가정

② 위탁아동에 대해 종교의 자유를 인정, 건전한 사회구성원으로 자랄 수 있도록 양육과 교육이 가능한 가정

③ 25세 이상(부부인 경우 부부 모두)으로 위탁아동과의 나이 차이가 60세 미만인 경우(특별시장·광역시장·도지사·특별자치도지사 또는 시장·군수·구청장이 위탁아동을 건전하게 양육하기에 적합한 환경이라고 인정하는 경우에는 그러하지 않음)

④ 자녀가 없거나 자녀(18세 이상 제외)의 수가 위탁아동을 포함하여 4명 이내

⑤ 가정에 성범죄, 가정폭력, 아동학대, 정신질환 등의 전력이 있는 사람이 없을 것

⑥ 그 밖에 보건복지부장관이 필요하다고 인정하는 기준

위의 조건에 모두 부합하고, 가정위탁을 희망하는 사람은 반드시 사전에 예비위탁부모교육을 받아야 한다.

(2) 대리양육가정위탁

부모가 아닌 부양의무자인 친조부모, 외조부모가 위탁보호하는 유형이다. 친조부모, 외조부모가 생활능력이 없는데 아동을 양육하는 경우, 아동의 보호를 위하여 대리양육가정으로 선정하여 양육비를 지원하는 보호유형이다.

(3) 친인척가정위탁

친인척가정위탁은 친조부모, 외조부모를 제외한 친인척에 가정위탁으로 민법에 의한 8촌 이내의 혈족에 의한 양육유형이다.

세분화되고 전문적인 보호를 위해 지방자치단체에서는 전문가정위탁과 일시가정위탁의 추가유형에 대한 예산을 편성하여 운영이 가능하다. 전문가정위탁은 대상아동이 2세 이하 아동이거나, 그 외 시·군·구청장이 전문적이고 특별한 보살핌이 필요하다고 인정하는 경우이며, 전문위탁부모의 자격으로는 가정위탁지원센터의 전문위탁교육과정을 이수한 사람으로서, 제시하고 있는 요건 중 한 가지 이상을 갖추어야 한다. 일시가정위탁은 시·군·구청장이 아동복지법 제15조 제4항에 따라 보호대상아동에 대한 긴급보호조치로 일시가정위탁 보호조치를 할 수 있다. 기간은 최대 15일 이내로 하되, 필요한 경우 1회에 한해 연장이 가능하다(보건복지부, 2015). 그러나 각 지자체에서는 아직 시행되지 않고 있으며, 위탁보호자 발굴에 어려움을 겪고 있다.

2) 가정위탁 선정절차

보호대상 아동이 발견되면 읍면동에서는 아동과 그 가정을 조사하여 가정실태를 파악하여 적합한 위탁가정을 찾고 위탁가정에 아동을 배치하여 안정적인 보호를 받게 한다. 위탁보호가 종결되면 아동은 다시 친가정으로 복귀한다. 위탁가정 선정절차는 대리양육·친인척 가정위탁 절차와 일반가정위탁 절차 두 가지로 나눠진다.

(1) 대리양육·친인척가정위탁 절차

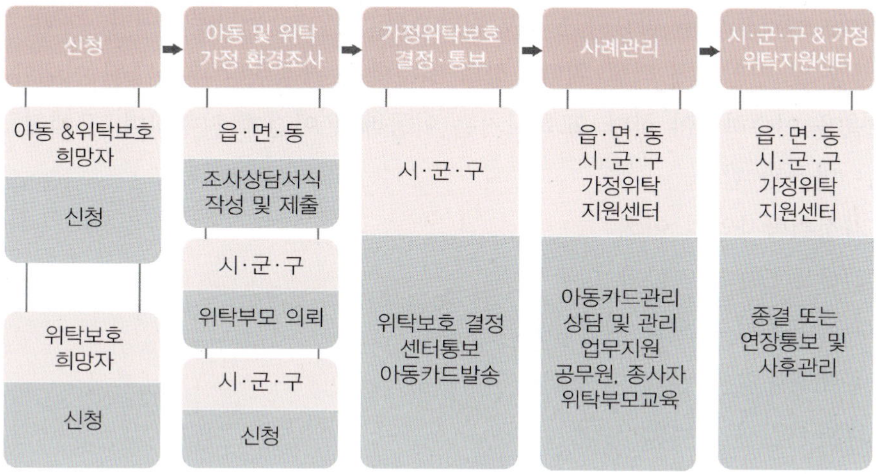

출처: 중앙가정위탁지원센터(2016).

(2) 일반가정위탁 절차

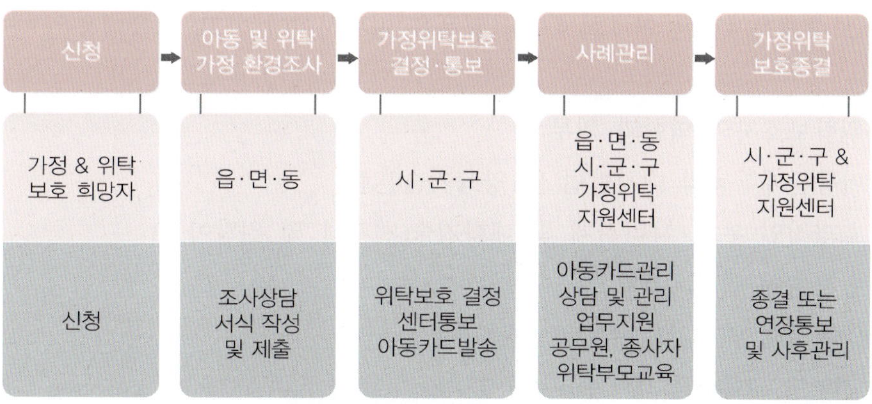

출처: 중앙가정위탁지원센터(2016).

(3) 위탁가정 교육실시

가정위탁사업을 신청, 접수한 위탁부모를 대상으로 예비위탁부모 양성교육, 보수교육을 지속적이고 정기적으로 시행하여 가정위탁보호사업 전반에 대한 이해를 도모할 수 있도록 하고, 아동을 적절히 보호하고 양육할 수 있는 정보, 기술, 지식을 획득할 수 있도록 한다.

① 예비위탁부모 교육

대상은 위탁보호를 희망하는 일반위탁부모, 친인척 위탁부모이다. 다만, 대리양육가정 및 친인척에 의한 위탁가정의 경우에는 가정위탁 후 6개월 이내에 4시간 교육을 이수하여야 한다. 교육시기는 아동배치 이전에 진행되며, 구체적 교육내용은 다음과 같다.

- 가정위탁사업의 이해
- 위탁보호자의 역할과 의무
- 위탁아동의 특성과 위탁양육의 실제
- 문제행동의 원인과 대처방법
- 효과적인 부모역할 시행
- 집단프로그램(위탁 사례발표, 질의응답)

② 위탁부모 보수교육

대상은 예비위탁부모 교육을 이수한 뒤 현재 위탁아동을 보호하고 있는 부모이다. 보수교육시간은 연 1회 4시간 교육을 이수하여야 하고, 교육내용은 다음과 같다.

- 위탁보호자의 역할과 의무
- 아동문제행동의 대처방법 및 양육기술훈련
- 효과적인 부모·자녀관계 및 대화기술(친자녀 및 위탁아동)
- 친가정에 대한 이해
- 양육사례 연구

③ 친부모 교육상담

교육대상은 위탁아동의 친부모 및 부양의무자이다. 교육시간은 연 6회 이상(상담 및 교육)진행하며, 교육시기는 아동위탁 후 6개월 이내에 이루어져야 한다. 교육내용은 양육기술 습득을 통한 상실감 해소 및 심리적 안정을 위한 친부모 역할과 지침에 대한 내용으로 세부적 교육내용은 다음과 같다.

- 자녀의 특성과 좋은 부모 역할
- 스트레스 대처기술
- 심리검사
- 부모의 역할 훈련

- 자립을 위한 준비

3. 가정위탁 현황

1) 가정위탁 현황

중앙가정위탁지원센터가 2016년 12월 말 발표한 자료에 따르면, 가정위탁아동 위탁사유는 부모의 별거·가출(491명), 사망(405명), 이혼(308명) 등 가정의 해체 및 위기상황에 따른 사례가 높은 것으로 나타났다.

계	부모 모두 사망	부나 모의 사망	별거/가출	부모 질병	부모 수감	이혼
1,483	81	405	491	30	63	308
	부모 실직/빈곤	부모 장애	학대 방임	미혼모(부)/혼외출생	시설의 의뢰	기타
	1	6	21	33	9	35

출처: 중앙가정위탁지원센터(2016).

하지만 부모의 별거나 가출, 이혼, 사망이 단순히 아동의 가정위탁보호로 직결된다고 하기보다는 보호자가 부재하거나 빈곤을 해결하기 위해 아동을 양육할 수 없는 환경에 처하기 때문으로 파악된다.

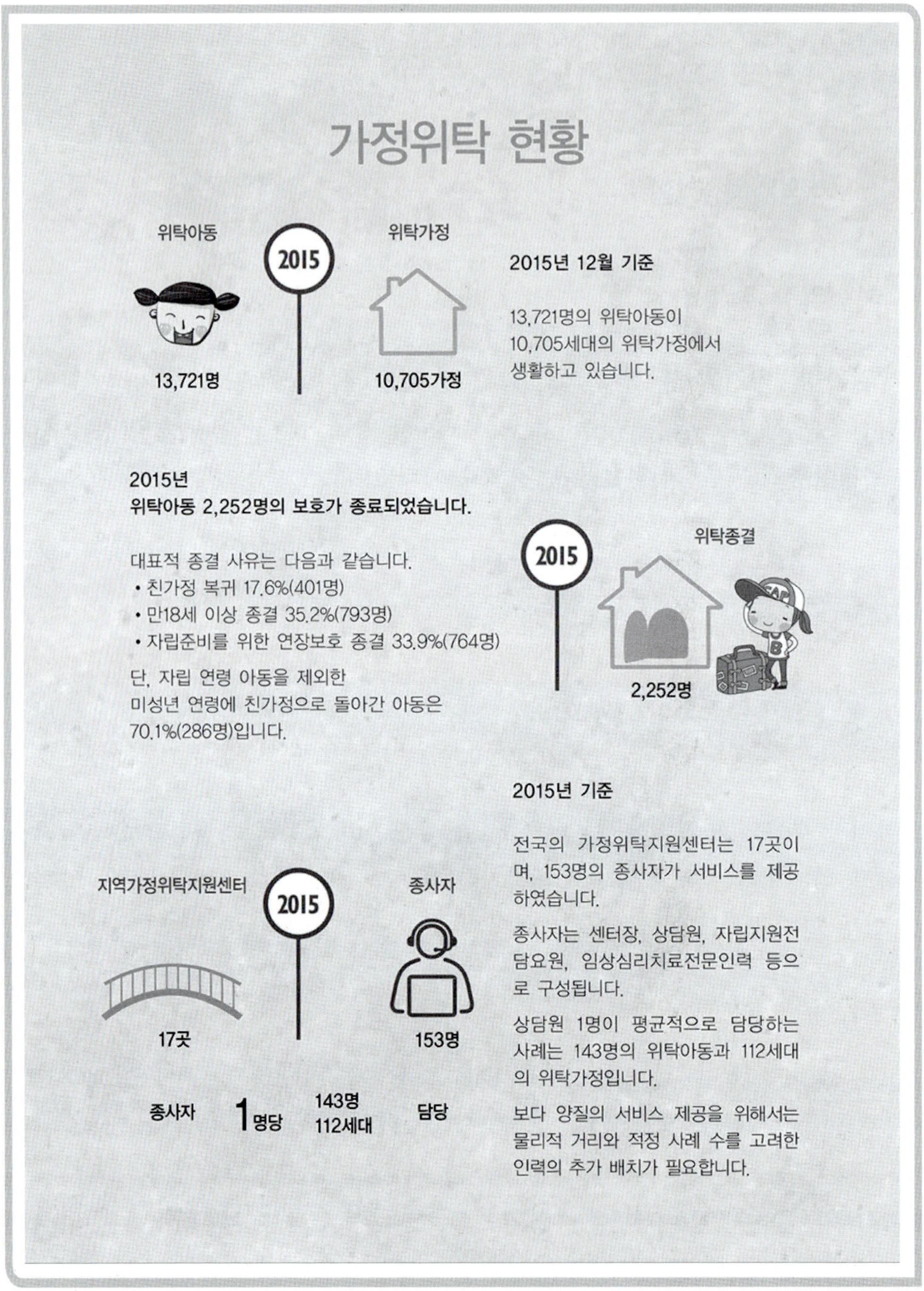

출처: 중앙가정위탁지원센터(2016).

〈그림 16-1〉 **가정위탁 현황**

2) 가정위탁아동 및 가정에 대한 지원

현재 우리 정부와 지방자치단체가 가정위탁아동과 가정에 제공하고 있는 복지 서비스내용을 살펴보면 다음과 같다.

(1) 위탁아동 지원혜택

① 양육보조금 및 「국민 기초생활보장법」에 의한 생계비 지원

가정위탁보호아동에 대해서 양육보조금은 1인당 월 15만 원을 지급하고 있다. 그리고 2007년부터 정부에서는 가정위탁아동으로 결정하고, 국민기초생활보장법에 따라 기초생활 수급자로 책정하고 생계비, 의료비, 교육 등의 해당 급여를 받을 수 있도록 하였다. 이 제도는 지방이양사업으로 지방자치단체에 따라 차이가 있어 위탁가정 소재지 지방자치단체에서는 예산부족으로 지원이 중단되는 사례가 없도록 지도·감독을 철저하게 한다.

② 상해보험료 및 심리치료비 지원

상해보험대상은 가정위탁보호 아동으로 결정된 아동이며, 아동의 안전과 위탁가정의 심리·경제적 부담을 덜어주기 위해 아동의 후유장애, 입원, 통원 의료비 등으로 1인당 연 7만원 이내의 상해보험료를 지원한다. 또한, 위탁아동 중 주의력결핍과잉행동장애 및 정서불안장애 등으로 상담치료가 필요한 경우, 검사비와 치료비를 지원한다(월 20만 원 이내).

③ 전세자금 지원

가구당 월평균 소득이 전년도 도시근로자 가구당 월평균 이하의 대리양육친인척위탁가정에게 주거 안정을 위한 전세자금 및 공공임대주택의 임대보증금을 지원한다.

④ 가정위탁아동보호 종료아동 지원

만 18세 이상 가정위탁보호 및 아동복지시설 보호가 종결되는 아동에 준하여 자립지원을 위한 자립정착금, 대학입학금, 직업훈련비가 지급된다.

4. 가정위탁의 복지방향

우리나라의 가정위탁 보호가 적극적으로 이루어지지 못하고 있는 현상은 아동보호의 주요한 수단으로 시설보호가 자리 잡은 상태에서 가정위탁 보호체계가 뒤늦게 수립된 까닭일 수도 있고, 우리나라의 정서상 타인의 자녀를 데려와 양육하는 것이 쉽지 않다. 특히, 아동이 친부모와의 분리에서 오는 부정적 감정과 변화된 환경에 대처하면서 겪게 되는 다양한 어려움에 직면하면서 정서행동과 인지적 문제를 동반할 가능성을 갖게 되고, 이는 위탁가정에서의 정서 및 행동문제로 연결될 가능성이 높다고 생각한다. 위탁부모들은 적응상의 문제, 행동상의 문제를 갖고 있는 위탁아동을 양육하게 될 경우 이전에 경험하지 못한 아동돌봄에 대한 부담을 갖게 된다. 또한, 위탁중단을 결정하는 주요한 요인을 살펴보면 아동의 심리·사회적 부적응으로 인한 양육 어려움 및 소진이 포함되어 있다(박화옥, 2013).

가정위탁 파기는 아동뿐만 아니라 친부모, 위탁부모, 가정위탁지원센터 모두에게 혼란을 초래할 수 있으므로 가정위탁 중도파기를 예방하기 위해 전문적인 위탁가정의 필요성이 지속적으로 제기되고 있는 상황이다. 하지만 전문적인 위탁가정은 하루아침에 개발될 수 없으며, 충분한 경험이 있는 위탁가정이 축적되었을 때, 전문적이고 치료적인 위탁보호를 할 수 있는 위탁부모가 생겨날 수 있다. 따라서 우리의 현시점에서는 가정위탁제도를 활성화를 위협하는 다양한 요인을 살펴보고, 이를 위한 개선점을 모색하고자 한다.

1) 가정위탁사업의 문제점

(1) 위탁부모 양육환경 열악

주변의 왜곡된 시선과 가정위탁아동의 민법상 친권의 문제와 보호자의 후견인으로서 법적지위가 불확실해 위탁가정으로 등록돼 부모역할을 하고 있음에도 법률적으로 친권자가 아니므로 생활상의 편의서비스로 받는 데 한계가 있고, 공문서 발급 등의 법적 권리가 없다.

(2) 위탁가정 배치 시 아동의견 배제

친부모가 아동을 양육할 수 없는 여러 가지 이유 때문에 가정위탁 보호되는 경우 아동의 의사와는 관계없이 위탁가정에 배치가 이루어지고 있다. 이러한 상황을 이해할 수 없는 아동들은 환경의 변화에 두려움을 가지게 되고, 본능적으로 탐색과 방어를 할 수 밖에 없다. 또한, 이러한 아동들을 보호하게 된 위탁가정의 입장에서도 많은 변화와 예측할 수 없는 어려움들을 겪게 된다(김명희, 2003).

(3) 위탁가정 유형의 비세분화

우리나라의 위탁가정 유형은 크게 혈연관계와 비혈연관계 중심의 보호로 나눌 수 있다. 혈연관계로는 친조부모, 외조부모에 의한 대리양육위탁과, 다른 친인척에 의한 친인척위탁이 있고, 혈연관계가 없는 일반인 가정에 의한 일반위탁으로 구분된다.

하지만 우리나라의 위탁가정 유형은 요보호아동들의 다양한 욕구에 대한 적절한 서비스 제공은 다소 제한적이다. 즉, 아동의 문제행동과 같은 특수한 욕구에 대해 치료를 제공할 수 있는 위탁가정이 전무한 실정이다. 따라서 아동특성에 따른 적절한 서비스 제공을 위해서는 심한 정서장애, 행동장애가 있는 아동을 치료하는 치료적 위탁, 긴급위탁보호 등에 대한 적절한 서비스 제공이 가능한 다양한 유형의 위탁가정 운영이 필요하다. 더불어, 다양한 형태의 위탁가정이 운영되기 위해서는 위탁부모의 엄격한 자격기준과 역할에 대한 구체적 명시가 필요한데, 우리나라의 경우 교육시간에 대한 규정과 위탁부모교육에 대해 법이나 시행령으로 규정되어 있지 않고, 단지 가정 위탁지원센터에서 자체 교육프로그램으로 진행하고 있어 전문성 확보에 어려움이 있다.

(4) 위탁부모의 자격 및 선정조건 취약

우리나라 가정위탁보호 유형은 혈연관계를 중시하는 정서로 약 67%가 대리양육위탁, 26%가 친인척위탁으로 93%가 혈연관계에 의한 가정위탁보호를 받고 있다.

친부모의 보호가 어려운 경우 친인척의 양육환경이 고려되지 않은 채 비자발적인 단순전환으로 아동의 양육을 맡기고 있는 것이다. 대리·친인척위탁보호의 경우 요보호아동들의 친부모 분리경험으로 인한 심리사회적 부적응을 최소화할 수 있는 친숙한 양육환경을 제공하는 대안으로 적극 활용되고 있지만, 아동을 양육하기에 적합한 조건을 갖추고 있는지에 대한 조사는 구체적으로 이루어지지 않고 있는 실정이다. 따라서 위탁아동을 건강하게 양육하기에 적합하다고 인정하는 적합성 여부에 대한 조사와 책정 여부는 친인척 위탁보호의 경우의 경우에도 절차에 의한 적절성을 충분히 검토한 후에 아동의 양육을 위임해야 위탁가정 유지에도 이바지할 수 있을 것이라 생각된다.

아동에게 안정적 양육환경을 보장할 가능성을 높이고, 더불어 위탁가정의 일상생활의 안정성을 높이기 위한 위탁부모의 양육의 전문성을 판단하는 기준도 위탁부모의 성장배경, 아동양육방법 등을 구체적으로 조사하는 등 위탁가정의 선정기준이 객관화되어 있어야 하는데, 주로 물리적 나이제한으로 양육의 전문성을 판단하는 등 위탁가정의 선정기준이 객관화되어 있지 않다.

또한, 아동복지법에 명시된 객관적 조건에 따라 환경적인 조건이나 위탁가정으로서 필요한 조건들을 갖추고 있는가를 조사하기 위한 위탁가정의 자격이나 기준이 구체적이지 않다. 그렇기 때문에 해당 가정의 조사를 담당한 사회복지 담당자의 주관적 판단이 위탁가정의 자격을 결정하는 데 영향을 미칠 수 있다. 이에 관련담당자들의 역할을 법으로 명시하여 가정위탁 보호 사업이 체계적으로 이루어지도록 해야 한다(허남순, 2000).

2) 가정위탁 아동을 위한 복지 대책

아동보호를 위한 가정환경은 보호받고 양육되기에 아동입장에서 적합해야 한다. 이런 적합한 환경을 위해 정책적 지원은 매우 중요하다. 내 아이가 아닌 이웃 아이를 책임진다는 것은 선의만 가지고서는 부족하다. 먼저, 아동양육에 대한 올바른 가치관 확립과 위탁가정의 전문성이 강화되어야 한다. 그리고 다양한 유형의 위탁가정이 개발되어 위탁아동과 위탁가정의 측면에서 아동의 위탁가정 배치 시 아동의 권리를 존중하는 차원에서 가정위탁보호 여부를 결정해야 하며, 이를 위한 적극적인 지원책 마련이 절대적으로 필요하다.

(1) 가정위탁에 대한 법률 및 제도의 개선

가정위탁보호가 보다 발전하기 위해서는 보호가 필요한 아동에게 가장 바람직한 조치는 안정된 가정에서의 보호라는 점을 고려할 때, 요보호아동이 발생하면 건전한 아동의 성장·발달을 위해서는 성인으로부터 개별적인 보호를 받는 것이 아동복지에 필수적이므로 시설보호에 우선하여 가정위탁보호가 고려되어지도록 아동복지법에 명시해야 한다. 현행 아동복지법에 가정위탁에 관한 법률이 있기는 하나, 세부적인 법률규정이 미비하다. 긴급보호가 필요한 사유로 단기간 위탁보호를 위한 아동을 위탁하는 경우 가정위탁을 우선적으로 고려하도록 법으로 규정하며, 행정적인 절차를 간소화할 필요가 있다. 그리고 아동의 권리를 최우선으로 고려하여 설계되도록 친부모의 의무와 권리에 대한 구체적인 규정이 필요하다. 더불어, 위탁아동에게 사고가 발생했을 때 책임여부와 후견인에 대한 법체계를 명확하게 제시해야 한다.

현재 가정위탁 보호업무는 지방에 이양돼 진행되고 있어, 아동에게 지원되는 내용에 대해서 지역 간 차별을 초래하고 있다. 또한, 보호조치 유형 간의 지원편차는 아동의 선가정보호정책을 실현하는 데 있어 어려움을 초래하고 있다. 이에 대한 정책적 보완이 수반돼 아동이 차별 없이 보호되고, 건강하게 성장할 수 있는 기반이 마련돼야 할 것이다.

(2) 위탁가정에 대한 지원 확대

아동보호의 질적인 측면을 높이기 위해서는 양질의 위탁가정을 확보해야 한다. 이를 위해 재정적 부담 없이 위탁아동을 양육할 수 있도록 현재 시행되고 있는 위탁가정에 대한 재정적 지원 확대를 위한 제도적 보완이 필요하다. 위탁가정아동의 현실적인 양육보조금 책정방안은 일반가정의 위탁부모를 늘어나게 하여 국내 가정위탁제도의 활성화를 도모할 수 있게 된다.

또한, 자녀를 실질적으로 양육하는 친인척 및 위탁가정 부모들에게 '사실상의 부모' 지위를 인정해 자녀의 양육권과 이에 수반하는 부모의 권리를 행사할 수 있는 법규를 규정하여 위탁부모로서의 역할을 유지하기 위한 위탁부모의 권한이 강화되어야 한다. 이러한 절차는 아동에게 최선의 이익이 가도록 이루어져 안정된 양육환경에서 아동을 보호하는 데 중점을 두어야 한다.

(3) 친가정 복귀를 위한 지원강화

가정위탁사업의 궁극적인 목표는 요보호아동을 일정기간 위탁했다가 친가족과 재결합하여 정상적인 가정생활을 영위하도록 지원하는 것이다. 하지만 우리나라의 아동위탁 이유는 부모의 이혼, 가출, 재혼이 많아 친가정으로 복귀할 가능성이 낮고, 위탁보호가 장기화될 가능성이 높게 나타난다. 이는 서비스가 주로 위탁아동과 위탁아동에게만 집중되고 친가정이 배제되기 때문이다. 따라서 조속한 가정 복귀를 위해서 친부모가 자신의 열악한 상황을 극복하고, 다시 아동을 양육할 수 있는 의지를 갖도록 친부모와 아동의 정기적인 만남에 대한 법적 규제를 강화하고, 친부모의 역량강화, 친부모와 아동의 재결합을 위한 프로그램지원이 적극적으로 이루어져야 한다(오정수·정익중, 2013).

(4) 다양한 유형의 위탁가정확보

가정위탁이 아동특성에 따른 적절한 서비스 제공을 위해서는 아동의 특수욕구에 적합한 다양한 유형의 위탁가정 운영이 필요하다, 즉, 긴급한 보호가 필요한 응급위탁가정, 아동학대등으로 정서적지원이 필요한 아동을 위한 치료위탁가정, 신체장애아동을 위한 특수위탁가정, 단기 일일보호 또는 휴식위탁보호 등에 대한 욕구를 지원해줄 다양한 형태의 위탁가정을 확보하는 것이 필요하다(허남순, 2000).

(5) 가정위탁지원센터의 확충과 서비스의 전문화

다양한 위탁가정을 발굴하고 효율적 지원을 위해서는 가정위탁 지원센터의 역할은 매우 중요하므로 아동 사례 수에 따른 전문적인 상담원의 충원 및 물리적 거리감에 따른 서비스 질 향상을 위해 가정위탁지원센터의 지역별 확대가 필요하다.

위탁아동과 위탁부모에게 포괄적이고 전문적인 서비스를 제공하고 관리하기 위해서는 위탁가정과 아동의 접근성을 높이고, 부모와 아동의 욕구에 맞는 적합한 프로그램개발과 상담서비스 등을 제공해야 한다.

(6) 대중매체를 통한 가정위탁보호사업의 홍보 강화

아동의 이익을 최우선으로 하는 인간다운 삶을 보장하기 위한 보호체계로 가정위탁보호의 우선적 고려의 중요성에 대한 사회적 관심과 국민들의 공감을 얻기 위해 정부 주도하의 적극적이고 지속적인 홍보가 필요하다. 특히, 혈연 중심의 가족을 정상적인 가족의 형태로 한정짓는 우리 사회의 편견과 한계점을 극복하고, 보호가 필요한 아동의 욕구에 적합한 가족위탁사업을 지속적으로 추진해 나아가기 위해서는 다양한 위탁가정을 확보하는 것이 필요하다. 이를 위해서는 신문방송을 통한 광고나 다큐멘터리 방영 등을 활용하여 적극적인 홍보가 필요하다.

Group Discussion

성명: ____________

○ TOPIC: 가정위탁아동의 원가정 복귀를 도울 수 있는 가족연계프로그램과 활성화 방안에 대한 사례를 조사하여 토론해 봅시다.

○ 해결방안:

•
•
•
•
•
•
•

Article

Name: ______________

○ Title: 새 부모의 사랑 속에 행복을 찾아가고 있는 위탁가정

○ Keywords: ____

• 글을 읽고 위탁가정사업의 활성화 방안에 대해 토론해보자.

○ 해결방안:

-
-
-
-
-
-
-

Child Rights and Welfare

제 17 장

입양아동을 위한 권리와 복지

- 1. 입양아동의 개념 및 정의
- 2. 입양의 과정 및 현황
- 3. 입양의 문제점 및 복지방향
- 4. 토론 및 워크숍

〈학습목표〉

① 입양아동의 개념을 정의하고, 입양의 과정과 현황을 살펴보아요.

② 입양의 문제점을 살펴본 후 입양아동 복지서비스 개선과제에 대해 알아보아요.

1. 입양아동의 개념 및 정의

모든 어린이는 우리의 희망이며 미래이다. 그들은 출생과 더불어 부모의 사랑과 보호를 받으며 함께 살아갈 권리를 갖고 있다. 이것은 모든 아동이 당연히 누려야 할 권리이지만, 최근 급격한 사회변화로 전통적인 가족구조의 해체, 미혼모의 증가, 혹은 무책임한 부모 증가에 따른 유기, 방임 등 원하지 않는 상황으로 인하여 자발적으로 혹은 비자발적으로 안정적인 가정의 돌봄으로부터 성장하여야 할 권리를 박탈당하고 있다. 이처럼 위기상태에 놓인 아동의 돌봄을 위하여 우리 사회에서는 친부모를 대신하여 새로운 가족과 안정적 양육환경을 제공할 필요성이 대두되면서 입양에 대한 관심이 높아지고 있다.

우리 사회가 가진 전통적인 혈연중심가족주의 제도에 기반을 둔 사회적 편견과 선입견을 버리고 아동의 기본 권리와 최선의 이익을 보호하여 성장을 도울 수 있는 입양이 활성화되기 위해서는 입양가족을 자연스러운 시선으로 봐주는 사회적 인식의 변화와 다양한 지원이 필요하다.

입양은 아동의 성장과 발달의 최선의 장소는 가정이며 친부모의 양육이 바람직하다는 기본 전제하에 친부모가 부모의 역할수행이 어려운 경우 다른 가정에서 그들의 역할을 대신하여 보호가 필요한 아동들에게 새로운 가정을 찾아주고, 그 가정에서 정상적으로 성장할 수 있도록 도와주기 위한 제도이다. 입양은 아동의 권익과 복지를 위하여 그 중요성은 아무리 강조해도 지나치지 않다.

입양가족이란 생물학적 혈연관계에 의하지 않고 법적·사회적 과정절차에 따라 친부모로부터의 양육의 권리와 의무가 타인에게 이양되어 부모와 자녀관계를 맺어 아동이 안정되고 건강한 양육환경에서 자라날 수 있도록 하는 것이다. 여기서 법적과정은 입양과 관련된 합법적 절차를 통해 가족을 형성하는 것이며, 사회화과정은 부모와 자녀의 정서적인 유대관계와 친밀감 속에서 일반가정과 다름없이 하나의 가족으로 사회로부터 인정받는 것이다.

1) 입양의 구성요소

입양이 성립되기 위한 구성요소는 입양이 성립되기까지 꼭 있어야 할 것으로 입양아동, 자녀의 입양을 희망하는 양부모, 자녀를 입양 보내는 친부모 등을 입양구성의 삼 요소라 하고, 여기에 입양 삼자를 연계하여 합법적으로 입양을 알선하는 입양기관을 포함하여 입양의 네 요소로 보기도 한다(서란숙, 2007). 입양의 과정과 절차에서 각 요소에 대한 충분한 이해를 통해 네 가지 요소의 권익이 균형 있게 이루어지도록 한다.

특히, 입양이 친부모를 대리하여 아동복지를 보장한다는 관점에서 입양은 입양아동의 권리와 복리를 최우선으로 고려하여 진행되어야 한다. 따라서 이 장에서는 입양에 대한 전반적인 이해를 토대로 입양아동, 양부모, 친부모, 입양기관 등 입양의 구성요소에 관해 알아보고자 한다.

(1) 입양아동(Adoptive Child)

입양아동은 가정의 빈곤, 부모의 이혼과 사망, 실직 등 여러 원인으로 보호자로부터 이탈된 18세 미만 아동으로서 입양촉진 및 절차에 관한 특례법 제2조, 또는 제4조에 규정하고 있는 입양대상아동의 법적 기준의 내용은 다음과 같다.

① 보호자로부터 이탈된 사람으로서 특별시장·광역시장·도지사 및 특별자치도지사(이하 "시·도지사"라 한다) 또는 시장·군수·구청장이 부양 의무자를 확인할 수 없어 국민기초생활보장법에 따른 보장시설(이하 '보장시설'이라 한다)에 보호·의뢰한 사람.

② 부모(부모가 사망이나 그 밖의 사유로 동의할 수 없는 경우에는 다른 직계존속을 말한다) 또는 후견인이 입양에 동의하여 보장시설 또는 제20조에 따른 입양기관에 보호·의뢰한 사람.

③ 법원에 의하여 친권상실의 선고를 받은 사람의 자녀로서 시·도지사 또는 시장·군수·구청장이 보장시설에 보호·의뢰한 사람.

④ 그 밖에 부양의무자를 알 수 없는 경우로서 시·도지사 또는 시장·군수·구청장이 보장시설에 보호·의뢰한 사람.

입양의 과정과 절차에서는 가장 중심에 놓여있는 입양아동의 권리와 복리를 최우선으로 고려하여 진행되어야 한다. 그러나 대부분 입양아동은 영·유아에 해당하기 때문에 입양과정에서 자신의 의견을 개진하거나 관철하지 못하는 경우가 많다. 따라서 입양 삼자 중 가장 소극적이며 수동적인 존재로서 입양의 주체이면서도 가장 소외되는 대상이기도 하다.

(2) 친부모(Birth Parents)

입양대상 아동의 생물학적 부모로 자녀를 낳았지만, 양육할 능력이 없거나 혹은 양육을 원하지 않기 때문에 자발적 혹은 비자발적으로 친권을 포기하여 자녀를 입양 보낸 부모이다. 친부모는 기혼부모와 미혼부모로 나눌 수 있다. 기혼부모는 아이를 출산하고 양육하다가 사망, 이혼, 빈곤 등의 여러 가지 이유로 도중에 자녀양육을 포기하는 경우이며, 미혼부모는 합법적이고 정당한 혼인절차를 밟지 않고 자녀를 임신하거나 출산한 부모를 말한다.

우리나라에서 미혼부모로서 아이를 양육한다는 것은 자신과 가족들에게 고통을 안겨줄 뿐만 아니라 경제적으로도 쉽지 않은 일이며, 사회적인 측면에서도 여러 가지 문제를 일으킬 수 있는 주요 요인을 포함하고 있다. 이에 미혼부모들이 아이가 자신과 함께 살면서 받아야 할 고통이 매우 큰 것을 고려하여 입양에 동의한 경우이며, 입양이 진행되는 과정에서 친부모는 빠질 수 없는 중요한 요소이다.

(3) 입양부모(Adoptive Parents)

입양부모는 출산이 아닌 법적 절차에 따라 입양대상아동의 양육과 안정적인 가정을 제공해주기 위해 자발적으로 부모가 된 사람을 말한다. 입양부모를 구분할 때 보통 출산여부에 따라 '불임 입양부모'와 자신의 친자녀가 있는데도 입양을 실행하는 '부모 유자녀가정 입양부모'로 나뉜다. 또한, 임신과 출산능력이 있는데도 자녀를 낳지 않고 입양을 선택하는'선택적 입양부모'가 있다.

이처럼 다양한 가족형태가 공존하는 현대사회에서 입양의 동기가 불임 혹은 이타심에서 기인하였던, 아니면 다른 어떤 이유였던 간에 입양을 통해 새로운 가족구성원을 받아들임으로써 가족을 확대하고, 입양아동에 대해 권리와 의무를 책임지게 된다.

입양아동들에게 안정적인 양육환경을 제공하기 위해 입양부모는 입양자녀의 적응을 위해 가장 많은 노력을 할 뿐만 아니라 입양자녀의 행복한 삶을 위해 헌신하며 살게 되는 과정에서 진정한 부모라는 사실을 인정받기를 원한다(서란숙, 2007).

입양부모가 될 사람의 자격인 '보건복지부령으로 정하는 필요한 요건'이란 부모가 될 사람의 나이가 대한민국 국민인 경우는 25세 이상, 대한민국 국민이 아닌 경우는 25세 이상 45세 미만으로 양자가 될 사람과의 나이 차이가 60세 이내 범위에 있을 것을 말한다. 다만, 보건복지부 장관이 양친이 될 사람의 가정환경이 양자(養子)를 건전하게 양육하기에 적합하다고 인정하는 경우에는 예외적용할 수 있다. 입양촉진 및 절차에 관한 특례법 제10조에 규정하고 있는 입양부모의 법적 기준내용은 다음과 같다.

① 양자를 부양하기에 충분한 재산이 있을 것
② 양자에 대하여 종교의 자유를 인정하고, 사회의 구성원으로서 그에 상응하는 양육과 교육을 할 수 있을 것
③ 양친이 될 사람이 아동학대·가정폭력·성폭력·마약 등의 범죄나 알코올 등 약물중독의 경력이 없을 것
④ 양친이 될 사람이 대한민국 국민이 아닌 경우 해당 국가의 법에 따라 양친이 될 수 있는 자격이 있을 것
⑤ 양친이 될 사람은 양자가 될 아동이 복리에 반하는 직업이나 그 밖에 인권침해의 우려가 있는 직업에 종사하지 아니하도록 하여야 한다.
⑥ 양친이 되려는 사람은 입양의 성립 전에 입양기관 등으로부터 보건복지부령으로 정하는 소정의 교육을 마쳐야 할 것
⑦ 그 밖에 양자가 될 사람의 복지를 위하여 보건복지부령으로 정할 것

(4) 입양기관(Adoption Agency)

입양기관은 전문적이며 체계화된 절차와 실무자의 초기상담을 통해, 입양 후에 발생할 수 있는 문제들을 최소화해야 한다. 또한, 입양가정 내의 다양한 욕구를 충족할 수 있도록 법과 제도적 절차에 맞춰 입양이 성립되도록 돕는다.

입양과정에서 전문적인 기관의 역할이 매우 중요하다. 입양기관의 역할은 친부모에게 입양에 관한 정확한 정보를 제공하고, 입양과정에서 나타날 수 있는 소

외감과 상실감 등의 심리적인 고통을 충분히 이해하고 민감하게 대처할 수 있어야 한다. 그리고 입양을 원하는 사람들에게 입양에 대한 올바른 인식과 긍정적으로 수용하는 사회분위기를 조성을 위한 선도적 역할을 수행해야 한다.

입양촉진 및 절차에 관한 특례법에 입양기관의 의무를 다음과 같이 명시하고 있다.

① 입양기관의 장은 입양의뢰된 사람의 권익을 보호하고, 부모를 알 수 없는 경우에는 부모 등 직계존속을 찾기 위하여 노력을 다하여야 한다.

② 입양기관의 장은 입양을 알선할 때 그 양친이 될 사람에 대하여 제10조에서 정한 사실을 조사하여야 한다.

③ 입양기관의 장은 양친이 될 사람에게 입양 전에 아동양육에 관한 교육을 하여야 하며, 입양이 성립된 후에는 보건복지부령으로 정하는 바에 따라 입양아동과 그에 관한 기록 등을 양친 또는 양친이 될 사람에게 건네주고, 그 결과를 특별자치 도지사·시장·군수·구청장에게 보고하여야 한다.

④ 입양기관의 장은 입양업무의 효율 및 입양기관 간의 협력체계 구축을 위하여 입양아동과 가족에 관한 정보를 보건복지부령으로 정하는 바에 따라 제26조에 따른 중앙입양원에 제공하여야 한다.

⑤ 입양기관의 장은 입양업무에 관한 사항을 보건복지부령으로 정하는 바에 따라 기록하여야 한다. 이 경우 입양기록은 전자문서로서 기록할 수 있다.

⑥ 제5항에서 정한 입양업무에 관한 기록은 입양아동에 대한 사후관리를 위하여 영구 보존하여야 한다.

⑦ 제4항에 따른 정보의 범위 및 내용과 제5항에 따른 입양기록 및 전자기록의 보존 등에 필요한 사항은 보건복지부령으로 정한다.

2) 입양의 유형

입양의 유형은 입양의 기본전제와 성립되는 형식에 따라 몇 가지 형태로 구분된다. 이러한 구분의 중요한 기준은 입양아동과 입양부모 사이의 가족관계 유무에 따라 친족입양과 비친족입양으로, 입양이 기관을 통해 이루어지는지, 아니면 개인적으로 이루어지는지에 따라 기관입양과 독립입양으로, 입양사실의 공개여

부와 친부모와의 접촉유무에 따라 비밀입양과 개방입양으로 분류할 수 있다(이순형 외, 2013).

(1) 친족입양과 비친족입양

친족입양은 아동이 혈연관계의 친척이나 친지 또는 아버지나 어머니의 재혼으로 가족관계를 이루고 있는 사람이 입양하는 경우이다. 비친족입양은 아동이 전혀 친족관계를 갖지 않은 사람이 입양하는 경우를 말한다.

(2) 독립입양과 기관입양

입양이 기관을 통해 이루어지는지, 아니면 개인적으로 이루어지는지에 따라 독립입양과 기관입양으로 구분한다.

① **독립입양**: 입양기관을 통하지 않고 친부모와 입양가정간의 협의에 따라 개인적으로 이루어지는 입양이다. 독립입양은 친부모의 입장에 관한 전문적인 심리적, 법적, 사회적 도움을 받을 수 없어서 부모로서의 친권을 포기하는 입양과정 중 친부모의 마음이 변하거나 입양아동이 문제가정에 배치될 수도 있다. 또한, 판사가 입양을 불허할 경우에는 입양부모는 아무런 법적 권리를 갖지 못한다는 단점이 있다.

② **기관입양**: 국가나 지방자치단체에서 인가를 받은 공적·사적 입양알선기관을 통해 입양전문가가 법적 대리인이 되어서 입양절차를 밟게 되는 경우를 기관입양이라고 말한다. 기관입양의 장점은 입양에 대한 전문가의 도움을 받을 수 있고, 외부자원을 활용하여 아동복지를 고려한 서비스의 질을 극대화시킬 수 있어 입양 후 발생되는 문제가 적은 편이다. 다만, 기관입양의 경우 서류상의 절차가 복잡하고 기다린다는 단점이 있다(권지성, 2003).

(3) 공개입양과 비밀입양

입양의 유형은 입양사실의 공개성 여부에 따라 비밀입양과 공개입양으로 나눌 수 있다.

① **공개입양**: 입양사실을 입양아동은 물론, 입양가정 주위의 모든 사람에게 공개하는 것을 뜻한다. 공개입양은 친가족과 입양가족 간의 출산 전 정보의

교환에서부터 지속적인 의사소통, 심지어는 정기적인 방문을 포함하는 개념이다(Bordo, 2005). 우리나라의 경우 공개입양이 최근 들어서 조금씩 이루어지고 있다.

② **비밀입양**: 비밀입양은 입양한 사실을 공개하지 않는 형태를 말한다. 즉, 생물학적 부모가 누구인지 입양부모 또는 입양아동에게 공개되지 않는 형태를 말한다.

입양부모가 입양비밀을 유지하려는 것은 혈연의식에 기반을 둔 우리나라 가족주의 문화 안에서 입양으로 아동이 받을 수 있는 부정적 오해와 편견을 고려한 것이다. 하지만 입양사실을 비밀로 하였기 때문에 입양부모가 양육의 어려움에 관한 도움을 받지 못하고 스스로 해결하는 과정에서 느끼는 양육스트레스는 매우 클 것이다. 그리고 아동이 성장하면서 입양사실을 다른 사람으로부터 알게 되었을 때, 아동들은 부모에 대한 신뢰를 잃게 되며 방황하게 될 수도 있다. 그러므로 부모가 입양을 자연스럽게 생각하고, 어려서부터 자연스럽게 입양에 대하여 들려주어 입양의 성공경험을 사회에 확산시킬 필요가 있다.

2. 입양의 과정 및 현황

1) 입양의 과정

입양은 입양관계법에 따라 입양 알선기관의 인적·물적 자원을 활용하여 기관마다 대등소이하게 이루어진다. 입양은 대상아동, 친부모, 입양부모와의 협의·조정·결정을 통해 성립되는 예민한 과정이므로 다양한 분야의 전문가를 활용하여 효과적으로 대처해 나가야한다. 특히, 입양은 입양아동에게 전 생애적인 문제이기 때문에 입양의 과정과 절차가 아동 중심으로 입양아동의 권리와 복리를 최우선적으로 고려하여 진행되어야 한다.

(1) 부부와 가족 간의 입양에 관한 합의

입양은 입양특례법상 입양부모의 자격을 충족한 경우 부부가 부모가 되길 자발적으로 원하고 동의해야 한다. 또한, 가족의 모든 상황을 고려하며, 부부뿐 아니라 가족의 협의를 거치고 충분히 입양 관련정보를 살펴본 후 입양에 대한 확신을 가지고 입양을 결정해야 한다.

(2) 입양문의 및 내방상담

입양희망 부모는 입양기관을 직접 방문하거나 전화문의를 통해 입양기관의 상담원으로부터 상세한 입양정보를 안내를 받을 수 있다. 신청요건에 적합한 부부는 상담원과 직접 면담을 하게 된다. 이때 입양에 관한 설문지를 받게 되며, 부부 각자의 생각대로 답해서 다음번의 부부 개별 면접시에 제출하게 된다.

(3) 서류접수

일차 내방상담 후 부부 간에 입양을 하기로 결정이 되면 구비서류를 준비하여 우편 또는 인편으로 접수하며, 우편접수인 경우에는 반드시 도착여부를 전화로 확인해야 한다. 이때 구비서류는 가족관계증명서, 주민등록등본과 부부건강진단서(종합병원, 보건소, 입양기관에서 지정한 병원 발행)와 부부가 함께 찍은 사진, 주택사진 등 각 입양기관에서 필요로 하는 서류를 준비하여 제출하고, 입양신청서를 작성한다.

아동양육에 필요한 부부의 경제적 능력이나 학력을 증빙할 수 있는 서류가 필요한 경우도 있다. 불임부부에게는 불임원인이 확실하지 않은 상태에서 의료적인 최선의 방법을 마련하지 않은 채 입양을 하여 후회하는 일들이 생기는 것을 막기 위해 불임진단서의 제출을 원하는 기관도 있다. 이러한 조건을 충족한 경우 입양희망자는 입양기관 방문을 통해 입양구비서류와 양친될 자의 가정조사 신청서를 제출함으로써 입양신청이 이루어지며, 모든 서류는 본인의 명의로 되어 있어야 신청이 가능하다.

(4) 면접 및 가정방문

입양기관에서는 서류접수 한 달 이내에 입양상담원이 신청가족을 방문하여 최초의 면접에서 나타난 사항을 확인하기 위해 개별면접과 부부면접이 이루어진다. 이 과정에서 입양의 법률적 조건을 만족하는지 여부와 입양부모로서 적합한 조건과 가족환경을 갖추고 있는지 등에 대하여 자세히 확인한다. 또한, 가족들이 상담원들을 만나 입양에 대한 정보를 얻게 되고, 입양부모는 입양아동을 양육하면서 겪게 될 어려움과 그에 대한 대처방안을 미리 생각해 볼 수 있는 기회를 갖게 된다.

(5) 입양부모교육

2012년 입양특례법의 개정으로 입양 전 부모교육의 의무화되어 8시간의 부모교육을 이수해야 한다. 입양부모교육을 통하여 입양을 준비하면서 꼭 알아야 할 구체적인 사항들, 즉 아동의 성장단계에 따라 겪는 심리적, 정서적 경험, 입양 이후 가족 내에서 일어날 수 있는 심리적 갈등, 불안들을 미리 알려준다.

또한, 입양 이후 가족 내에서 발생할 수 있는 여러 사항을 예측하여 문제발생 시에 좀 더 현명하게 문제들을 해결할 수 있는 방법과 정부의 입양정책이나 지원에 대한 정보를 제공한다.

입양부모마다 교육내용이 다를 수 있지만, 입양부모교육내용은 아이를 진심으로 사랑하는 마음과 아이가 성장해가는 과정에서 부부가 알아야 하는 것들에 대한 사항 등 입양부모의 올바른 부모됨의 가치와 아동양육에 대한 예비지식을 알려 준다. 더불어, 입양부모교육과정에서 상담자는 입양 부모의 편협한 사고방식이나 선입견, 불필요한 두려움 등을 해소시키고 준비된 마음으로 아동을 잘 받아들이도록 지도하여야 한다.

입양 전 부모교육은 입양기관을 통해 이루어지며 교육이수 후 부모교육 이수증명서 발급받게 된다. 이 과정이 끝나고 나면 기관은 아동추천을 통해 입양부모와 자녀가 만나볼 수 있도록 자리를 마련한다.

(6) 아동선보기와 입양결연

입양부모교육과정이 끝나고 나면 입양기관에서는 입양부모가 원하는 아동의 성별을 보고 혈액형을 입양부모와 맞춘 후 아동 신체검사 결과와 친부모의 배경 등을 참고하여 가능하면 입양부모의 이미지와 비슷한 친부모의 아동을 추천하게 된다.

예비 입양부모에게 입양대상 아동의 신체검사, 사회적 조사, 생활습관 등 수집한 모든 자료를 주고, 이러한 자료를 중심으로 결연계획을 세우고, 특별한 문제가 없는 한 입양부모와 자녀가 직접 만나볼 수 있도록 자리를 마련한다. 해외입양의 경우에는 이 절차를 서류와 사진을 보내 대신한다.

예비 입양부모가 선보인 자녀의 부모가 될 결심을 굳히면 상담원에게 연락을 하여 입양일시를 정하고, 가정법원에 입양신청서 제출 후 인용심판 확정으로 입양허가가 이루어져 입양기관은 아동을 입양부모에게 인도한다.

이후 입양부모는 담당구청에 가족관계 등록 등에 관한 법률에 따라 양자 또는 친양자로 입양신고를 하고, 이로써 공식적인 입양절차가 종료된다.

(7) 사후관리

입양기관은 입양성립 후 1년 동안 입양아동의 양육환경과 입양부모의 상호적응 등을 관찰 및 이에 필요한 서비스 재공을 위하여 사후서비스를 제공하여야 한다. 입양아동이 배치된 후 입양가족을 방문하여 아동의 적응도를 조사하고, 입양의 실질적인 성과를 분석하고 평가한다. 입양기관의 장은 입양성립 후 6개월까지 입양아동의 가족관계등록 여부확인, 양친과 양자의 상호적응상태를 관찰하고, 수시로 상담할 수 있는 상담창구의 개설 및 상담원을 배치하는 등의 사후관리를 해야 한다.

입양절차는 2008년 입양특례법 개정이후 많은 변화를 가져오게 되었으며, 입양특례법 개정 후 입양절차내용은 <그림 17-1>과 같다.

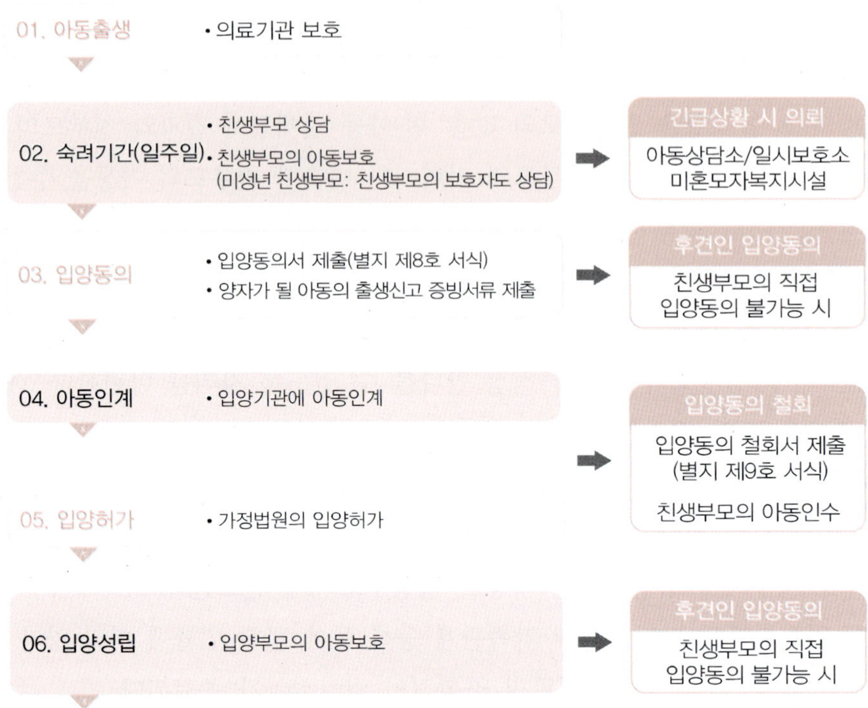

출처: 중앙입양원(2016).

〈그림 17-1〉 **입양특례법 개정 후 입양절차**

(8) 입양의 현황

현행 아동복지법 규정에서는 아동이 완전하고 조화로운 인격발달을 위하여 안정된 가정환경 내에서 건강하고 행복하게 자라나야 한다는 원칙을 세우고 있다. 그러나 불안한 경제상황이 반복되면서 실직으로 가족해체와 빈곤, 부모의 이혼과 미혼모 출산 등으로 국가의 특별한 보호를 필요로 하는 아동의 수가 급속히 증가되고 있다. 이러한 아동들에 대하여 보호조치의 유형 중 보호자 또는 대리양육을 원하는 연고자에게 보호양육을 맡기는 입양의 현황을 보면, 전체 입양아동 중 차지하는 국내입양과 국외입양의 비율을 살펴보면 국내입양 79,008 (32.2%)명과 국외입양 166,512(67.8%)명이다.

국외입양의 우세가 지속되어 왔던 현상이 2008년 이후 전체 입양 중에서 국내입양 이 차지하는 비율이 국외입양을 넘어서는 역전현상을 보이고 있다는 점은 정부의 국내입양 활성화 정책의 목적으로 2007년 추진된 '국내입양 우선추진제'

를 적용한 결과로 볼 수 있다. 반면에 이렇게 국내입양이 증가하고 있는데도 국외입양이 지속되고 있는 이유로는 혈통을 중시하는 유교적 가족관, 부부중심의 비밀입양으로 인한 까다로운 아동 선정조건, 국내입양 전문기관 부족과 입양 알선기관의 국외입양에 대한 선호 등을 제시하고 있다.

또한, 2000년대 중반 이후 전체적으로 입양아동의 수가 감소하고 있는 것은 한국사회에 나타나고 있는 전반적인 저출산현상의 영향과 함께 2007년부터 허용된 사후피임약 보급의 영향으로도 볼 수 있다.

〈표 17-1〉 **연도별 국내외 입양현황(단위: 명)**

구분	계	2007년 이전	2008	2009	2010	2011
계	245,600	230,635	2,556	2,439	2,475	2,464
국내	79,088 (32.2%)	70,327 (30.2%)	1,306 (51.1%)	1,314 (53.9%)	1,462 (59.1%)	1,548 (62.8%)
국외	166,512 (67.8%)	160,308 (69.8%)	1,250 (48.9%)	1,125 (46.1%)	1,013 (40.9%)	916 (37.2%)

구분	계	2012	2013	2014	2015	2016
계	245,600	1,880	922	1,172	1,057	880*
국내	79,088 (32.2%)	1,125 (59.8%)	686 (74.4%)	637 (54.4%)	683 (64.6%)	546 (62.0%)
국외	166,512 (67.8%)	755 (40.2%)	236 (25.6%)	535 (45.6%)	374 (35.4%)	334 (38.0)

출처: 중앙입양원(2016).

국내입양아동의 성별현황을 <표 17-2>에서 살펴보면, 1980년대 전반기까지는 입양목적이 전통적인 남아선호사상과 가계계승의 성격이 강하여 입양아 중 남아의 비율이 여아보다 높게 나타났다. 하지만 전통적인 가족의 가치관 변화와 남아선호사상이 약화되면서 점차 입양동기가 변화되고 있다. 과거입양의 동기는 주로 대를 잇는다는 가계계승 중심이었는데, 점차 가족화목을 위한 경우가 늘고 있고 여아가 남아보다 변화에 대한 적응이 쉬워 성장과정에서 문제의 소지가 낮을 것이라는 기대에 여아의 비율이 높아지고 있다. 이러한 국내입양의 특징은 국외입양이 영향을 주었다. 즉, 국내에서 입양 안 된 남아를 국외가정에 입양하는 비율이 더 높게 나타나고 있다.

〈표 17-2〉 **국내입양아동의 성별 현황** (단위: 명)

연도	국내입양						
	계	성별		연령			
		남	여	3월 미만	3월~1세 미만	1~3세 미만	3세 이상
2014	637	223 (35.0%)	414 (65.0%)	20 (3.1%)	398 (62.5%)	167 (26.2%)	52 (8.2%)
2015	683	222 (32.5%)	461 (67.5%)	29 (4.2%)	394 (57.7%)	215 (31.5%)	45 (6.6%)
2016	546	191 (35%)	355 (65%)	33 (6.1%)	336 (61.5%)	142 (26%)	35 (6.4%)

연도	국외입양					
	계	성별		연령		
		남	여	1세 미만	1~3세 미만	3세 이상
2014	535	438(81.9%)	97(18.1%)	2	464(0.4%)	69(86.7%)
2015	374	287(76.7%)	87(23.3%)	-(90.4%)	338(9.6%)	36
2016	334	269(80.5%)	65(19.5%)	62(18.6%)	250(74.9%)	22(6.6%)

출처: 중앙입양원(2016).

입양아동 발생유형을 살펴보면 입양아동 발생원인이 대부분이 생모가 미혼모인 것으로 나타났다. 즉, 우리 사회에 만연된 미혼모에 대한 사회적 편견은 입양을 늘리는 원인이 되고 있다.

〈표 17-3〉 **국내입양 발생유형** (단위: 명)

연도	국내입양				국외입양			
	계	미혼모 아동	유기 아동	결손 가정 등	계	미혼모 아동	기아 등	결손 가정
2014	637 (100%)	578 (90.7%)	28 (4.4%)	31 (4.9%)	535 (100%)	509 (95.1%)	- (0.0%)	26 (4.9%)
2015	683 (100%)	618 (90.5%)	54 (7.9%)	11 (1.6%)	374 (100%)	358 (95.7%)	16 (4.3%)	- (0.0%)
2016	546 (100%)	481 (88.1%)	18 (3.3%)	47 (8.6%)	334 (100%)	327 (97.9%)	2 (0.6%)	5 (1.5%)

출처: 중앙입양원(2016).

3. 입양의 문제점 및 복지방향

입양은 보호가 필요한 아동에게 새로운 부모와 가족이 되어 대리양육하는 제도로, 위탁 및 시설보호보다 소속감과 안정감을 주기 때문에 대체보호방법 중 최선으로 여겨지고 있다. 하지만 사회적으로 제공할 수 있는 임의적 양육환경에는 한계가 있다. 따라서 보호대상 아동에게 발생할 수 있는 문제점을 파악하여 예방할 수 있는 대책과 아동양육이 안정적으로 이루어질 수 있도록 보완적 서비스를 확대해야 할 것이다.

1) 입양의 문제점

혈연중심의 가족문화로 입양에 대한 편견으로 인한 주변의 오해에 대해 가장 큰 어려움을 겪는다. 입양가정아동이 성장과정에서 지속적으로 영유아기일 때는 주로 주변인의 시선으로부터 불편함을 겪으며, 자녀가 성장하여 학령기가 되면 학교의 교사들과 또래들로부터 더욱 더 다양한 사회적 편견을 마주한다. 이로 인해 입양아동은 학교적응이나 건강한 사회·정서발달에 어려움을 겪게 되며, 이로 인한 다양한 문제에 직면하고 있다.

입양부모들은 부모로서의 정체성 형성 및 심리적 어려움을 경험하고 있지만, 입양가족의 특수성을 고려한 입양가족 전문상담이나 심리적 지원을 받을 곳은 제한적이며, 입양가족 사후지원서비스의 기능을 수행하고 있는 곳은 사실상 전무하다.

자녀양육 시 어려움으로는 입양아동들이 입양됨의 의미를 이해하게 될 때 비로소 버려짐과 상실을 경험하게 되어, 성장발달과정에서 자아개념 확립에 어려움을 겪게 된다. 따라서 입양아동 삶의 질을 증진하고 건강한 입양가족 형성과 국내입양 활성화를 위해서는 입양가정이 소외되지 않고 입양을 통해 행복한 가정을 구성하고 지속할 수 있도록 지원하는 국가 및 지방자치단체의 관심과 제도적 정비가 필요하고, 입양사후 가족지원서비스가 절실히 요구된다.

2) 입양지원정책

정부의 국내입양 활성화를 위해 명시하고 있는 「입양촉진 및 절차에 관한 특례법 시행령」에서 명시하고 있는 입양지원정책 실태를 살펴보면 다음과 같다.

(1) 입양수수료 지원

입양특례법상 국내입양의 경우 입양 알선에 실제로 드는 비용은 대통령령으로 정하는 바에 따라 입양부모가 입양에 따른 추가 수수료는 지불하지 않고 시·군·구청에서 입양기관에 지급하는 방식으로 전액 국가 지원하고 있다.

(2) 입양아동 양육수당 지원

입양촉진 및 절차에 관한 특례법상의 입양기관을 통하여 입양된 13세 미만의 아동을 대상으로 입양한 가정에 입양아동 1인당 월 15만 원의 양육수당이 지원되고 있다. 입양부모는 관련서류를 첨부하여 관할 시·군·구청장에게 신청하면 신청받은 시·군·구청장은 신청자의 계좌로 입금하는 지급방법을 취하고 있다. 입양아동 양육수당은 장애아동 양육보조금과 동시에 지급이 가능하다.

(3) 입양아동의 의료급여 지원

입양기관을 통해 국내에 입양된 18세 미만의 아동은 「의료급여법」에 따라 의료급여를 지원받을 수 있다. 다만, 만 20세 미만의 중·고등학교 재학생은 만 20세의 생일이 도래하는 날이 속한 이전 달까지 의료급여를 지급받을 수 있으며, 20세가 도래하기 전에 중·고등학교를 졸업하는 경우에는 졸업하는 날이 속한 달의 이전 달까지 지급받을 수 있다.

(4) 장애아동 입양양육보조금 및 의료비 지원

입양된 장애아동에 대한 지원으로 양육보조수당과 의료비가 지급된다. 지급대상은 장애인복지법 규정에 따라 장애인에 해당하는 아동으로 입양아동이 18세를 초과 하더라도 고등학교 졸업 시까지 지원이 가능하다. 지원정도를 살펴보면, 양육보조금으로 2017년 현재 장애정도에 따라 장애아동 1인당 중증 월지급액 62만

7천원, 경증 55만 1천원으로 인상되어 지급되고 있다. 장애아동의 의료비는 진료·상담·재활 및 치료(심리치료 포함)에 드는 비용으로 연간 260만 원 한도 내에서 본인이 부담한 비용에 대한 지원이 가능하다.

〈표 17-4〉 **입양가정아동 지원내용** **(단위: 천원)**

지원 내용		지원대상	지원액
입양수수료		입양부모	2700천원
양육수당		('15년) 만 15세 전까지 →('16년) 만 16세 전까지	월 150천 원
입양아동 의료급여		만 18세 전까지	의료급여 1종
입양아동 심리치료 지원		만 18세 전까지	월 200천원 한도
입양장애아동	장애아동양육보조금(만 18세 전까지)	1. 장애인복지법 제2조의 규정에 따라 장애인에 해당되는아동으로서, 장애등급이 1급, 2급 및 3급 중복장애 ※ 3급 중복장애: 3급에 해당하는 장애유형 외에 다른 유형의 장애가 하나 이상 있는 자	월 627천원/인
		2. 분만 시 조산·체중미달·분만장애·유전 등으로 질환을 앓고 있는 아동 3. 입양 당시 장애 또는 의료적 문제가 없었으나 선천적 요인으로 장애 또는 질환이 발생한 아동	월 551천원/인
	의료비	만 18세 전까지	연간 2600천원 한도
사후서비스		입양 후 1년 동안 양친과 양자의 상호적응을 위한 관찰 및 필요한 서비스, 아동양육에 필요한 정보 및 상담 제공	

(5) 입양휴가제 실시

입양을 제2의 출산이라는 사회적 인식 개선을 돕고 입양아동과 부모의 심리적 적응 등 애착관계 형성을 위하여 공무원을 대상으로 2주간의 입양휴가제를 우선 시행하고 있다. 그러나 입양자녀로 입양휴가제 및 육아휴직은 아직 활용비율이 낮은 편이며, 이유는 회사 눈치가 보여서, 입양사실을 알리고 싶지 않아서 등이다.

향후 전체근로자 확대적용을 위해 노동부와 지속적인 협의를 통해 노력이 필요하다.

3) 입양아동 복지방향

(1) 입양의 편견해소를 위한 교육체계 필요

아동복지증진을 위해서는 입양아동이 발생하지 않도록 예방하는 것이 중요하다.

가정해체로 가정에서 보호받지 못하는 아동이 발생하지 않도록 가족복지정책과 서비스가 강화되어야 한다. 특히, 우리나라 입양의 주 대상인 아동은 미혼모 아동과 장애아동이므로 십대 미혼모 예방을 위해 청소년기에 올바른 성교육이 이루어져야 할 것이다. 또한, 장애아동 발생을 예방하기 위한 신생아 검진지원정책이 확대되어야 한다.

(2) 입양문화 개선

자녀입양 결정 시 사회적 편견이 우려되는 것이 가장 큰 어려움으로 나타났으며, 국내 입양의 활성화를 위해 입양에 대한 필요성과 긍정적 인식을 위한 홍보를 강화해서 입양에 대한 부정적인 인식개선이 필요하다.

입양 활성화를 위해서는 인식개선을 위한 다양한 매체를 통한 홍보활동을 적극적으로 전개하여 입양에 대한 인식을 개선하여 사회에서 입양가족도 다양한 가족의 한 유형으로 받아들여야 한다. 또한, 입양편견을 해소하기 위한 교육은 영유아기에서부터 대학교에 이르기까지 생애전반에 걸쳐 이루어져야 하며, 학생뿐만 아니라 교사를 위한 교육도 필수과정으로 편성하는 것이 필요하다.

(3) 입양가족 사후지원서비스 강화

입양은 아동을 입양함으로써 끝나는 게 아니라 입양하는 순간부터 다시 시작된다. 입양부모들은 '입양 후 전문서비스 지원'에 대한 요구가 높으므로 입양기관의 알선을 받아 아동을 입양한 가정에 대하여 입양아동을 건전하게 양육할 수 있도록 필요한 상담, 사회복지시설 이용 등의 사회복지서비스를 제공해야 한다.

입양부모가 아동을 더 잘 이해하도록 돕고 가족의 친밀감을 강화하여 입양이 성공적으로 이루어지기 위해서는 지속적인 사후서비스 지원관리가 매우 중요하다. 따라서 이를 위한 전문기관의 설치를 국가와 지방자치단체는 검토할 필요가 있다.

(4) 입양가족 자조모임의 지원

입양가정이 소외되지 않도록 정기적으로 자조모임의 행사를 주최하며 부모교육, 정보교류, 사회적 지지 형성으로 문제해결을 모색하는 등 입양가정의 적응을 도와 행복한 가정을 구성하고 지속할 수 있도록 자조모임 확대와 질적 향상을 위한 지원이 필요하다. 이러한 자조모임은 입양의 정보와 고민을 토로하며, 자연스럽게 친밀한 관계를 유지해 나가면서 우리 사회가 가지고 있는 입양편견에 대해 공동으로 대응하면 되기 때문에 자조모임은 자발적인 모임이지만, 입양기관의 지원이 수반될 때 효율적으로 운영될 수 있다.

(5) 기타 지원정책

국내입양을 활성화하기 위해서는 입양기관이나 입양가정에 대한 정부의 재정적인 지원과 행정적 절차에 대한 보완이 필요하다. 구체적 내용으로는 입양기관의 설치 및 운영비 보조, 입양수수료와 양육비등의 재정적 지원이 요구된다. 또한, 입양진행 시 서류준비 등 입양절차가 까다로워 어려움이 있으므로 행정적 절차에 대한 간소화가 필요하다.

더불어, 입양가정이 입양에 따르는 재정적 부담을 완화하기 위하여 입양가정에 필요한 양육에 관련된 실질적인 비용을 지원하여 입양부모의 부담을 덜어 주어야 한다. 특히, 13세 이상의 연장아동, 장애아동 등 입양이 어려운 아동을 입양하는 경우는 더욱 전폭적인 지원을 해야 한다.

4. 토론 및 워크숍

Article

Name: ____________

○ Title: 하리수 "입양, 딸–아들–딸–아들 순서로 할래요"

○ Keywords: ________________________________

• 다양한 형태로 나타나고 있는 현대 사회에 서트랜스 젠더 부부의 입양을 어떻게 생각하는지 토의하여 봅시다.

○ 해결방안:

•

•

•

•

•

•

•

Group Discussion

성명: ____________

○ TOPIC: 입양은 법적관계에 따라 친자관계를 형성하는 것이다. 입양 후 아동이 선천성 장애아로 판단되어 파양된 경우 다음의 입장에 대해서 토론해 보자.

1) 친부모 입장(출생 후 선천성 장애)

2) 입양부모 입장(입양 후 선천성 장애)

○ 해결방안:

•

•

•

•

•

•

•

MOVIE

성명: ____________

- Title: '양부모에게서도 국가에게도 버림받은 한국인 입양아, 한국으로 추방될 위기'
- Keywords: ____
- Impression: ____

참고문헌

강미애(2009). 한부모 가정 아동에 대한 멘토링 프로그램의 효과성: 공격성, 우울, 불안 중심으로. 한영신학대학교 상담복지대학원 교육학석사.

강복화(2003). 저출산에 따른 보육정책의 발전방향. 명지대학교 사회복지대학원 석사논문.

강성률(2009). 가족 사회 지지가 다문화가정 자녀의 심리·사회 적응에 미치는 영향. 덕성여자대학교 석사학위논문.

고유미(2009). 다문화가정 아동의 학교생활적응에 영향을 주는 요인: 외국인 어머니 가정을 중심으로. 성신여자대학교 석사학위논문.

고인숙·류현수(2017). 아동권리와 복지. 동문사.

고일영·황경열(2010). 장애아동 어머니의 장애수용 척도 개발. 재활심리연구, 17(1), 57-80.

공계순·박현선·오승환·이상균·이현구(2013). 「아동복지론」. 학지사.

곽해룡(2005). 북란이탈주민 현황과 문제. 학술정보(주)

곽효문(2000). 기독교사회복지론. 제일법규.

교육부(2009). 2007년 방과후학교 관련 통계자료. 교육부.

교육부(2009). 2008년 방과후학교 현황 분석. 구. 사회과학연구. 39(1). 1-28.

권세은(2002). 시설보호아동과 일반아동의 사회적 기술, 정서조망 능력과 자기역량 지각의 비교. 서울대학교 석사학위 논문.

권육상 외 5인(2007). 「사회복지행정론」. 유풍출판사.

권지성(2003). 공개입양가족의 적응과정에 관한 연구. 서울대학교 대학원 박사학위논문.

김경진(2011). 영유아법 재·개정과정에서의 참여집단 활동연구. 한성대학원 석사학위논문.

김동례(2015). 누구나 쉽게 따라할 수 있는 어린이집 안전교육의 이해와 실제. 전라남도육아종합지원센터.

김린·박세훈·박경자(2014). 북한이탈청소년의 스트레스와 사회적 지지가 우울 및 불안에 미치는 영향. 청소년학연구, 21(7), 55-87.

김만두·한혜경(1994). 「현대사회복지개론」. 홍익재.

김명희(2003). 대안가정과 위탁아동. 대안가정. 4(3).

김문옥(1999). 한국의 영유아보육법형의 변화에 관한 고찰. 광주대학교 경상대학원 석사학위논문.

김미숙(2013). 「선진국의 아동사례관리 체계 비교연구: 연구, 미국, 뉴질랜드를 중심으로」. 한국보건사회연구원.

김미숙·배화옥(2007). 한국 아동빈곤율 수준과 아동빈곤에 영향을 미치는 요인 연구. 보건사회연구. 27(1). 3-26.

김미숙·양심영(2007). 위기의 한국아동실태와 정책적 대응방안. 보건복지포럼, 5-20.

김미숙·전진아·하태정·김효진·오미애·정은희·최은진·이봉주·김선숙(2013).아동종합실태조사.

김성경·김혜영·최현미(2013). 아동복지론. 양서원.

김수민(2004). 시설아동이 지각하는 보육사의 양육태도와 정서·사회적 발달-인천시내 아동양육시설 초등학교 5~6학년 대상. 인천대학교 대학원 석사학위논문.

김수진(2005). 아동복지관련법제의 개선방안연구: 아동의 안전과 보건을 중심으로. 한국법제연구원.

김순규(2006). 빈곤청소년의 학교적응유연성 발달모형: 보호요인의 부가, 매개조절 효과모형을 중심으로. 전북대학교 사회복지학과 석사학위논문.

김순옥·박은주·배은영·원명순·주현경·최동구(2016). 아동복지론. 동문사.

김승권(2007). 한국 아동권리의 현황과 권리수준 제고방안. 보건복지포럼. 21-36.

김연진·김현자·서지영·한성심(2010).「보육학개론개정판」. 태영출판사.

김연진 외(2010).「보육학개론」. 태영출판사.

김영모(1995).「한국영유아보육정책의 과제와 방향」. 한국영유아보육학회.

김영모(1999).「한국영유아보육정책의 과제와 방향」. 한국영유아보육학회.

김영한·강혜규·김보미·김태연(2008).「소외계층 청소년 복지서비스 전달체계 개선방안 연구」. 한국청소년연구원.

김원경·윤동훈(2009). 교수적 수정이 발달장애 중학생의 통합체육 수업참여와 문제행동발생에 미치는 영향. 지적장애연구, 11(4), 35-54.

김주아·류현수(2010). 아동복지. 동문사.

김혜련(2001). 유아교육관련법규분석. 동아대학교교육대학원 석사학위논문.

김홍원(2010). 방과후학교 운영 성과 평가 및 향후 과제. 이명박 정부 2년 교육경쟁력 강화성과와 과제. 경제·인문사회연구회. 3.

남현주·윤형식·이태영·신채영·이동훈(2013). 한부모 가정 청소년 자녀의 발달과 적응에 관한 최근 연구동향 고찰. 한국심리학회지: 여성, 18(1), 129-168.

문선화·구차순·박미정·김현옥(2013). 한국사화와 아동복지. 양서원.

박미정(2014). 지역아동센터 이용 아동의 부모-자녀계가 아동의 심리사회에 미치는 영향. 전북대학교 석사학위논문.

박순희(2009). 다문화가족 자녀의 적응유연성 연구. 동신대학교 박사학위논문.

박정문(2000).「아동복지와 보육사업의 이해」. 보육사.

박진수(2010). 초등학교 방과후학교 운영 실태와 개선방안. 인천대학교 석사학위논문.

박충선(2010). 조손가정의 형성원인과 양육경험에 따른 조모의 생활만족도에 대한 연구. 한국가족복지학. 15(2). 105-125.

박화옥(2013). 대리양육 조부모의 우울감과 양육의지에 영향을 미치는 요인 연구.

박희숙·유주희·이광희(2014). 아동 복지론. 공동체.

배윤주(2014). 아동·청소년의 권리에 관한 연구. 이화여자대학교 대학원 석사학위 논문.
변미순(2010). 한국의 영·유아 보육정책에 관한 연구. 영남대학교 행정대학원 석사학위논문.
변숙경(2006). 우리나라 보육정책의 변천과정에 관한 연구. 청주대학교 행정대학원석사학위논문.
보건복지부·어린이집안전공제회·중앙육아종합지원센터(2016). 2016 어린이집 보육교직원안전교육.
보건복지부·중앙아동보호전문기관(2010). 「아동학대 신고의무자가 꼭 알아야 할 아동학대예방사업」.
보건복지부·중앙아동보호전문기관(2012). 「아동보호전문기관 업무수행지침」.
보건복지부 보육정책과(2016). 세종. 보건복지부. 2016.
보건복지부(2009). 보육실태조사−보육가구조사.
보건복지부(2009). 보육실태조사−보육시설조사.
보건복지부(2009). 보육정책.
보건복지부(2009). 보육통계.
보건복지부(2010). 2010년 보육사업안내.
보건복지부(2010). 표준 교육과정의 구체적 보육내용 및 교사지침.
보건복지부(2013). 2013년 아동분야 사업안내.
보건복지부(2013). 제2차 중장기 보육기본계획. 보건복지부.
보건복지부(2015). 2014년 요보호아동 발생 및 조치현황.
보건복지부(2015). 보건복지통계연보.
보건복지부(2015). 보육통계.
보건복지부(2015). 입양은 함께 나누는 행복입니다.
보건복지부(2015). 한국 빈곤현황과 정책포럼. 한국보건사회연구원.
보건복지부(2015a). 2014년 전국아동학대 현황보고서. 보건복지부.
보건복지부(2015b). 보육통계. 보건복지부.
보건복지부(2015c). 아동의 삶과 대한민국의 미래를 바꾸는 '제1차 아동정책 기본계획('15~'19)'. 보건복지부.
보건복지부(2016). 2016년 국내외입양현황.
보건복지부(2016). 2016년 요보호아동발생 및 조치현황.
보건복지부(2016). 보육사업안내.
보건복지부(2016). 보육통계.
서란숙(2007). 국내입양에 대한 대학생의 의식조사 연구. 서울시립대학교 도시과학 대학원 석사학위논문.
서문희(2003). 외국의 아동권리 모니터링 기구 설치 현황과 시사점. 보건복지포럼. 78, 83-92.
서문희·최혜선(2010). 2010 보육정책의 성과와 과제. 육아정책연구소.

서문희(1999). 외국의 어린이를 위한 행정실태: 일본·호주·미국의 아동복지를 중심으로. 도시문제 366, 42-51.

서재호(2008). 기초자치단체의 사회복지서비스 전달체계 개편에 대한 평가. 한국거버넌스학회보. 15(1), 139-164.

석주영(2004). 집단게임놀이치료가 시설보호아동의 정서지능과 자아존중감 향상에 미치는 효과. 영남대학교 대학원 박사학위 논문.

성낙연(2009). 집단음악치료가 시설 아동의 행복감과 우울감에 미치는 영향. 한세대학교 대학원 석사학위 논문.

성미영·이순형·이강이(2001). 시설아동과 일반아동의 초기학교적응의 비교. 대한가정학회지. 39(1), 53-64

성영혜·김연진(2008). 아동복지의 이론과 실제. 동문사.

성효순(2016). 변동과 개선방안에 관한 연구: 지역아동센터를 중심으로. 계명대학교 행정대학원 석사학위논문.

신갑숙(2015). 한국 보육정책 분석 및 발전방안 연구. 서울기독대학교 사회복지대학원 석사학위논문.

신덕순(1998). 보육사업의 질적 수준 제고를 위한 한·일 비교연구. 단국대학교 행정대학원 석사학위논문.

신수자(1995). 부자가정 특성과 대책. 대구효성카톨릭대학교 대학원 석사학위논문.

심은주(2011). 우리나라 아동보육정책의 문제점과 개선방안에 관한연구. 동아대학교사회복지대학원 석사학위논문.

양영임·우남희(2005). 아동권리보호를 위한 외국의 아동정책 연구. 한국아동권리학회.

양옥순·김영옥·김현희·박경자·위영희·이옥·이차숙·정미라·지성애·홍혜경(1998). 세계의 보육제도. 양서원.

엄문영·이선호·김혜자·김민희·오범호·윤홍주(2014). 교육복지투자 실태 및 효율과 방안 연구. 한국교육개발원.

여성한국사회연구회(2007). 한국 가족문화의 오늘과 내일. 여성한국사회연구회.

오경자(2015). 아동복지서비스 전달체계의 효과성 영향요인에 관한 연구. 한성대학교 대학원 박사학위논문.

오정수·정익중(2014). 아동복지론. 학지사.

오정환(2016). 탈북자 정체성과 정치학. 한국방송학보, 30(3), 5-41.

오현숙(2006). 우리나라 지방 보육서비스 전달체계 개선방안에 관한 연구: 서비스 주체간 인식 비교를 중심으로. 경기대학교 대학원 박사학위 논문.

오혜경(2000). 장애인복지의 현황과 과제. 사회복지리뷰, Vol.5, No.1.

우남희(2009). 한국보육사업의현황과발전과제. 청주대학교 행정대학원 석사학위논문. 유아교육사전.

유안진·민하영(2001). 시설보호 아동의 자아정체감 및 내적인 통제 소재와 보육사가 평가한 행동문제. 한국가정관리학회지. 19(2). 97-119. 육아정책연구소.
윤혜미(2005). 경제적 곤란과 가족갈등이 아동의 적응에 미치는 영향: 아동의 스트레스와 스트레스 대처방식의 상호작용을 중심으로. 한국사회복지학. 57(3). 133-164.
이경준(2011). 장애아동의 인권보장을 위한 국제적 노력과 법적·정책적 기본이념 고찰. 장애아동인권연구, 제2권 1호, 15~28. 한국장애아동인권학회.
이경준·전대성·김지영·손은경(2017). 보육학개론. 동문사.
이미자(2013). 아동복지정책에 관한 연구. 전남대학교 행정대학원. 박사학위논문.
이미화 외(2013~2017) 보육 중장기 발전방향. 연구보고 2012-19.
이소희(2005). 보육학개론. 양서원.
이소희(2009). 아동복지론. 학현사.
이순형(2013). 아동복지-이론과 실천. 학지사.
이순형·이혜승(2002). 초·중·고 교사가 지각한 시설아동과 일반 아동의 사회심리적 적응 차이. 한국아동학회지. 23(4). 119-136.
이영환(2013). 복지전달체계의 효율성 제고를 위한 법제도적 연구. 한국경제연구원.
이옥(1993). 한국 보육정책 성과에 대한 비판적 고찰, 아동학회지, 31(1): 197-216.
이용복(2006). 우리나라 아동복지서비스 전달체계의 현황 및 방향성 모색. 한국가족복지학회보. 11(1): 53~68.
이은화·이경우·유희정·문미목·조한숙(2011). 유아를 위한 복지의 이론과 실제. 창지사.
이재연(2005). 외국의 청소년 권리신장 활동과 모니터링 기구 운영사례 연구. 아동권리연구, 9(1), 1-26.
이재연·박은미·황옥경·김형모·이은주·강현아(2013). 아동복지론. 학지사.
이재연·박은미·황옥경·김형모·이은주·강현아(2015). 아동복지론. 학지사.
이재영(2016). 이주아동에 투영된 한국사회의 특수성에 관한 연구. 이화여자대학교 석사학위 논문.
이정이·최명선(2007). 조손가정 아동과 일반가정 아동의 행동문제에 대한 사회지지 및 지각의 효과, 아동학회지, 28(2), 205-216.
이정희(2002). 보육정책의 개선에 관한 연구. 중앙대학교대학원 석사학위논문.
이주영(2016). 탈북 청소년의 남한, 북한에 대한 사회적 거리감 연구. 연세대학교 행정대학원석사논문.
이지애(2007). 다문화가정 아동과 일반가정 아동의 학교적응에 대한 비교연구: 자아존중감을 중심으로. 고려대학교 석사학위논문.
임완섭·노대명(2013). 2013년 빈곤통계연보. 한국보건사회연구원.
임은경(2008). 장애아동 어머니의 양육스트레스와 우울의 관계: 성격특성, 대처방식 및 사회적 지지를 중심으로. 성신여자대학교 대학원 석사학위논문.
임종운(1981). 우리나라 탁아사업의 발전과정. 사회복지.
장민(2009). 초등학교 방과후학교 영운에 대한 교사의 인식연구. 공주대학교 석사학논문.

장영인(2006). 보육재정 지원방식의 쟁점분석과 과제: 시설별지원과 아동별지원간의 쟁점을 중심으로. 한국영유아보육학. 제45집.

장인협(2004). 아동·청소년 복지론. 서울대학교출판부.

장인협·오정수(1999). 아동·청소년복지론(개정판). 서울대학교 출판부.

장인협·오정수(2001). 아동·청소년복지론. 서울대학교 출판부.

전병유·신진욱(2016). 다중격차. 한국 사회 불평등 구조. 서울: 페이퍼로드.

정미라(1993). 동학에 나타난 교육사상에 관한 연구. 원광대학교 석사학위 논문.

정미라·오미희(2004). 일본의 자녀양육 지원 정책 추진과 현황. 아동권리연구. 8(1), 7-34.

정은희·최새은·이상균·하태정(2013). 우리나라 아동빈곤의 특성. 한국보건사회연구원.

정정희(2011). 한국 보육사업의 현황과 개선방안. 청주대학교 일반대학원 석사학위논문.

정현수(2015). 동물매개활동을 적용한 집단미술치료가 한부모가정 아동의 정서에 미치는 영향. 원광대학교 예술치료학과 석사학위논문.

조용남(2015). 아동복지정책의 효과성에 관한 연구. 이화여자대학원. 박사학위논문.

조윤경·김경혜(2005). 가족 기능강화 프로그램이 장애 아동 부모의 스트레스와 가족 기능성에 미치는 영향. 유아특수교육연구, 5(1), 79-104.

주정일·이소희(2003). 아동복지실천론. 교문사.

중앙입양원(2016). 2016년 입양실무 매뉴얼.

중앙입양원(2016). 입양특례법 개정 전, 후 입양 절차 비교.

진정연(2008). 보육정책의 개선방안에 관한연구. 조선대학교 교육대학원 석사학위논문.

최병호·남상호·이규식·이삼식·이윤경·이재열·양재진·서상목·이재원·이영·안상훈·신영석·한준(2014). 한국형 창조복지의 탐색을 위한 기초연구. 한국보건사회연구원.

최보연(2009). 국제법상 아동인권보호에 관한 연구. 성균관대학교 대학원 석사학위 논문.

최선영(2016). 한부모가정 자매의 불안 및 신체 증상 완화를 위한 미술치료 사례연구: 인지행동적 접근으로. 대전대학교 보건의료대학원 석사학위논문.

최성재·남기민(2000). 사회복지행정론. 나남출판사.

최순옥·윤난호·장수영·이주연·김은숙(2013). 아동복지의 이해. 태영출판사.

최운선·안재진·변미희·권지성(2008). 국내 입양아동의 입양됨에 대한 인식 연구. 18(4). 169-182.

최윤경·배윤진·송신영·임준범·이예진·김소아·김신경(2014). 한국아동패널. 육아정책연구소.

최윤영(2013). 아동복지법제의 개선에 관한 연구: 권리와 전달체계를 중심으로. 이화여자대학교 대학원 박사학위 논문.

통계청(2015). 국내 입양아 수 및 입양비율.

통계청(2016). 요보호아동 발생 및 보호 내용.

표갑수(2006). 영유아보육의 정체성과 이념 및 공보육을 위한 정책대한한국영유아보육학총서(4).

표갑수(2010). 개정판 사회복지개론. 나남출판.

표선숙(1995). 학령전 장애아를 가진 어머니의 자존감과 대인관계 증진을 위한 집단 프로그램 개발에 관한 일연구: 지역사회복지관 조기교실 어머니들을 중심으로. 이화여자대학교 사회복지대학원 석사학위논문.

하승민 · 장미경 · 김유진 · 신현정 · 임동호 · 김소윤(2014). 아동복지. 태영출판사.

한국경제연구원(2013). 보육정책의 논쟁과 추진과제.

한국여성복지연구회(2006). 가족복지론. 한국여성복지연구회.

한국정책연구원(2010). 미혼모 양육 및 자립 실태조사. 한국여성정택연구원.

한국청소년상담원(2010). 국청소년기상황실태조사.

한부모가족지원사업안내(2016). 한국건강가정진흥원.

한성심 · 송주미(2013). 아동복지론. 창지사.

한현정(2002). 장애아동 가족지원요구에 대한 연구. 대구대학교 석사학위논문.

허남순(2009). 한국가정위탁의 역사와 현황. 중앙가정위탁지원 센터정책 세미나 자료.

황보매(2008). 초등학교 방과후학교 운영의 활성화 방안. 전북대학교 석사학논문.

황은숙(2006). 서울시 한부모가정 실태조사 연구. 한부모가정연구, 1(1), 1-34.

황해익 · 남미경 · 서보순 · 김병만 공저(2017). 아동권리와 복지. 정민사.

건강가정지원센터 www.familynet.or.kr/

국가법령정보센터 법률 www.law.go.kr/

국가지표체계 http://www.index.go.kr/

남북하나재단 http://koreahana.or.kr

법체제(2016). “아동복지법”. 법제처 홈페이지 국가법령정보센터(www.moleg.go.kr)

보건복지부 www.mohw.go.kr/

보건복지부 사회복지시설정보시스템 www.w4c.go.kr/

여성가정부 http://www.mogef.go.kr

여성가족부 예방교육통합관리 shp.mogef.go.kr/

통계청 http://www.kostat.go.kr/

한국여성교육개발원 www.kwei.or.kr/

한국장애인개발원 www.koddi.or.kr/

한국한부모가정지원센터 www.hanbumocenter.org/

「한부모가족지원법」. 법률 제14069호(2016. 03. 02. 일부 개정)

Amato(2000). Children of Divorced Parents as Young Adults, In by Hetherington, E. M. Coping With Divorce, Single Parenting, and emarriage: A Risk and Resiliency Perspective, University of Virginia, 147-161.

Amato, P. R. & Keith, B(1991). Parental divorce and the well-being of children: a meta-analysis. Psychological bulletin, 110(1), 26.

Amato. P. R. & Previti(2003). People's Reasons for Divorcing: Gender Social Class, the Life Course, and Adjustment, Journal of Family Issues, 24(5), 602-626.

Borman, G. D. & Overman, L. T.(2004). Academic Resilience in mathmatics among Poor and Minoity students. The elementary School Journal104(3): 177-195.

Clarke-Stawart, A.(1982). Daycare. cambridge, MA: Harvard University Press.

Cohen Sheldon & Will Thomas A.(1985). "Stress, Social Support and the Buffering Hypothesis", Pyschologial Bulletin, Vol.98, No.2.

Friedlander, W. & Apte, R.(1980), *Introduction to social welfare*, NJ: Prentice-Hall.

Full-Thomson, E. and M. Minkler(2005). "American Induan/Alaskan Grandparents Raising Grandchildren: Finding from the Census 2000 supplementary survey", *Social Work, 50*(2), 131-139.

Garcia-Coll, C., & Szalacha, A.(2004). Children of immigrant families: The multiple contexts of middle childhood. *The Future of Children, 14*(2), 81-97.

Gates, B. L.(1980), *Social program administration*. New Jersey:Prentice-Hall.

Guo, G. & Harris, K. M.(2000). The mechanism mediating the effects of poverty on children's intellectual development. Demigraphy 37(4): 431-447.

Hakkahen, D. P. & Kaufman, J. M.(1978). Exceptional Children, New Jersey; Prentice Hall, Inc.

Kadushin Alfred.(1980). Child Welfare Services. New York: Mcmilan Publishin Co.

kadushin, A.(1974). Child welfare Services. New York: Macmillan.

Kadushin, A., & Martin, J. A.(1988). *Child welfare Service*. New York: Mcmillan Publishing Co.

Kamerman, S. B., Kahn, A. J., & Kingston, P. W.(1985). *Maternity Policies and Working women*. New York: Columbia University Press.

Wallerstein, J(1983). Child of divorce: Stress and developmental tasks. In N. Garmezy. & M. Rutter,(Eds). Stress, coping, and development in children. 265-302. N. Y: Mc Graw-Hill.

Walsh, D.(1988). Critical Thinking to Reduce Prejudice. Social Education, 53, 280-282.

저/자/소/개

•이경준

독일 쾰른 대학교 대학원 사회복지학전공 박사(Univ. zu Koeln, Dr. paed.)
현) 중부대학교 복지학부 교수
〈대표 저서〉
- 보육학개론(2017)
- 사회복지 실천론(2014) 외 다수
〈대표 논문〉
- 아동 문화예술교육 프로그램개발 연구(2017)
- 장애아동의 인권보장을 위한 국제적 노력과 법적·정책적 기본이념 고찰(2011) 외 다수

•손은경

원광대학교 대학원 유아교육전공 문학박사
현) 중부대학교 복지학부 교수
〈대표 저서〉
- 보육학개론(2017)
- 보육 실습(2016) 외 다수
〈대표 논문〉
- 영아 자유놀이 탐색연구(2016)
- 영유아 문화예술교육 인식 및 실태연구(2017) 외 다수

•김동례

전남대학교 대학원 유아교육전공 교육학박사
현) 송원대학교 유아교육과 교수
〈대표 저서〉
- 누구나 쉽게 따라할 수 있는 어린이집 안전교육의 이해와 실제(2015)
- 어린이집 보육과정 운영가이드(2013) 외 다수
〈대표 논문〉
- 어린이집 평가인증 사후유지·관리에 관한 어린이집 교사의 인식 (2015)
- 보육교사의 소진, 과학교수불안 및 과학교수효능감 간의 관계에서 과학교과교육지식의 매개효과 (2016) 외 다수

•신지혜

원광대학교 대학원 예술치료전공 보건학 박사
현) 아이 앤 굿 대표
〈대표 저서〉
- 보육실습의 이해(2013)
- 이론과 실제를 위한 미술치료프로그램 진단검사 외 다수
〈대표 논문〉
- 장애 통합교육 경험 유무에 따른 일반유아의 장애 이해의 차이 및 통합학급 상호작용의 실제(2012)
- 어머니의 애정적 태도와 유아의 인지능력관계에서 자아개념과 정서지능의 매개효과 분석(2013) 외 다수

•김미정

배재대학교 대학원 유아교육전공 교육학박사
현) 충남육아종합지원센터장
건양대학교 아동보육학과 외래교수
〈대표 논문〉
- 그림책을 활용한 인성교육활동이 유아의 친사회성행동 및 정서지능에 미치는 영향(2013)
- 아버지 심리특성 및 부부특성, 양육특성과 유아사회성 발달간의 구조적관계(2015) 외 다수

아동권리와 복지

초판 1쇄 인쇄 / 2017년 9월 1일
초판 1쇄 발행 / 2017년 9월 8일

공저자 / 이경준·손은경·김동례
신지혜·김미정
발행인 / 이 중 수
발행처 / **동 문 사**

서울특별시 서대문구 홍제원 1길 12
(홍제동 137-8)
Tel : 02)736-3718(대), 736-3710, 3720
Fax : 02)736-3719
등록번호 : 제9-17호
가격 : 19,000원

ISBN : 978-89-8251-949-9(93330)
E-mail : dong736@naver.com
www.dongmunsa.com